Documents manquants (pages, cahiers...)
NF Z 43-120-13

Manque titre

CINQ ANS

A

SAINT-GABRIEL

PRÉFACE

Ce livre n'est point destiné à charmer les loisirs de la grande foule qui lit : l'ambition de son auteur ne va pas jusque-là.

Son but est cependant beaucoup plus élevé que l'habituel objectif des écrivains qui se sont occupés, jusqu'à ce jour, des incidents vrais ou fictifs qui rendent si mouvementés et pleins de vie les récits où ils mettent en scène le monde des écoliers.

S'inspirant de ces précédents, l'auteur a bien voulu, en présentant une série de tableaux vécus, agrémentés de faits humoristiques qui lui furent personnels, reproduire aussi exactement que possible la vie écolière en ce pensionnat où s'écoulèrent les meilleures années de sa jeunesse ; son désir est bien de rappeler, aux élèves passés, présents et futurs de cette maison bénie, les bonnes journées passées, et les fêtes si nombreuses et si saisissantes dont ils furent ou seront les acteurs et les témoins ; mais, tout en gardant l'allure rapide et gaie de la chronique, l'auteur s'est proposé une mission plus haute. Et c'est surtout ce qu'il veut faire ressortir auprès de tous ceux, petits ou grands, qu'un souvenir, une pensée, une aspiration rattachent aux bons Frères. Il a voulu montrer par-dessus tout l'affabilité paternelle de ses maîtres, leurs grandes vertus, la beauté morale de leur œuvre, la supériorité du système pédagogique employé par eux pour le plus grand bien des enfants, des familles, de la religion, de la patrie.

Empruntant les procédés de la science expérimentale, il veut prouver par des faits, en plaçant dans leur cadre réel les choses, les gens de Saint-Gabriel, et en les faisant agir, combien est admirable leur méthode familiale, paternelle et chrétienne.

Tout ce livre a été vécu par lui ; et la lampe, vacillante parfois, du souvenir l'a guidé presque sûrement, mais surtout très scrupuleusement, dans le dédale un peu confus d'une mémoire de vingt ans.

Il a été inspiré et conduit dans cette voie par le sentiment toujours vivace d'une admiration et d'une reconnaissance profondes pour ces hommes obscurs, dont on ignore les noms, que le monde ne connaît plus, qui se sont voués corps et âme à cette tâche ingrate et gigantesque, mais admirable entre toutes : l'éducation et l'instruction chrétiennes de l'enfance. Véritable rocher de Sisyphe qui, chaque année, atteint son ultime sommet, pour retomber, pendant que le géant se repose un peu, à son éternel point de départ.

Prendre en leurs mains les cœurs, les cerveaux, les intelligences, les pétrir, les modeler pour en faire disparaître les difformités, inculquer les bons principes qui manquent presque totalement aux uns, et ne font que s'éveiller chez les autres, former et parfaire en un mot des hommes, des Français, des chrétiens : telle est leur œuvre.

Et combien sont-ils, ces Titans jamais fatigués, toujours sur la brèche?.... Pour une moyenne de trois cents enfants à Saint-Gabriel, ils sont vingt !.... Qu'on me cite un établissement laïque, possédant trois cents internes, dont le personnel enseignant ne sera pas double de celui-là.

On les prend jeunes, et on ne leur donne la retraite qu'au moment où les forces intellectuelles et physiques ont disparu. La plupart succombent même à la tâche, comme ces soldats vaillants que le feu de l'ennemi rencontre toujours debout, n'ayant pas rompu d'une semelle.

Ont-ils la gloire, au moins ?... Non, ce sont des inconnus. On les a baptisés : frère Honorius, frère Ildefonse, frère Jean, frère André ; et... une modeste croix de bois noir, portant leur nom de religieux, marque la place où leur corps humble soulève à peine le niveau de la terre qui les berce dans leur dernier sommeil. Et cet effacement dernier est encore un acte d'humilité, comme s'ils étaient honteux, et regrettaient de tenir encore tant de place !...

Par quel miracle ces hommes existent-ils ?...

Quatre grandes pensées les ont conduits là : l'amour de Dieu, la charité chrétienne, le mépris des choses de ce monde, et l'espérance d'une récompense céleste.

Creusez ces trois mots : foi, charité, espérance, et vous aurez la raison d'être sublime de ces modestes héros.

Ce sont des volontaires. On ne va pas les chercher, ils viennent. On ne les retient pas, ils restent. On les soumet à des épreuves sans nombre, ils résistent. Ils savent donc absolument ce qu'ils font, ce qu'on attend d'eux, les privations morales et physiques qu'ils auront à endurer. Ils connaissent aussi le but magnifique de l'œuvre à laquelle ils se sont voués, et ils lui consacrent leur vie, leur dévouement, leur volonté, toutes leurs forces. On leur dit d'aller. Ils vont !...

J'ai donc résolu, moi, un de leurs enfants, un de leurs admirateurs, d'élever un monument à leur mémoire.

Puissent mes faibles forces ne pas me trahir, et me permettre d'atteindre à la hauteur de mon affection. Car songer à célébrer dignement les mérites et l'œuvre de ces hommes serait chose impossible : il existe des sommets que l'on n'atteint jamais.

Cependant, me souvenant des sentiments dans lesquels m'ont élevé mes chers maîtres, je prie Dieu et sa Sainte Mère de me soutenir dans cette œuvre, que je place sous leur éternelle et puissante égide; car elle est entièrement conçue pour la plus grande gloire d'une institution bénie et consacrée par le Ciel.

A. MOUIX.

Février-juillet 1896.

INTRODUCTION

Histoire abrégée de la Congrégation et du Pensionnat. — Origines. — Le Père de Montfort. — La Révolution. — Le Père Deshayes. — Fondation de Saint-Gabriel. — L'œuvre grandit. — Le système pédagogique. — La grande famille gabriéliste. — Économie de l'institution. — Organisation générale. — Paternité des Frères. — Leur méthode et leurs moyens d'éducation et d'instruction. — Leur dévouement. — Les sourds-muets de Poitiers. — Anecdote personnelle. — Affection des élèves pour la maison.

En 1716, à Saint-Laurent-sur-Sèvre, petite bourgade perdue sur les confins du Poitou et de l'Anjou, en plein Bocage, le bon Dieu rappelait à lui, après un apostolat laborieux et fécond de vingt années à peine, un de ses plus fidèles et fervents serviteurs.

Louis-Marie Grignon de Montfort, prêtre missionnaire d'origine bretonne, fondateur de la Compagnie de Marie, ou Congrégation des Pères Missionnaires et des Frères du Saint-Esprit, et des Sœurs de la Sagesse, rendait sa belle âme au Seigneur, en Lui recommandant ses œuvres pieuses encore au berceau.

Les hautes vertus de ce prêtre, les œuvres sorties de ses mains, la splendeur radieuse de sa vie toute de dévouement et de sainteté, les miracles nombreux dus à son intercession, ont depuis appelé l'attention du Saint-Siège qui, après l'introduction et l'instruction de la cause, lui décerna d'abord le titre de Vénérable, puis celui de Bienheureux, et le plaça sur les autels.

Il avait, avant de mourir, fondé à Saint-Laurent trois œuvres sœurs : les Missions catholiques, l'Assistance charitable par les soins hospitaliers des Sœurs, enfin l'Éducation et l'Instruction chrétiennes à l'enfance des deux sexes, par les Sœurs et les Frères.

La Congrégation des Sœurs de la Sagesse devait se consacrer aux dures fatigues de l'hôpital et de la classe. Les Pères Missionnaires et les Frères du Saint-Esprit devaient entreprendre : les premiers, l'enseignement religieux par les missions au peuple tout entier, du haut de la chaire de vérité, et les seconds, parmi d'autres occupations, le développement de l'instruction chrétienne aux petits garçons dans les écoles charitables.

Le saint missionnaire laissait ces fondations peu développées encore; mais, héritage d'une grande âme, et fruits d'une grande pensée, ces germes précieux devaient prospérer sous le regard et les bénédictions de Dieu.

Les difficultés des temps, et diverses causes qu'il serait trop long d'énumérer ici, ne permirent pas aux Enfants de Montfort d'étendre beaucoup, d'abord, le rayon de leur influence.

La Révolution de 1793 survint et dispersa les quelques membres restés au foyer malgré la tourmente, malgré la guillotine ou le sabre des sicaires, qui imposèrent à bon nombre d'entre eux l'épreuve féconde du témoignage du sang.

Enfin, la France se réveilla de ce terrible et sanglant cauchemar, au milieu des ruines de toutes sortes, morales et matérielles. Les œuvres du Père de Montfort n'avaient pas sombré dans le naufrage. Elles surnageaient, frêles épaves, au milieu des débris roulés par les flots rugissants ; mais elles vivaient.

Dieu n'avait pas voulu que périssent les institutions charitables de son fidèle serviteur. Son immense bonté n'avait pas permis que nos provinces de l'Ouest fussent privées des trésors de grâce encore en germe dans le cœur des quelques privilégiés qui constituaient l'œuvre du saint prêtre.

L'affreuse période révolutionnaire passée, les Enfants de Montfort, toujours groupés autour du tombeau de leur Père, recommencèrent leurs travaux fructueux, et reprirent leur marche en avant, pour la plus grande gloire de Dieu et de la Vierge Marie, à qui leur fondateur les avait spécialement recommandés.

Les Sœurs de la Sagesse grandirent rapidement, et déversèrent bientôt sur le monde une pléiade de douces consolatrices et d'éducatrices dévouées.

Les guerres du premier Empire, ce grand mangeur d'hommes qui faillit tarir la source de la vie en France, en semant les os de ses enfants sur tous les champs de bataille de l'Europe, nuisirent beaucoup au recrutement pieux des Pères et des Frères du Saint-Esprit. Malgré cela, un noyau fidèle montait la sainte garde à Saint-Laurent, près du Père enseveli sous les dalles de granit de l'église paroissiale.

En 1820, un homme prédestiné fut suscité par Dieu pour donner aux Œuvres du Père de Montfort toute l'extension que les difficultés des temps leur avaient empêché de prendre. Cet homme pieux, énergique, et véritablement inspiré du Ciel, était le Père Gabriel Deshayes, venu d'Auray, où il était curé, pour diriger, avec le titre de Supérieur général, les Filles de la Sagesse, les Pères et les Frères du Saint-Esprit.

Sous sa vigoureuse et intelligente impulsion, des établissements importants furent créés. Les Maisons du Saint-Esprit et de la Sagesse prirent subitement un essor extraordinaire.

Tant et si bien qu'en 1835, la maison du Saint-Esprit se trouvant trop petite pour loger tous ses enfants, il fut décidé que les Pères Missionnaires resteraient à l'ancien établissement, suffisant pour eux, et que les Frères, dont les recrues augmentaient à vue d'œil, essaimeraient, pour ainsi dire, et se transporteraient dans l'immeuble connu alors sous le nom de Maison Supiot, du nom d'un R. P. Supérieur général qui y avait établi une école préparatoire de latin, à côté des classes primaires dirigées par les Frères de l'Institut.

Cet établissement fut dénommé « Saint-Gabriel », en reconnaissance de l'activité et du dévouement mis au service de l'œuvre par le Supérieur général alors en fonctions, le R. P. Gabriel Deshayes.

Le groupe des Frères du Saint-Esprit qui émigra ainsi, tout en gardant la haute soumission à la maison-mère, fut bientôt plus connu sous le nom de Frères de Saint-Gabriel, pour le distinguer des Frères de la même congrégation restés au Saint-Esprit pour le service des missionnaires.

La différence des occupations, et l'importance toujours plus grande de l'établissement de Saint-Gabriel, créèrent bientôt la nécessité de donner une direction spéciale, son autonomie, à cette branche partie du vieux tronc de Montfort. Le T. C. F. Augustin fut nommé Supérieur général. Ainsi se trouva constituée, avec l'assentiment des autorités ecclésiastiques, la Congrégation des Frères de Saint-Gabriel. Le pensionnat fondé par eux devait prendre le même nom.

En 1838, en effet, l'école charitable de Saint-Laurent avait accepté un étranger (1) sur les instances de sa famille et d'un prêtre ami. L'école, tout en gardant son caractère, se sectionna en école gra-

(1) M. Chiron du Boupère.

tuite et en pensionnat pour les élèves du dehors, qui devinrent nombreux bientôt.

Le premier directeur du pensionnat fut le C. F. Gabriel. Le 8 octobre 1842, le pensionnat était officiellement consacré à la sainte Vierge, qui depuis ce jour n'a jamais cessé d'en être la Mère et la Protectrice.

La nécessité d'agrandir se faisant sentir impérieusement, un bâtiment spécial aux pensionnaires fut construit dans les jardins de l'Institut. La municipalité fit édifier un local pour ses enfants, et la direction de cette école communale fut confiée aux bons Frères.

Le pensionnat se trouvait définitivement établi, et installé, pour ainsi dire, dans ses meubles.

L'enfant chéri de la Congrégation grandit rapidement. En 1843, il comptait 41 élèves ; l'année suivante, ils étaient 60. Sa renommée se répandait au loin ; les bienfaits de l'œuvre et les soins maternels donnés aux enfants attiraient chaque année un contingent plus nombreux. Tout le pays environnant conduisit ses garçons à Saint-Gabriel. Puis, de proche en proche, l'Institut grandissant lui-même, et se faisant connaître au loin par ses fruits, comme les bons arbres dont parle l'Évangile, le pensionnat fut trop petit pour contenir ses jeunes hôtes. On put même, sans danger aucun pour sa prospérité, établir d'autres maisons similaires dans les départements voisins.

En 1872, année de l'entrée à Saint-Gabriel de l'auteur de ces lignes, on y comptait près de trois cents élèves.

Depuis cette époque, l'œuvre de laïcisation générale, et la création d'écoles supérieures et spéciales tout autour de Saint-Laurent, ont tendu à saper la grande maison vendéenne, pépinière de chrétiens virils et de citoyens au cœur droit et ferme. Mais les bons Frères ont lutté courageusement. Ils maintiennent leurs positions. La statistique nous apprend en effet que, au cours des vingt et une dernières années, 6,297 enfants furent constatés présents au pensionnat, ce qui donne un chiffre de trois cents élèves par an. Le mouvement des entrées et des sorties donne une moyenne de cent dix sortants, compensés par cent dix nouveaux. C'est un résultat superbe.

Ce chiffre s'élèvera vite le jour où l'agriculture, le commerce et la petite industrie auront moins à se plaindre de la difficulté des temps et de la pénurie des affaires. Les cent dix ou cent vingt nouveaux, dont les familles verraient leurs ressources s'accroître, pourraient bénéficier d'une année de plus d'études en moyenne. Ce serait alors pour Saint-Gabriel le nombre de 500 élèves. Cette prévision n'est pas un rêve fantaisiste !

Avant d'entrer dans les explications concernant les règlements de la maison, il me semble utile, puisque j'esquisse l'historique du pensionnat, de dire le rôle bienfaisant et patriotique rempli par ceux qui le dirigeaient en 1870, pendant l'affreuse guerre d'invasion qui désola notre cher pays.

J'en recueillis les échos, de la bouche des anciens, lors de mon arrivée en 1872. On racontait devant moi avoir vu passer dans les cours étonnées, si paisibles d'ordinaire, des convois de blessés que l'on casait un peu partout. Les enfants, douloureusement émus, retenaient leurs élans, afin que les éclats bruyants ne troublassent pas le repos de nos vaillants défenseurs ; ils saluaient bien bas, au passage, ceux que l'on transportait, ou ceux qui se promenaient, hâves et souffrants, dans les allées tranquilles.

Quant à nos maîtres, ils furent admirables de douceur et de dévouement. Des trésors de bonté et de charitable assistance furent dépensés en cette douloureuse circonstance. Et j'ai cru bon de rappeler ici cette page de leur histoire qui ne peut que leur faire grand honneur.

Achevons, après cette longue digression, le récit des évolutions grandissantes du pensionnat. Nous avons vu le nombre des élèves augmenter et suivre une marche ascendante remarquable ; le cadre devait répondre à ce *crescendo*, et successivement deux cours, puis trois, furent livrées aux ébats de nos jouvenceaux. Peu à peu, ils envahirent trois, puis quatre bâtiments construits en dehors des constructions primitives. L'ancien Saint-Gabriel se doublait d'un nouveau, élaboré sur un plan général d'une vaste et élégante conception. Une chapelle très simple, mais d'un style très pur, suffisamment grande pour les besoins de la population toujours plus dense, devint le centre pieux autour duquel rayonnaient des ailes plus élevées, plus confortables. L'enclos étendit ses allées plus loin, toujours plus loin, englobant en ses murs collines et vallons, rivière et moulin, servitudes et constructions diverses réservées à l'organisation de la vie matérielle. Ainsi se complétait l'œuvre avec les années.

Quatre provinces se partageaient la France. Autant de noviciats apportaient de tous les coins du pays les dévouements pieux et les volontés ferventes, étendant de plus en plus l'action bienfaisante des Fils de Montfort. Cent soixante-dix établissements en France, des écoles établies en Égypte et au Canada, portaient partout les fruits de leur douce influence.

Il suffisait aux bons Frères de paraître pour que chaque pays les choyât comme ses propres enfants. Tant il est vrai que les mérites des humbles, et leurs qualités morales, font œuvre d'apostolat aussi bien que les prédications les plus éloquentes. On voyait ces hommes au travail, et on était convaincu de la beauté de leur mission, de la supériorité chrétienne de leurs enseignements.

A Saint-Gabriel notamment, mes anciens, mes contemporains, mes successeurs ont tous pu voir et ressentir les effets merveilleux de cette éducation vraiment familiale. Je n'ai jamais vu, autant que là, la douce sérénité régner sur tous les visages, ni la santé, la prospérité fleurir avec autant de splendeur.

Et, cependant, un internat de dix mois, comme cela paraît long aux étrangers ! Comme cela semble dûr aux parents affectueux qui se séparent de leurs enfants !....

Eh bien ! regardez-les, ces petits. Après dix mois passés au labeur le plus fructueux, c'est avec un soupir de regret qu'ils quittent Saint-Gabriel. C'est avec des larmes dans les yeux, avec un battement de cœur gros d'affectueuse sympathie qu'ils embrassent leurs maîtres, et M. l'aumônier, un père pour eux, qui renchérit encore sur l'affection pourtant inexprimable des maîtres.

Questionnez-les, demandez-leur s'ils furent heureux, et s'ils veulent revenir. Leurs yeux s'éclaireront d'un doux et sincère sourire, et leurs lèvres franches et naïves vous diront tout ce que leur cœur renferme de reconnaissance et d'affection pour les Frères et pour la chère maison où ils passèrent les plus belles heures de leur jeunesse.

Tout concourt, en effet, à faire naître, à développer et à entretenir les plus doux et les plus vivaces sentiments en ces jeunes âmes à peine ouvertes aux effusions de la vraie fraternité et de la confiance naïve.

Saint-Gabriel forme une superbe et grande famille.

Le directeur spirituel est M. l'aumônier, toujours choisi avec un soin scrupuleux par l'autorité diocésaine qui considère Saint-Gabriel comme un des plus beaux fleurons de sa couronne d'œuvres pieuses.

La plus grande preuve de cet intérêt n'existe-t-elle pas en cette parole que le vénérable évêque de Luçon disait à l'un de ses vaillants prêtres en l'envoyant au pensionnat :

« Je vous envoie à mon école d'état-major de la Vendée militaire. Formez-moi toujours des officiers de l'armée catholique. »

Tout commentaire ne pourrait qu'affaiblir la haute portée d'une telle phrase. M. l'aumônier tient à honneur de justifier la confiance de son Père spirituel, et il y réussit pleinement par son affabilité, sa bienveillance, sa paternelle sollicitude, son enjouement simple et cordial qui font de ses pénitents ses enfants et ses amis.

Le rôle du père de famille est dévolu au C. F. directeur. L'autorité familiale avec tout ce qu'elle comporte de tendresse contenue, de fermeté souriante, de sévérité tempérée, d'énergique impulsion, se trouve l'apanage de ce haut dignitaire. Si M. l'aumônier fut choisi entre tous par Mgr l'évêque, le C. F. directeur est choisi par le Conseil de la Congrégation avec non moins de délicatesse.

Au talent de l'éducateur, du pédagogue rompu à toutes les minuties du métier, il faut joindre les qualités maîtresses, les cordiales vertus du père de famille. Aux connaissances multiples nécessaires au directeur d'un établissement qui conduit ses élèves jusqu'au baccalauréat de l'enseignement moderne, il faut ajouter la science de l'intendant, ayant la responsabilité matérielle et morale d'une maison très importante. Le C. F. directeur est le centre vers lequel converge tout le système. Les enfants voient en lui le représentant de leurs parents; toutes les familles lui ont délégué leur autorité pleine et entière. L'Institut lui a confié la mission de diriger l'œuvre dans ses plus petits détails comme dans ses larges aperçus. Les maîtres qui travaillent sous son impulsion lui soumettent tout, le renseignent sur tout, sont ses collaborateurs dévoués; mais viennent chercher auprès de lui conseils, encouragements, enseignements dans les moments difficiles. Il est à la fois directeur, économe, préfet des études, censeur, maître des conférences, et mille autres choses encore.

Et combien toutes ces fonctions ne gagnent-elles pas à s'appuyer l'une sur l'autre en leur réunion sur une seule tête. Elles donnent ainsi le maximum de leurs résultats, par suite de cette direction, de cette conception unique, et par conséquent toujours rationnelle et pondérée, le même esprit concentrant l'ensemble et rayonnant sur tous les détails de cette vaste administration. Aussi ne saurait-on trop admirer l'homme qui assume une telle tâche et la supporte sans faiblir.

Pour être sincère et juste, il convient de ne pas oublier ses collaborateurs, malgré leur modestie. Eux aussi méritent une large part de notre admiration. Pas un d'entre eux qui ne prodigue ses facultés et ses forces pour remplir ses multiples devoirs, et décharger d'autant la pensée directoriale, tout en suivant scrupuleusement, religieusement, la règle et l'impulsion données par le chef.

Les résultats de cette discipline paternelle, de cette unité de vue tendant à un but fixe, avec toujours la même volonté conductrice, sont merveilleux. Parce que tous sont des hommes de principes, qui ont fait abstraction de toute ambition humaine, de toute vanité mondaine, et qu'ils concourent avec l'énergie la plus grande au succès de l'œuvre commune.

Lorsque à ces mobiles, qui suffiraient à expliquer leur force, vous joignez les précieuses qualités morales que leur communiquent l'état religieux, leur profession chrétienne, le but céleste offert à leurs efforts, à leurs vœux, le désir qu'ils ont tous de se perfectionner dans la grâce et d'y faire participer les enfants qui leur sont confiés, vous découvrez dans toute son étendue la valeur incontestable d'un système d'éducation auquel aucun autre ne saurait être comparé.

Ce que je dis ici du système pédagogique et chrétien appliqué à Saint-Gabriel peut également se comprendre de tous les établissements dirigés par les Frères de tous ordres voués à l'éducation et à l'instruction des jeunes gens.

Tous se rapprochent, en effet, sensiblement de cet idéal, que j'ai pu voir à l'épreuve à Saint-Laurent-sur-Sèvre.

J'ai déjà dit que le règlement du pensionnat comportait un internat de dix mois. La rentrée des classes a lieu au commencement d'octobre, et la sortie s'effectue fin juillet. Il n'y a aucune interruption dans l'année scolaire, et les études se poursuivent avec une rigidité inflexible, à peine tempérée, tous les trois mois, par les examens de classement qui fournissent les notes envoyées trimestriellement aux familles. Là, encore, on ne peut qu'approuver un pareil système.

Il tombe sous le sens que les congés multiples accordés dans les établissements universitaires ne peuvent que gêner les études, et font perdre un temps précieux aux enfants. Les dépenses des familles se trouvent considérablement augmentées par les voyages ; et les frais occasionnés par ces vacances échelonnées, venant s'ajouter à la cote déjà lourde de la pension, grèvent d'autant la bourse de ceux qui placent leurs enfants dans les collèges ordinaires.

Le prix de la pension à Saint-Gabriel (450 francs) m'a toujours laissé rêveur. Je ne sais comment les bons Frères s'y prennent pour joindre les deux bouts, avec cette somme.

Lorsque je considère les dix mois d'internat, la gratuité des livres classiques et des fournitures de toute sorte, la nourriture saine et copieuse servie aux élèves, et la faculté laissée aux parents d'habiller les enfants à leur convenance, je demeure confondu. Les pensionnaires font quatre repas par jour, ils n'ont jamais le pain sec. A huit heures du matin, déjeuner avec la soupe et un plat. A midi, dîner : la soupe, deux plats et une bouteille de vin pour quatre. A quatre heures, goûter, avec des fruits secs ou frais, que l'on mange sur la cour. A sept heures, enfin, souper : deux plats, du vin, souvent de la salade, quelquefois du dessert.

Je ne puis m'expliquer le bas prix de la pension qu'en étudiant la situation spéciale de Saint-Gabriel en pleine campagne, et son approvisionnement par les Frères eux-mêmes d'une grande partie de la consommation. Les Frères font tout ce qui peut raisonnablement être fait à la maison. Ils possèdent dans l'enclos une forge, une menuiserie, une serrurerie, un atelier de charpente, un moulin, une boulangerie, une vacherie, une buanderie, une porcherie, des jardins plantureux très grands, plantés d'innombrables arbres à fruits. Ils se procurent ainsi une certaine quantité de denrées, et surtout leur pain, à des prix inconnus de bon marché. Un pourvoyeur intelligent (un Frère naturellement) est spécialement chargé de suivre tous les marchés environnants et d'y faire tels achats dont la nécessité se fait sentir, et que la maison n'a pu produire directement.

L'ordre et l'économie les plus stricts règnent partout. Chacun a son rôle, chargé toujours, mais bien défini et proportionné à ses facultés; personne n'empiète sur les attributions du voisin. C'est une petite république collectiviste; mais belle, superbe et florissante, parce que travailleuse, obéissante, désintéressée, et surtout chrétienne. Tous les services intérieurs sont également faits par eux. Les transports, si coûteux en une localité dépourvue de voie ferrée (le chemin de fer passe à trois lieues de là, et Saint-Laurent est desservi par trois stations: Mortagne-Évrunes, Cholet et Châtillon), sont effectués par la maison elle-même.

En ce qui concerne l'enseignement, les professeurs sont distribués deux par deux dans chaque classe, et se partagent toutes les matières scolaires suivant leurs aptitudes et les ordres reçus de leurs supérieurs. Pas de classe d'étude proprement dite. Les cours ou les leçons donnés aux élèves sont immédiatement suivis de la confection des devoirs d'application, sous la surveillance du maître. Donc, pas de perte de temps, et économie de personnel. Les mêmes maîtres sont également les surveillants naturels de leurs élèves, puisqu'ils les accompagnent partout et vivent identiquement comme eux. Ils mangent à leurs tables, jouent avec eux sur les cours, les accompagnent tous à la promenade, à la chapelle, sur les rangs, et couchent dans les mêmes dortoirs.

Les moyens d'émulation sont nombreux. Citons les deux principaux, les autres se trouvant détaillés plus au long dans le cours de cet ouvrage. Nous avons d'abord les examens trimestriels dont nous avons parlé. Ils familiarisent les enfants avec les jurys d'examen, et les tiennent en haleine au moyen des bulletins communiqués aux parents. Pour les grands, nous trouvons en plus l'Académie Saint-Louis de Gonzague, de création récente, mais dont les résultats précieux méritent une mention. Voici en quoi consiste cette institution.

Qui dit : académie, dit naturellement : tournois poétiques et littéraires.

Sans être précisément fixé sur l'organisation de cette petite société d'écrivains, j'en sais assez pour édifier mes lecteurs sur son compte.

Ne peuvent en faire partie que les élèves présents au pensionnat.

Cependant quelques brillants stylistes, ayant conquis de haute lutte les palmes... académiques de Saint-Louis de Gonzague pendant leur séjour à Saint-Laurent, gardent leur qualité d'académiciens, après leur sortie, mais à titre honoraire, et ne peuvent plus concourir.

Décrire l'originalité de ces luttes littéraires, où la lucidité du style, la fraîcheur des images, la naïve imagination des auteurs sont mis en relief en des discours, des dissertations, des nouvelles et des récits gracieux, me semble difficile. Je préfère renvoyer mes lecteurs à l'*Écho de Saint-Gabriel*, charmante publication trimestrielle, en grande partie rédigée par les élèves, qui est l'organe de la docte académie, séante en mon cher pensionnat.

Il résulte de cet ensemble d'institutions, de ce règlement ferme en même temps que paternel, de cette vie uniforme, réglée comme un chronomètre, de la présence perpétuelle des maîtres, un état de choses remarquable, une connaissance complète, approfondie, des caractères et des habitudes des uns et des autres. De cette vie en commun, découle une intimité familiale, atténuée par une respectueuse sympathie chez les enfants.

Il se développe, entre toutes ces personnes vraiment unies, une concordance d'aspirations, de joies, de sentiments, qui les font se rapprocher de plus en plus, les actes des uns se trouvant toujours effectués sous les yeux des autres, au grand profit de la surveillance et de l'étude du cœur humain.

Au cours du chapitre où nous examinerons en détail les programmes d'études anciens et modernes, il y aura lieu d'approfondir davantage et d'énumérer les résultats pratiques obtenus actuellement à Saint-Gabriel. Contentons-nous de constater, pour l'instant, que le niveau a sensiblement monté, pour se mettre progressivement à la hauteur de tout ce qu'on est en droit de demander à un établissement d'enseignement moderne.

Sans changer aucunement le mode de travail très pratique qui fournissait autrefois d'excellents résultats, on a rehaussé habilement les cours pour leur donner l'ampleur nécessaire, et atteindre le but visé : faire aussi bien et même mieux que les autres en prenant moins cher, et donner les soins spirituels en plus.

Nous verrons, par l'étude des programmes, que l'enseignement primaire simple, dont le certificat d'études est la clef de voûte, l'enseignement primaire supérieur, qui conduit aux deux brevets d'instituteur, et l'enseignement secondaire moderne, dont le baccalauréat est le point terminus, sont donnés simultanément à Saint-Gabriel.

Il y a là de quoi satisfaire les desiderata les plus divers ; et peu d'établissements sont en mesure d'offrir cette variété jointe à cette qualité d'études scolaires. Grâce à leur méthode de travail, aux conditions spéciales de leur vie matérielle, à leur situation, les bons frères sont donc fondés à dire qu'ils peuvent donner aux familles tout ce qu'elles sont en droit d'exiger pour leurs enfants.

Sans pousser aux examens universitaires, institués pour la conquête des diplômes, qu'ils jugent, avec raison, destructeurs de toute initiative individuelle, par le mirage qu'ils font naître de places rétribuées dans les administrations, sans effort successif, ils ont su se mettre en mesure de produire opportunément des candidats aux écoles gouvernementales, et à toutes les carrières, quelles qu'elles soient.

De leurs mains robustes d'éducateurs chrétiens, sont sortis des sujets qui ont abordé avec succès, soit immédiatement, soit ultérieurement, et souvent sans le secours de personne, les situations les plus diverses et les plus enviées. Des prêtres, des missionnaires, des officiers, des médecins, des avocats, des professeurs, des fonctionnaires de tout ordre, des mécaniciens, des commerçants, des industriels, des architectes, des constructeurs, des agriculteurs, sont sortis de chez eux après avoir puisé tout ou partie de leurs connaissances, sous leur fructueuse direction.

Ce sont des hommes de progrès, marchant avec le progrès ; dont l'esprit est constamment en éveil et à l'affût de toute idée nouvelle tendant à rendre plus parfaite leur organisation, et à donner des résultats plus complets.

N'avons-nous pas une preuve frappante de cette marche en avant dans les merveilles que tout le monde peut leur voir accomplir avec les sourds-muets ?

Six cents de ces sujets, si intéressants en raison même de leur pénible infirmité, suivent actuellement les cours dans leurs établissements spéciaux ; et ce n'est pas un des moins beaux côtés de leur œuvre.

Non contents de les instruire comme les autres enfants, ce qui est nécessaire pour les armer pour la vie, les Frères sont arrivés (avec quels prodiges d'habileté et de patience, grand Dieu!) à les faire parler comme vous et moi, et à leur apprendre à lire sur les lèvres de leurs interlocuteurs.

Les faits parlant toujours mieux que les plus belles dissertations, je

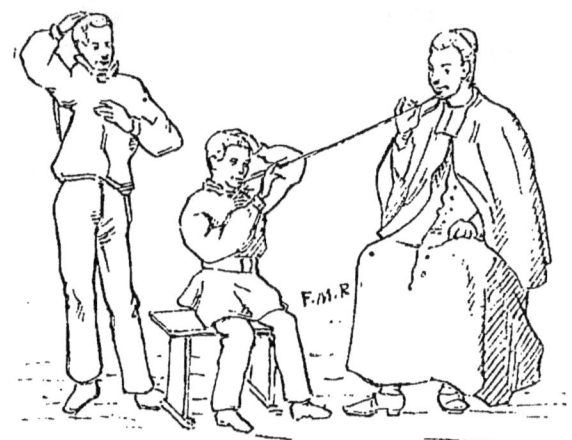

L'enseignement des sourds-muets.

vous demande la permission de vous raconter ce que j'ai vu et entendu en compagnie de deux mille de mes contemporains émerveillés.

Il m'a été permis d'assister à une représentation théâtrale, donnée par les sourds-muets de Poitiers, où une école est dirigée de main de maître par les Frères de Saint-Gabriel.

On croit rêver, n'est-il pas vrai, rien qu'à l'énoncé d'une semblable chose ; et certainement qu'au siècle dernier, celui qui aurait avancé une telle assertion se serait vu la risée de tous, puis aurait fait connaissance avec les gardiens peu tendres des Petites Maisons.

J'ai donc assisté, à Tours, au grand Cirque de la Touraine, il y a quatre ou cinq ans, à la représentation d'une pièce en trois actes, je crois. Cette séance était précédée d'une conférence, lumineusement explicative et supérieurement intéressante, faite par M. Mousset, l'avocat poitevin bien connu, qui met son grand talent d'orateur, sa science juridique et l'ardeur de ses convictions au service de toutes les belles et nobles causes.

Il avait devant lui un auditoire d'élite, le plus bel auditoire qu'il soit possible de réunir. La salle était comble, longtemps avant l'heure. La plus haute société, les fonctionnaires les plus gradés, les officiers généraux et supérieurs, l'aristocratie, le haut commerce, tout ce que la ville comptait de sommités, avait pris place dans le vaste hémicycle devant la petite scène. Les gradins du pourtour étaient envahis par une foule compacte où toutes les classes de la société étaient représentées. Tout ce monde ondulait sous la parole chaude, élégante, persuasive de l'orateur, et ne lui ménageait pas ses chaleureux applaudissements.

Il nous fit l'historique de l'enseignement des sourds-muets, nous parla de l'abbé de l'Épée et de ses méthodes d'éducation, nous énuméra les péripéties de cette œuvre en France, puis nous initia aux mystères de la méthode actuelle, faisant sous nos yeux un véritable cours de démonstration.

C'était charmant et merveilleux tout à la fois. Nous suivions, captivés par l'intérêt toujours croissant, les développements au milieu desquels il nous faisait toucher du doigt les prodiges accomplis par les professeurs spécialistes attachés à cette tâche splendide, mais ingrate entre toutes.

Après la conférence, véritablement instructive et émouvante, du sympathique avocat, commença la représentation proprement dite.

Ce fut au milieu d'une attention émue, coupée par de fréquents applaudissements, que les jeunes sourds-muets nous donnèrent l'audition d'un drame spécialement écrit pour eux. Il est évident qu'avec la lecture sur les lèvres, nous n'assistions pas à la déclamation de longues tirades comme au théâtre ; mais les scènes à quatre ou cinq personnages étaient nombreuses, et c'était merveille de voir avec quelle sûreté les acteurs se donnaient la réplique. Pas d'accrocs, pas d'arrêts ; à peine une hésitation, bien compréhensible, causée par l'émotion envahissante chez ces enfants, devant ce public choisi qui les mangeait des yeux. Deux mille personnes ! Jamais ils n'avaient joué devant semblable auditoire !..

Tout le monde était ravi et stupéfait. Il fallait être bien convaincu pour ne pas croire à une aimable supercherie, tant était grande la netteté des articulations. Mais ce qui mit le comble à la surprise et à l'enthousiasme général, ce fut la perfection avec laquelle les nuances étaient observées, la sûreté des intonations données. Les phrases jaillissaient pures, correctes, avec un accent un peu martelé, guttural, mais avec les inflexions utiles, comme dans le langage ordinaire.

J'avais entendu parler comme de prodiges, il y a quelque quinze ans, de sourds-muets, récitant péniblement, mais récitant, des fables, quelques phrases, toujours les mêmes. Mais le spectacle que j'avais sous les yeux renversait tellement mes idées à ce sujet, que je ne savais plus si je rêvais ou si ce tableau était réel.

Ces jeunes gens eurent un succès énorme. L'enthousiasme grandissait au fur et à mesure que les épisodes du drame déroulaient leurs péripéties.

Le résultat inouï, prodigieux, fut célé[bré p]ar l'unanimité des spectateurs, et des applaudissements sans fin remplirent l'immense vaisseau.

Ces bravos et ces rappels s'adressaient surtout aux maîtres, aux professeurs de ces enfants, aux braves Frères qui les avaient conduits là et qui jamais ne voulurent se montrer. Ce fut le seul chagrin, le seul regret de toute cette brillante assistance : ne pouvoir adresser à ces modestes instituteurs si dévoués l'ovation toute vibrante qu'ils avaient si bien méritée, et que la salle tout entière souhaitait tant leur faire.

C'est là que ressortait bien la puissance de la volonté pour le bien chez ces hommes, et leur mépris pour les vanités du monde. Là aussi apparaissait la mesure de l'effort donné pour accomplir un semblable prodige.

Tout ceci prouve donc que les Frères de Saint-Gabriel sont des progressifs, des soldats d'avant-garde. Leur foi, leur ténacité, leur dévouement seuls leur permettent d'aborder les plus difficiles problèmes et de les résoudre.

Les récits qui suivent, les incidents, tous rigoureusement exacts et vécus, racontés plus loin, seront autant d'arguments à l'appui de cette conviction que j'ai toujours gardée pleine et entière.

Aussi, combien ils sont aimés ! Combien leur souvenir et celui de leur maison est respecté et honoré !...

Jamais je n'ai entendu dire à un gabriéliste, ancien ou présent, ce que j'ai entendu proférer cent fois par d'autres enfants, d'autres jeunes gens, moins bien partagés que nous. « Quelle boîte ! » disait l'un, en parlant de son collège. « Quelle turne ! » proclamait un autre en invectivant ses maîtres et leur maison. « On voit bien que tu ne connais pas le bahut ! » rectifiait un troisième, en un langage imagé, mais vulgaire. Je demande pardon à mes lecteurs de ces citations bizarres qui ne sont faites que pour donner un coloris plus spécial et plus définitif à ma démonstration.

Tous les jeunes gens vraiment sincères, justes et bons, ont conservé à leurs maîtres et à leur cher Saint-Gabriel l'affection respectueuse, la sympathie reconnaissante que l'on aime à garder pieusement dans son cœur pour les parents qui vous ont élevé, instruit, choyé de leur mieux, adoucissant dans la mesure de leurs forces ce que peut avoir de dur, d'aride, d'ennuyeux, le labeur scolaire prolongé.

Tous leur savent un gré infini des soins avec lesquels ils forment en eux les hommes, les vrais citoyens utiles à leur famille et à leur pays, les fidèles chrétiens inébranlablement attachés à leur foi et à leurs souvenirs.

CINQ ANS
A
SAINT-GABRIEL

CHAPITRE PREMIER

Description des sites de Saint-Laurent et de Saint-Gabriel. — Arrivée au pensionnat. — Le C. F. directeur. — Sensations d'un nouveau. — Le dortoir. — Le réfectoire. — La lingerie. — La chapelle. — L'enclos. — Le T. C. F. Siméon. — La Salette. — Le départ de la famille. — Seul ! — Les condisciples. — La prière du soir. — La première nuit.

Dans un des vallons formés par les nombreuses dépressions des collines du Poitou, sur les confins des trois départements de la Vendée, des Deux-Sèvres et du Maine-et-Loire, en plein cœur de l'ancien Bocage, est située cette petite localité sans importance géographique, mais d'une importance capitale par les œuvres religieuses dont elle est le berceau, que l'on nomme Saint-Laurent-sur-Sèvre.

Les environs sont très pittoresques et très intéressants à visiter. L'originalité et la sauvagerie du paysage en font comme une petite Suisse, qui mérite une description détaillée. Et comme cette partie du Bocage fut le centre des luttes géantes de la Vendée militaire, ainsi qu'en témoignent d'innombrables croix funéraires, le chercheur et le touriste y trouvent ample matière à promenades intéressantes et à réflexions philosophiques. On y rencontre, à chaque pas, des ruines de châteaux célèbres, des « *caches* » inexpugnables, ayant servi de logis ou de retraites aux chefs vendéens. Et l'esprit revit l'épopée grandiose qui déroula ses scènes sanglantes sur ce beau théâtre, aujourd'hui si paisible dans sa fraîcheur de renouveau.

Nous devons vivre et nous promener en ce pays pendant tout le cours de cet ouvrage, l'auteur demande donc la permission de dessiner, d'indiquer le cadre au milieu duquel se placera son tableau.

Les sinuosités de la rivière entre deux collines, souvent à pic et couvertes de châtaigniers et de chênes, de sapins et d'ormeaux, laissent apercevoir, à chaque instant, des coins luxuriants de verdure, où la palette d'un peintre épuiserait ses richesses avant de rendre la beauté rustique qu'offre cette agreste et splendide nature.

La culture, en effet, n'a guère de prise sur ces coteaux, dans cette vallée, où le granit gris émerge de toutes parts en masses énormes, en entassements gigantesques ; comme si les cyclopes eussent autrefois voulu construire des barrages fantastiques, pour contraindre la jolie rivière à escalader ses rives.

Car les bords ne sont pas seuls envahis par ces blocs de granit. La Sèvre, en certains endroits, en est pour ainsi dire comblée. Et c'est au milieu des rochers moussus que ses flots se glissent, serpents d'azur et d'argent, pour retomber plus loin en brillantes cascades, lorsque les masses trop resserrées ne leur permettent plus le passage. On dirait un innombrable troupeau de monstrueux hippopotames échoué et pétrifié, depuis les temps préhistoriques, dans le lit de la rivière, sur un parcours de quatre ou cinq kilomètres.

Ces entassements et ces écroulements donnent au vallon, lors du plein midi, et parmi les brumes transparentes du soir, des aspects multiples et prestigieux que la plume ne saurait décrire, mais qui sont tout à fait dignes d'attirer et de retenir l'admiration du touriste.

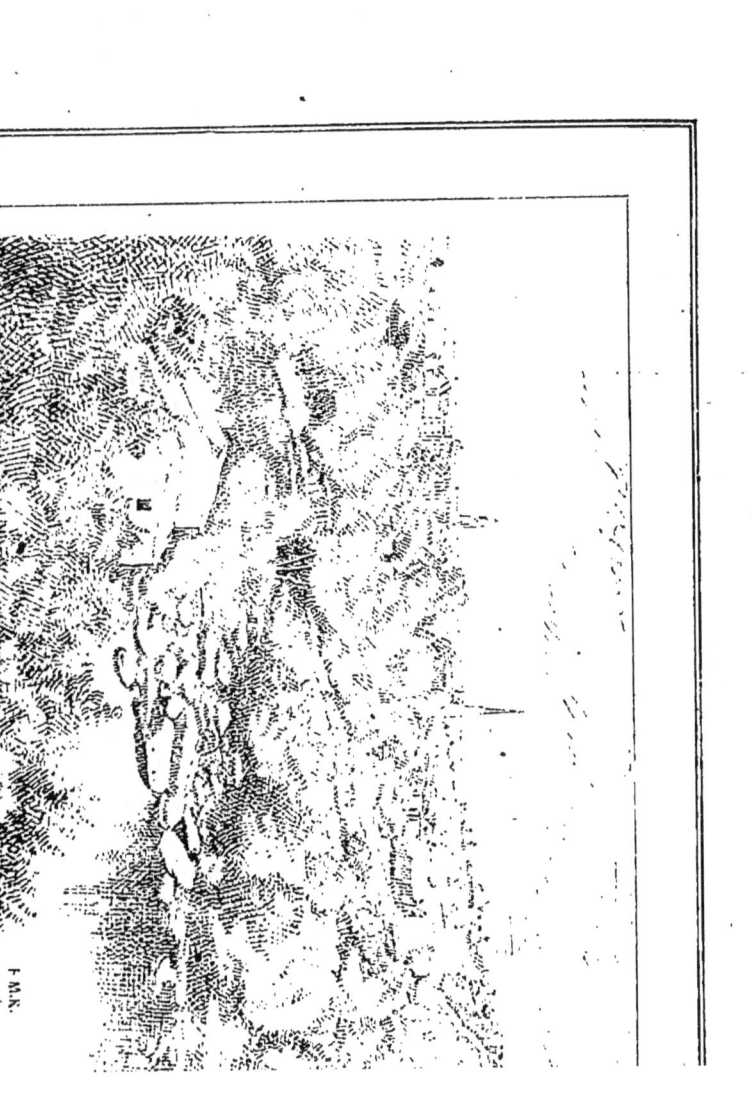

Si Saint-Laurent-sur-Sèvre était moins éloigné de Paris, nul doute que les maîtres paysagistes, si friands d'originalité et de sites tourmentés, n'eussent fixé sur leurs toiles ces tableaux délicieux, sur lesquels nos yeux émerveillés se sont tant de fois reposés. Il y a là toute la gamme des verts, des gris, des bruns, des jaunes ; avec, en bas, le ruban moiré de la rivière, brodé de lancéolaires et de nénuphars jaunes, les cascades diamantées de l'eau ; et, en haut, les ruissellements et les éblouissements d'or d'un soleil presque permanent : le spectacle en est magique, et la vision ne s'en oublie jamais.

Cependant, si la culture n'a pu que boiser cette partie du vallon et lui donner le charme si grand apporté par les arbres, l'industrie n'a pas manqué de l'utiliser en tirant habilement parti des digues naturelles, des chutes et des cheneaux rapides formés par les éboulis de rochers dans la rivière.

A chaque pas, le voyageur découvre, cachés dans la verdure et les grands arbres, des moulins de toute nature, à blé, à tan, à foulons, des papeteries, des teintureries, des blanchisseries, que les grands tisseurs de Cholet alimentent dans des proportions considérables.

La vallée n'est donc pas muette. Le paysage, révélé au promeneur dans la rusticité primitive et grandiose de son cadre, se pare d'une note gaie avec les toitures en tuiles rouges des moulins. Les façades blanchies à la chaux sourient au soleil. Le grand silence s'agrémente d'une foule de bruits. C'est le tic-tac joyeux des moulins, les coups sourds des foulons retombant sur le feutre, l'aigre sifflet de la machine conductrice, en une papeterie où la vapeur vient en aide à la force hydraulique. Et, planant sur tous ces bruits, le grand murmure, la chanson mélancolique de la rivière, bruissante comme une immense forêt.

C'est au milieu de toute cette vie intense, au milieu de cette fougueuse et splendide nature, que le petit bourg saint-laurentais groupe ses maisons noires et basses, autour des trois grands établissements religieux nés à l'ombre du tombeau de leur Père et fondateur, le Bienheureux Louis-Marie Grignon de Montfort.

Étagé sur un point où le versant gauche s'abaisse en pente douce vers la Sèvre, au milieu d'une sorte de cirque formé par les coteaux plus écartés à cet endroit, ce bourg est habité par une population laborieuse mi-partie agricole et manufacturière.

Les travaux des tissages choletais ont peu à peu envahi et accaparé la contrée environnante, et les tisserands forment la presque totalité des habitants. Leur travail s'effectuant en majeure partie dans les caves, il en résulte, pour les physionomies, une tonalité générale grise et terne qui impressionne désagréablement l'étranger, dont les regards sont encore saturés des teintes éclatantes de la verte campagne.

Ce qui communique à Saint-Laurent un aspect tout particulier, ce sont les nombreuses églises ou chapelles dont les constructions et les clochers, plus ou moins remarquables, surplombent les maisons vieilles et mal bâties du bourg.

C'est en cette localité, où j'ai passé cinq ans de ma jeunesse, que je conduis aujourd'hui le lecteur pour lui narrer les faits et gestes de l'enfant que j'étais alors, ainsi que les habitudes et les coutumes du pensionnat renommé auquel Saint-Laurent doit une partie de sa réputation.

Le conseil de famille, réuni spécialement à cet effet, avait décidé que je continuerais mes classes chez les Frères de Saint-Gabriel, à Saint-Laurent-sur-Sèvre.

Décision grave et importante, qui n'avait pas laissé que de glisser en mon esprit certaines pensées orgueilleuses. J'étais donc un « malin » puisque mon maître d'école de chef-lieu de canton n'avait plus rien à m'apprendre ?... Et je devais être supérieur aux autres enfants, puisque mes parents m'envoyaient au collège, alors que mes condisciples de l'école communale s'égrèneraient dans les ateliers paternels ou dans les maisons de commerce du voisinage!...

Déjà fier de cette prétendue supériorité, je suscitai, par mes bavardages, les quolibets de mes camarades moins heureux et jaloux, lesquels ne se firent pas faute de me narguer et de me plaisanter sur mes prétentions. Et ils n'avaient pas tort, ni moi non plus tout à fait.

Ma bonne mère vint me conduire à Saint-Laurent. Une de mes sœurs, alors âgée de neuf ans, fut du voyage, qui, pour elle, prenait les proportions d'une extraordinaire partie de plaisir. La lourde malle, gonflée de mon trousseau d'écolier, matriculé 411, était solidement attachée à l'arrière du break.

L'arrivée à Saint-Laurent me navra.

Ce bourg boueux, avec ses maisons basses et grises, dont les soupiraux de caves, béants et noirs, laissaient échapper sans cesse les claquements de castagnettes des navettes affairées et les coups sourds des balanciers serrant la toile, me produisit un étrange effet. Les rares gens que nous rencontrions étaient vêtus de droguet et bleu foncé de la tête aux pieds. Cette teinte sombre, répandue sur leurs vêtements, leurs sabots, leurs cheveux, leurs visages, et surtout sur leurs mains, provenait de la manipulation des écheveaux servant au tissage des toiles à blouse. Cette explication m'en fut donnée plus tard. Mais alors ce spectacle m'étonna beaucoup et me fit peine, bien que je n'en voulusse rien laisser paraître.

Le cœur me battait bien fort sur la petite place triangulaire en pente douce par laquelle on aborde le pensionnat...

Au milieu, un portail orné d'une croix au-dessus ; à droite, un corps de bâtiment sévère, grisâtre, avec une statue de la sainte Vierge dans une niche grillée ; à gauche, un petit pavillon et une porte bâtarde avec l'huis treillagé d'une entrée monastique.

Nous sonnons. Un bon frère se présente, c'était le frère portier. Un vieillard à cheveux blancs, un peu voûté, la figure souriante, le maintien sympathique, la physionomie encourageante. Son vêtement, qui d'ailleurs est celui de tous les membres de la Congrégation, depuis le supérieur général jusqu'au plus humble frère, mérite une courte description. Une soutane noire, sans ceinture, enveloppe le corps dans un fourreau sombre. Cette sévérité uniforme est à peine égayée par le rabat bleu liseré de blanc. Ce carré d'étoffe vivement colorée souligne la douceur du visage. C'est comme un coin du ciel d'azur tombé sur cette soutane pour faire ressortir l'affabilité des caractères, le calme du cœur, la paternelle sollicitude qui déjà se lisent sur les visages à livre ouvert. C'est comme un rayon céleste qui éclaire d'une gracieuse bienveillance la gravité de la tenue de ces religieux.

Le frère portier ouvrit donc le grand portail, et notre voiture pénétra dans la cour d'honneur. Cette cour assez vaste est coupée en deux par des murs peu élevés, laissant ouverte une baie pour le passage. Elle était entourée de plates-bandes où de vigoureux chrysanthèmes se hâtaient d'éclore pour remplacer les roses dont quelques retardataires ponctuaient encore les murs de leurs vives couleurs.

Ma mère déclina au frère portier les nom et prénoms du futur interne. Nous étions arrivés la veille de la rentrée officielle et parmi les premiers. C'est ce qui se présente souvent, surtout pour les élèves très éloignés.

Le C.-F. H..., alors directeur du pensionnat, nous reçut avec une courtoisie et une aménité charmantes. Car si les murs sont d'accueil froid et sombre en cette maison, les visages reflètent tous de bons et paternels sentiments.

Un autre frère nous conduisit au dortoir, où ma malle fut montée.

Notre surprise fut grande en entrant dans cette salle. Trois rangées de lits, séparés les uns des autres par des cloisons de bois peintes en chêne, laissaient admirer une propreté méticuleuse et l'ordre le plus parfait.

Ma case était prête, mon nom et mon matricule sur la corniche. On m'attendait... Ma malle fut rangée en face du lit, et mon nécessaire de toilette installé sur la planchette *ad hoc*. Il ne restait plus qu'à transporter à la lingerie le trousseau du pensionnaire.

Ce local (la lingerie) était encore plus minutieusement astiqué que le dortoir. De grands rideaux d'une blancheur immaculée tombaient du plafond jusqu'au parquet, et, glissant sur des tringles, découvraient d'innombrables casiers carrés, qui formaient comme autant d'armoires minuscules, où chaque enfant déposait son linge. Au milieu du parquet ciré, brillant comme un miroir, une longue table de chêne, entourée d'un tapis de sparterie très simple, attendait les piles de mouchoirs, chemises, etc., destinés à être classés dans les casiers matriculés. Cette simple organisation, qui révélait l'ordre le plus scrupuleux et la plus exquise propreté, émerveilla ma bonne mère, qui n'en pouvait croire ses yeux, et ne ménagea pas ses compliments au C. F. S..., seul chargé, alors, de la direction et de la gestion de cette importante partie de notre vie matérielle.

Une visite en règle de l'établissement était de rigueur. Nous visitâmes d'abord la chapelle, vaste monument en granit du pays, avec une tour coiffée d'une modeste toiture en tuiles. Cette chapelle, en forme de croix latine, de pur style gothique, est correcte et sévère, comme tous les autres édifices de l'établissement. Le jardin, au fond duquel elle est placée, nous permit de remarquer avec quels soins les choses les plus ordinaires étaient scrupuleusement tenues.

Ma mère s'agenouilla dans le saint lieu, tout le monde l'imita...

Lorsqu'elle se releva, deux grosses larmes perlaient à ses paupières, et je me sentis subitement envie de pleurer. Elle venait de recommander à Dieu son aîné, cet enfant qu'elle conduisait en cette sainte maison, et dont, pour la première fois, elle allait se séparer. Son cœur était gros de soupirs et de larmes. Le mien aussi. Et, sans nous rien dire, nous nous étions compris...

Puis ce fut le tour des jardins vastes et plantureux qui forment l'enclos de l'établissement. Ce fameux enclos, — un monde! — où je devais passer, de mon enfance, les années les plus douces, les plus belles, les plus riantes et les plus fécondes en souvenirs chers à l'âme. Dans ses murs, il contenait tout : le gîte, la classe, les cours, les jeux, les promenades, enfin le lieu béni où l'on s'agenouille dans le recueillement et la prière, la chapelle.

Au cours de cette promenade dans l'enclos, nous pûmes visiter la menuiserie, la vacherie, la buanderie, la porcherie, les étables, toutes choses fort bien installées. L'ordre y régnait comme partout. C'est d'ailleurs le cachet général de la maison.

Dans les jardins, il nous fut donné de rencontrer un des fondateurs du pensionnat de Saint-Gabriel, le T. C. F. Siméon, ancien supérieur général, l'une des colonnes de la Congrégation.

Vénérable vieillard, alors âgé de plus de soixante-dix ans, il se promenait seul, sans bâton, ni soutien. Mon père avait autrefois connu ce religieux. Ma mère souhaita lui présenter

La bénédiction du T. C. F. Siméon.

son fils. Le bon frère qui nous accompagnait, acquiesçant à ce désir, nous conduisit vers ce vieillard au front couronné d'une éclatante et douce auréole de cheveux blancs. Il sourit doucement au souvenir évoqué des relations passées entre mon père et lui, plaça sa main sur ma tête, et, d'une voix pénétrante et recueillie, appela sur les miens et sur moi les bénédictions de Dieu, de la Vierge, et des anges.

Et j'ai gardé religieusement au cœur la mémoire de cette minute suprême. Car il me sembla, et il me semble encore aujourd'hui, avoir été l'objet d'une faveur toute particulière.

Ce bon vieillard était renommé dans la communauté pour sa sagesse, sa science et sa piété.

Je me voyais, moi, Emmanuel, présenté à ce vieillard Siméon comme autrefois Jésus dans le temple de Jérusalem.

Ce rapprochement se fit en mon esprit. Il n'allait pas sans une énorme présomption dans le parallèle ; mais je n'y vis

La Salette.

pas alors la disproportion que j'y vois maintenant. Et c'est pour cela que cette rencontre se grava pour toujours dans mon souvenir.

Le petit monticule artificiel sur lequel s'élève la statue de la Vierge de la Salette fut aussi l'objet d'une station particulière. Ce tertre couvert d'arbrisseaux et de fleurs, si souvent revu depuis, est encore un des points restés le plus exactement présents à ma mémoire. C'était un des endroits que j'affectionnais le plus parmi tant d'autres. Il y avait là une tonnelle agreste, dans laquelle j'ai souvent rêvé délicieusement pendant que, dans les arbrisseaux touffus et formant dôme, fauvettes et mésanges, rossignols et loriots égrenaient leurs chants les plus ravissants aux pieds de la Vierge toujours souriante, et douce à travers ses larmes de mère affligée.

Je n'osais plus remuer, de peur d'effaroucher les artistes ailés. Et le temps passait en une joie douce et suave, où le cœur trouvait toujours un charme puissant et recueilli.

C'est un des lieux les plus pittoresques de l'enclos. De la plate-forme supérieure, sur laquelle on arrive par des sentiers en lacets, on découvre tout un paysage rustique et superbe. A l'Ouest, à pic, derrière le mur formant enceinte, la Sèvre commence sa course vagabonde et folle à travers les rocs tombés des collines voisines. Là commencent, de ce côté de la vallée, les cascades et les chutes limpides au milieu desquelles l'arc-en-ciel se joue. Et le bruit sourd et continu de l'eau accompagne la rêverie bercée par le chant des oiseaux. Au Nord, se déroulent les jardins parsemés d'arbres fruitiers et les prairies qui bordent la Sèvre.

A l'Est et au Sud, les champs de boules ombragés de tilleuls sous lesquels, en été, élèves et maîtres exercent leur adresse à ce jeu favori des campagnes vendéennes et angevines.

Cependant l'heure du départ de ma mère approchait. Et je ne voyais pas sans un tressaillement pénible cette séparation devenir de plus en plus inévitable. Lorsque j'y songeais, il me semblait rêver. Ma mère était là, près de moi. J'étais venu visiter cette maison, avec ma famille, mais je repartirais avec elle. Pourquoi me quitterait-elle aujourd'hui, ma bonne mère, qui m'avait toujours, avec tant de soins et tant d'affection, gardé sous son aile tutélaire ?...

La réalité, qu'alors je trouvai atrocement douloureuse, se présenta bientôt. L'heure des adieux arriva. Ce fut un concert de sanglots, une pluie de larmes. Nous pleurions tous, sous l'œil ému, mais souriant et paternel, du bon frère qui devait s'occuper de moi après le départ. Et ce furent des baisers sans fin, des embrassades éplorées dans lesquelles nous mettions toute notre âme, en l'étreinte dernière que nous eussions tous voulu prolonger.

« Allons, au revoir, mon cher fils !... »

Et dans l'embrasure de la porte basse du couloir qui débouche sur la petite cour, ma chère mère, les larmes dans les yeux et dans la voix, me jetait un baiser et un regard où tout son cœur se fondait. Je voulus m'élancer, courir, la rejoindre !... Elle avait disparu !...

Une crise douloureuse me secoua un instant tout l'être, pendant que le bon frère me consolait paternellement et doucement. Elle reviendrait... Dix mois seraient vite passés... Et puis, si j'étais sage, travailleur, raisonnable, elle le saurait, et récompenserait par une visite son enfant bien docile...

Elle viendrait me voir !...

Ce flambeau divin, l'espérance, amena le calme dans ma douleur.

Et, tel un nuage de mars, qui après avoir assombri le ciel de ses teintes lugubres s'enfuit, balayé par les brises printanières, ma peine se fondit et s'envola.

Autour du nouveau s'empressaient d'ailleurs des condisciples futurs, des anciens aux figures douces et sereines, dont l'heureuse tranquillité me remplissait de stupeur. Et, dans mon cerveau, se faisait jour ce raisonnement naturel et péremptoire : on est donc heureux ici, puisque tous ceux qui m'entourent cherchent à me consoler, et ne montrent que de joyeux visages ?...

D'un tempérament très prime-sautier, sensitif et affectueux, confiant et crédule, je répondis bientôt aux sages conseils du cher frère et à l'intérêt de mes camarades. Une partie fut vite organisée dans la petite cour, où nous nous trouvions une vingtaine. Et le jeu, reprenant vite ses droits, accapara complètement mon attention trop péniblement attirée par instants vers la séparation brutale et la solitude en laquelle je me trouvais subitement plongé.

L'heure du souper arriva. Le grand air, le mouvement, la fatigue et l'émotion avaient singulièrement développé mon appétit d'enfant. Je fis honneur au repas substantiel qui nous fut servi dans le grand réfectoire.

Cette longue salle comprend trois rangées de tables, flanquées de bancs soigneusement vernis, dans une perspective miroitante de propreté. Les grands pots à eau de faïence plaquent de leurs taches crues d'un blanc laiteux le brun miroir des tables. Cette pièce me parut plus grande et plus sonore encore dans le vide où nous nous trouvions, n'en occupant qu'un coin très restreint.

Tout un côté de ce réfectoire, que j'appellerai le côté jardin, pour la raison, bien simple et qui me dispense de toute autre, que précisément le jardin l'avoisine, est percé de nombreuses fenêtres par lesquelles le jour et l'air pénètrent à flots. Sur l'autre face, au milieu, se trouve placée une estrade. Là, sous les regards douloureux et consolateurs d'un grand crucifix, le C. F. directeur et le sous-directeur, chef de la cour des grands, prennent leurs repas, tout en surveillant de haut les faits et gestes de deux cent cinquante élèves attablés avec leurs maîtres.

Du haut de cette tribune sont donnés les signaux, au moyen d'une clochette. Car tout se passe dans un silence absolu, c'est la règle. De cette estrade partent encore les communications générales que le C. F. directeur juge à propos de faire aux moyens et aux grands. Là s'effectue, après le repas de midi, la distribution des correspondances adressées aux élèves.

Devant un pupitre surélevé, tout à côté de ladite estrade, à droite, se tient, pendant le repas, le lecteur de semaine choisi parmi les élèves distingués en lecture et possesseurs d'un organe suffisant pour dominer le tumulte gastronomique des cuillers et des fourchettes. Lorsqu'un passage mérite d'attirer l'attention, ou bien appelle des réflexions, des commentaires pouvant intéresser les enfants, le C. F. directeur interrompt le lecteur d'un coup discret de sa clochette, et, de ses lèvres, découlent toujours un aperçu pittoresque, une fine chronique locale, un fait humoristique raconté de prime jet, qui soulignent la page lue et la gravent dans les mémoires, comme une érudite annotation transcrite en marge d'un ouvrage.

Le souper de ce premier jour fut lestement expédié.

Tout le monde se rendit dans la salle de réunion, grand local réservé aux exercices en commun, et qui voit rangée, deux ou trois fois chaque jour, sur ses bancs innombrables, toute la population de la maison, maîtres et élèves.

La prière du soir fut dite à haute voix. Et je vous affirme que mon âme s'élança tout entière vers le ciel en cette solitude au milieu de laquelle pour la première fois de ma vie je me trouvais. J'avais le cœur bien gros, je n'entendais plus autour de moi les timbres fluets de mes sœurs, répondant à celui de ma mère qui, tous les soirs, disait aussi tout haut les saintes oraisons ! Plus, le bourdon grave du père couvrant nos clairs soprani !... Et de gros soupirs s'échappaient de mes lèvres, et ma prière se faisait plus brûlante, plus fervente,

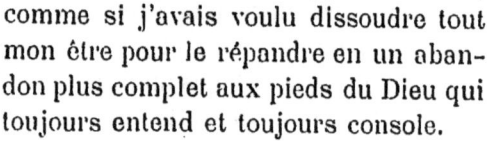

comme si j'avais voulu dissoudre tout mon être pour le répandre en un abandon plus complet aux pieds du Dieu qui toujours entend et toujours console.

En silence, tous prirent le chemin du dortoir.

Les rideaux blancs de la case grincèrent stridents sur les tringles, et, suivant la règle, dont communication venait de nous être faite par le cher frère surveillant, cinq minutes ne s'étaient pas écoulées que nous avions pris possession de nos couchettes.

Tout ce changement si radical dans mes habitudes m'avait considérablement énervé. Mes fibres de sensitive étaient tendues à se rompre. Je sanglotai éperdument dans mes couvertures, en étouffant le plus possible les soupirs convulsifs qui me soulevaient.

Soudain, un apaisement se fit. L'effusion des larmes avait sans doute rétabli l'équilibre. Une torpeur m'envahit, et je m'endormis de ce sommeil de plomb qu'il est donné aux seuls enfants de goûter avec plénitude.

Pendant ce temps le C. F. surveillant se promenait dans l'allée en égrenant son chapelet, à pas lents, silencieux et comme glissants sur le parquet de sapin.

Quand il fut bien persuadé, par le bruit des respirations calmées, ou les ronflements sonores, qu'un sommeil réparateur avait endormi tous les petits, il prit à son tour le repos si bien gagné en cette lourde journée qui s'achevait pour lui vers neuf heures du soir.

CHAPITRE II

Le réveil. — Une rentrée à Saint-Gabriel. — Les familles. — Les nouveaux. — Les anciens. — Sélection des élèves. — Les chefs de cour. — Le C. F. J... — Ses lunettes et son oignon. — La chambre aux chaussures. — Le cirage et mes déboires à ce sujet. — Le cordonnier. — Le coiffeur. — Sa légende. — L'économat. — Le livre de caisse. — Une histoire de sabots. — L'emploi du temps.

Le réveil au pensionnat est sonné tous les matins à cinq heures quinze minutes. Par conséquent, les maîtres, qui couchent dans les dortoirs des élèves, sont obligés de se préparer dès quatre heures et demie, pour être absolument libres lors du lever des enfants.

Comme j'étais arrivé la veille de la grande rentrée, le matin de ma seconde journée fit exception à cette règle. Nous nous levâmes avec le jour. La prière du matin fut dite en commun dans la salle de réunion, et nous assistâmes au défilé des arrivants, nouveaux et anciens, spectacle intéressant et curieux.

De tous côtés apparaissent des groupes affairés, chargés de paquets, se pressant vers les dortoirs, surgissant des couloirs, courant les uns après les autres.

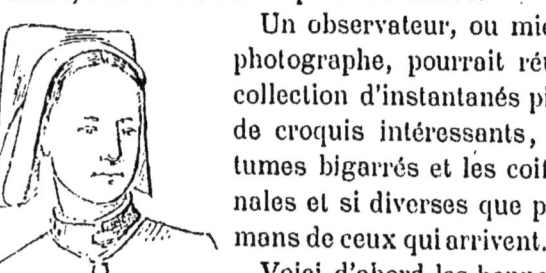

Un observateur, ou mieux encore un photographe, pourrait réunir une jolie collection d'instantanés pittoresques ou de croquis intéressants, avec les costumes bigarrés et les coiffures si originales et si diverses que portent les mamans de ceux qui arrivent.

Voici d'abord les bonnets si légers et si pimpants de la côte depuis Pornic jusqu'à Marans. Voici les coiffes gigantesques du Poitou, qu'on nomme par dérision « boîtes à laver » dans les pays voisins; elles n'en ont pas moins une allure imposante avec leurs broderies fines, leurs riches dentelles et leurs bijoux d'or agrafés sur le devant, comme les hennins embrumés de gaze et mirodorés de nos grandes aïeules.

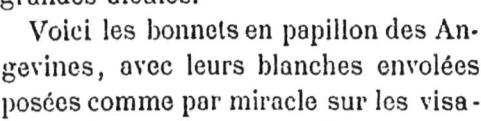

Voici les bonnets en papillon des Angevines, avec leurs blanches envolées posées comme par miracle sur les visages frais et roses des brunes riveraines du grand fleuve de Loire.

Et tout ce monde se hâte, s'interpelle, se poursuit, s'embrasse. Les convois de malles traversent les cours, s'engouffrent dans les couloirs, disparaissent dans les cases des dortoirs; et toujours, toujours il en vient. Puis l'heure de se quitter arrive. On sort les mouchoirs, les

yeux pleurent, les poitrines se gonflent de sanglots, les sourires un peu forcés grimacent au milieu des larmes. Et ce sont des embrassades émues, des « au revoir » mouillés et tremblants.

Ces mille scènes de famille sont vraiment douces à contempler. Pas de cérémonieuses poignées de main, pas de sourires d'emprunt sur les lèvres. De la tendresse, de la franchise, de l'émotion, de l'affection vraiment patriarcales coulent à jet continu dans ces entrevues dernières.

Et les recommandations pleuvent :

« Sois bien sage, mon cher enfant, travaille », dit un père. « Sitôt le froid venu, mets bien ton gilet de laine », recommande la mère... Et tous les coins de l'immense établissement sont les cadres d'autant de tableaux semblables...

Il y a, parmi les arrivants, deux catégories bien tranchées, et faciles à distinguer. Les nouveaux et leurs parents se reconnaissent au premier coup d'œil. On les voit se hâter, un peu effrayés de tout ce tohu-bohu, de ce déménagement insolite, quoique prévu et préparé. Ils ne savent où ils vont, provoquent à tout instant de nouveaux renseignements de leur guide obligeant et dévoué. Car chaque famille a son cicerone toujours complaisant et jamais las. Les figures des nouveaux sont aussi plus effarouchées, plus timides. L'inquiétude qu'apporte avec soi toute orientation nouvelle, la recherche de choses et de lieux insoupçonnés, le souci de ne pas se tromper en route, de ne rien oublier, de tout voir, tout cela se reflète sur les visages tourmentés, rougis de larmes. Et puis les adieux sont plus touchants, plus émus. C'est la première fois !...

Tout autres sont les anciens. Les grands surtout, qu'une certaine crânerie, une habitude constante de la maison, préservent des mille embarras inséparables d'une arrivée en pays inconnu. Ils auront bien ressenti un peu de tristesse en abandonnant leurs familles et la grande liberté des champs pour l'internat de dix mois. Mais ils rencontrent à chaque pas des camarades quittés à la dernière sortie. Et ce sont des poignées de mains hâtives, des questions brèves, bavardes, n'attendant pas la réponse, se croisant dans le bruit, pareilles à des volées de mousqueterie. Eux, savent où ils vont, qu'ils seront bien ici, qu'ils y seront heureux. Les autres l'ignorent encore. De là l'hésitation, l'inquiétude qui disparaîtront demain quand tous se seront senti les coudes, et que la bienveillance des uns et des autres, maîtres et élèves, aura joué son rôle d'accueillante sympathie.

Dès le lendemain, la discipline commence à se faire sentir.

La régularité des opérations s'impose avec une population dont une partie ne sait ce qui l'attend, et dont l'autre est encore mal sevrée des allures libres du plein air reprises pendant les mois de vacances.

Pour les anciens, rien à faire, qu'à monter dans la classe supérieure à la précédente. Quelques rares sujets franchissent parfois un échelon pour atteindre plus vite les sommets; ce sont des exceptions.

Quant aux nouveaux, des examens sommaires ont vite fait un triage provisoire. Mais, comme il faut tenir compte des émotions du début, les travaux de la première semaine servent de critérium pour un classement, absolument sérieux et définitif celui-là, qui placera chacun dans le milieu scolaire où devra s'accomplir son évolution annuelle.

La sélection des tailles a pu s'effectuer sans difficultés, l'âge et la grandeur des élèves intervenant seuls en cette occurrence.

Chacun a donc pris sa place en classe et sur les rangs. Les moyens forment la section qui occupe la cour du fond en face du bâtiment des classes et de la salle d'exercices; les grands se réunissent dans l'immense carré, bien au grand air, du milieu; les petits s'établissent dans la cour oblongue de l'entrée. Chacune de ces sections a son personnel de professeurs, devenus surveillants, et un chef.

Celui des grands était, à mon époque, le C. F. J... C'était un homme austère, à figure grave, riant peu, exact comme un soldat, esclave de la consigne, dont les yeux noirs, très investigateurs, se cachaient derrière des lunettes sombres.

Il donnait tous les signaux au moyen d'une clochette dont le son argentin, mais inflexible, interrompit bien des fois des parties intéressantes… Un élève de sa classe, la seconde, avait pour mission de sonner à toute volée la cloche des cours. Et ce n'était pas un spectacle banal que celui auquel nous assistions tous les jours à la fin des récréations.

Il fallait voir alors le cher frère J… droit comme un I, au milieu de la grande cour, l'œil fixé sur son immuable *oignon*, grosse montre d'argent qui réglait le soleil, disait-on, car jamais elle ne put être prise en défaut. Tel un capitaine sur  le pont de son navire, il tenait en sa main gauche l'antique chronomètre, tandis que dans la droite étincelait, non pas un porte-voix, mais la sonnette d'alarme. Et, à l'instant précis où l'aiguille tombait sur l'heure, malgré les prières et les supplications que ne manquaient pas de clamer une douzaine de bambins, navrés d'être arrachés aux multiples attractions du jeu, la clochette argentine s'agitait frénétique, le silence planait subitement, le sonneur tirait sur sa corde, la grande cloche vibrait joyeuse (oh ! la méchante !), chacun se précipitait pour prendre sa place dans les rangs, et l'ascension des escaliers commençait en un tumulte de sabots et de souliers, tintamarre effroyable.

Ce chef de cour était donc un homme tout d'une pièce, un intransigeant, véritable représentant de l'ordre en cette maison réglée comme une horloge savamment construite. Il était admirable en son inflexibilité ; sa sévérité juste et sa raideur proverbiale étaient connues de tous ; aussi arrivait-il à des résultats surprenants, chacun sachant dès l'abord qu'il n'y avait rien à faire avec lui. Les mauvaises têtes ne l'aimaient guère. Malgré tout cela, ou plutôt à cause de tout cela, ce bon frère savait s'attirer les sympathies des élèves sérieux, pondérés, travailleurs et disciplinés. Il n'avait pas son pareil pour vous récompenser d'un mot, lorsque l'effort répondait à la tâche tracée. Et vous pensez combien, étant donné l'homme, la bonne parole avait de portée, et combien on la prisait. Que n'eût-on pas fait pour mériter un sourire approbatif, et de quel orgueil ne se targuait-on pas après l'avoir conquis !...

Ceux qui le connaissaient bien disaient que, sous son apparence sévère et rude, on rencontrait facilement le cœur d'or d'un vrai père. Ce qui est hors de doute, c'est que même ceux qui eurent à souffrir de sa férule intraitable, tous ceux qui l'ont connu conservent de lui un agréable et bon souvenir ; en raison même de la saveur aigrelette qui en relève l'arrière-goût.

Dès les premiers jours, s'effectuait un déménagement bizarre et original. Un beau matin, chacun dégringolait du dortoir avec toutes les chaussures dont il était propriétaire, pour aller les déposer en un casier matriculé, à lui affecté dans la chambre spéciale.

Ah ! les chaussures, quel cauchemar pour moi ! Et combien elles m'ont valu de pensums et de retenues !... J'en frémis encore.

Il faut vous dire que j'ai toujours professé une invincible horreur pour le noir. Cette couleur trop sombre (c'est absence de couleur qu'il faudrait dire) impressionne si désagréablement mes nerfs optiques, que mes mains se refusent opiniâtrément au contact du cirage. Vous appellerez cela paresse, manque de soin, absence d'esprit d'ordre et de propreté. Tout ce que vous voudrez, mais délivrez-moi du cirage !... C'était à ce point, jadis, que, si je l'avais osé, j'en aurais fait un article spécial prolongeant l'oraison dominicale. J'aurais demandé au bon Dieu de me délivrer du mal... et de la corvée des chaussures... Ainsi soit-il !... Mais je n'osais pas torturer les textes saints, malgré les hauts exemples trouvés dans l'histoire de France, notamment les échantillons connus des prières de Louis XI à la sainte Vierge concernant son cousin le duc de Bourgogne !...

Donc, j'abhorrais le noir, et ses instruments de propagande, les brosses.

Afin d'être absolument sincère dans cette confession partielle, je dois avouer que cette répulsion, pour ainsi dire instinctive, pourrait très bien résulter d'une gâterie paternelle. Soyons donc franc, et dévoilons un secret de famille.

Mon père, excellent et digne homme s'il en fut, adore l'astiquage et le pratique sur une vaste échelle. Chaque matin, dès cinq heures, il s'empare d'une brosse, et passe en revue, ainsi qu'au plus beau noir, toutes les chaussures de la maison. Toutes, vous entendez bien, depuis les plus petites jusqu'aux plus grandes. Plus il y en a, plus il est heureux. Quand tous les souliers luisent comme des miroirs, il les aligne en rang de bataille, les contemple fièrement, et se déclare satisfait.

Allez donc croire à l'atavisme, en présence de cet amour chez le père, et de cette horreur chez le fils !

Je n'avais donc *jamais*, avant le pensionnat, ciré mes souliers de ma vie !... Vous devez penser, d'après ces aveux, si ladite corvée prenait à mes yeux des proportions considérables. Aussi n'ai-je jamais autant récolté de pensums que dans la chambre humide au fond de laquelle je laissais moisir épouvantablement mes pauvres chaussures ! J'aimais tant la végétation !... même cryptogamique !...

Inutile de vous dire que je ne me pose pas en modèle, loin de là. Aussi ai-je reconnu plus tard l'inanité de mon aversion. Les pensums étaient archi-mérités, et j'approuve entièrement aujourd'hui le C. F. J... d'en avoir fait une abondante distribution sur ma tête.

Les réparations et le remplacement des chaussures étaient confiés à un cordonnier du bourg qui, toutes les semaines, effectuait une tournée sur les cours. Son arrivée était signalée à tous les intéressés par une sonnerie intempestive de la clochette du chef de cour, sonnerie dont le résultat immédiat était de suspendre tous les jeux d'un seul coup. Toutes les têtes se tournaient, interrogatives, du côté d'où venait le signal, et nous avions la joie toujours très grande de contempler le C. F. J... esquissant de ses deux bras, sur son genou droit relevé, le geste expressif si connu et si puissamment suggestif du cordonnier tirant le ligneul !... Ledit geste accompagné d'une petite grimace narquoise, tout à fait en situation, et d'un comique réjouissant, que ledit cher frère n'oubliait jamais en cette grave occurrence ! Oh ! voyez-vous, j'ai encore dans l'œil, comme on dit, la silhouette de notre chef de cour, le buste penché en avant, le genou relevé, tirant le ligneul avec un naturel surprenant, en un plissement des lèvres, accompagné d'un clignement d'yeux malicieux qui valait son pesant d'or !...

Aussitôt, comme un seul homme, les tributaires du chevalier noir et gluant (oh ! combien noir et gluant !) se précipitaient vers la chambre aux chaussures pour trafiquer avec l'honnête industriel.

Il est bien entendu qu'il était loisible à chacun d'accepter ou de refuser son office ; mais il avait seul le droit de pénétrer dans la maison pour y offrir ses services.

Un dicton populaire dit que : « Les cordonniers sont toujours les plus mal chaussés. » L'industriel en question, ne voulant sans doute pas rendre l'adage trompeur et soulever en nos esprits enfantins des doutes sur la sagesse des nations et la vérité de leurs maximes, prenait à tâche de démontrer péremptoirement la chose, et... y réussissait complètement...

Ce qui ne l'empêchait pas d'ailleurs de nous livrer des chaussures bien faites et solides, ainsi que des réparations fort convenables, et à bon compte.

Un coiffeur du bourg avait également pour mission de passer à la tondeuse les têtes plus ou moins rondes des élèves. C'était un grand gaillard, taillé comme un tambour-major, porteur d'une superbe moustache et d'une non moins superbe royale. Le tout du plus beau roux qu'il fût possible de voir. Nous le connaissions tous sous le surnom historique, mais plutôt déplaisant pour lui, de « Ravaillac ». Sa magnifique barbe faisait rêver les grands, dont le menton avait déjà eu des rapports, passagers mais réels, avec le rasoir.

On disait (que ne disent pas les enfants!) que cette splendide couleur acajou neuf, qui flamboyait sur le visage de l'officiel perruquier, résultait d'une violente teinture appliquée à la suite d'un pari. Naturellement, notre barbier avait gagné! Mais voici où l'aventure se corsait et devenait drôle : la teinture était, par hasard, de qualité supérieure, et... jamais, depuis, la barbe n'avait voulu reprendre sa première couleur naturelle. Il avait poussé l'héroïsme jusqu'à la raser complètement, sans obtenir un meilleur résultat. Car il était évident pour tous que les barbes rousses n'existent pas dans la réalité.

Un peu de réflexion nous aurait pourtant rappelé que Charlemagne s'appelait aussi l' « empereur à la barbe fleurie », parce qu'il portait une magnifique toison blond ardent, viril attribut de sa colossale beauté d'homme du Nord. L'histoire cite bien encore Frédéric Barberousse, qui prit part à la troisième croisade et mourut en Palestine. Ce surnom de Barberousse provenait évidemment d'une cause toute naturelle?... Non. Nous avions décrété l'inexistence de cette variété de barbe !... Et ces réminiscences historiques nous fussent-elles venues à l'esprit, que nous les aurions rejetées bien loin. Car il n'y avait pas apparence qu'un modeste perruquier de village pût se permettre d'arborer une barbe flamboyante, parure réservée aux grands empereurs évoqués plus haut, lesquels ne pouvaient avoir rien de commun avec lui, et auraient tressailli, horrifiés, s'ils avaient pu comprendre la vulgarité du parallèle que nous aurions eu l'audace d'établir !

Quoi qu'il en soit, cette barbe insolite faisait jaser. Elle fut le thème inépuisable de discussions abracadabrantes sur la couleur possible et future de celle que nous devions tous porter plus tard, et dont quelques favorisés (sans calembour) montraient déjà orgueilleusement les prémices !...

Comme pendant à la chambre aux souliers, nous avions, sous le vaste hangar de droite, les râteliers d'échasses.

Ceci nous amène tout naturellement à parler du magasin spécial, alors tenu par le C. F. S..., lequel nous approvisionnait de tous les menus objets dont peuvent avoir besoin des internes : billes, biscaïens, échasses, etc. La gestion de ce magasin dans la maison permet d'établir un contrôle de la dépense des enfants, et constitue un frein aux prodigalités possibles de jeunes écervelés, chez qui la satisfaction à tout prix d'un désir prime toute idée de sage économie.

Chaque élève est tenu de posséder un petit carnet de caisse, et d'y faire figurer, par Doit et Avoir, les recettes et les dépenses de sa bourse d'écolier.

Excellente méthode qui ne peut qu'éveiller les principes d'épargne, et initie les enfants à la tenue de livres ménagère.

J'ai dit que le C. F. S... vendait des échasses. Il convient de dire, pour les mamans qui me liraient, que ce sont des échasses très basses, avec des hampes très longues, par conséquent sans aucun danger. Avec ces jambes de bois là, au bout d'un apprentissage très court, on marche comme à pied. Rien à craindre, même au début. La gaucherie des premiers pas disparaît vite pour faire place à une souplesse, une hardiesse, une agilité de bon augure pour les reins, les jambes et les bras. Les maîtres eux-mêmes ont leurs échasses et prennent part à tous les jeux.

Au magasin du C. F. S..., on trouvait aussi des chaussons, des sabots, chaussures de consommation courante, je dirai même trop courante, pendant l'hiver.

A ce sujet, je vous demande la permission de vous raconter une petite aventure personnelle qui n'est pas précisément à ma louange, mais je me fie à votre discrétion, et vous prie de ne la répéter à personne autre. Elle vous démontrera combien les parents doivent s'attendre à des surprises plutôt désagréables quand ils ont affaire à des gaillards aussi peu soigneux que je l'étais à cette époque.

Puisqu'aussi bien je suis en train d'écrire une autobiographie enfantine, puissent mes fautes et mes sottises, étalées au grand jour, servir de leçons, porter leur enseignement à mes chers successeurs, et leur suggérer des résolutions sérieuses et indispensables, qui leur épargneront dans l'avenir les regrets dont je fus assailli ultérieurement. Bien que n'ayant eu que légèrement à souffrir, par suite de la bonté des miens, lors des remontrances et des répressions, je suis trop l'ami des petits, pour ne pas leur souhaiter une adolescence moins fertile et moins orageuse que la mienne, sous le douloureux rapport des camouflets. Je veux leur faire toucher du doigt, le cas échéant, les petits écueils qu'ils auront à éviter dans l'enfance, pour ne pas se trouver, dans l'âge mûr, en présence d'obstacles, d'autant plus difficiles à vaincre qu'ils n'auront fait que croître avec les années.

Or donc, vers la Pentecôte, ma bonne mère vint me voir.

A chacune de ses rares visites, elle avait, naturellement, une entrevue avec le C. F. directeur, qui lui communiquait la situation matérielle et morale de l'enfant. Mais ne nous égarons pas dans les arcanes profonds des reproches nombreux, résultat inéluctable de toutes les entrevues. N'envisageons pour l'instant que le chapitre des dépenses courantes, et l'article spécial : dépense de sabots. Sur le mémoire me concernant figurait le total formidable de quatorze paires achetées et usées pendant l'hiver précédent !...

Le C. F. H..., effrayé, n'osait révéler un pareil tableau à ma mère. Il usa de diplomatie, et chercha une phrase préparatoire, quelque chose comme un peu d'eau sucrée pour faire avaler la pilule. Enfin, le chiffre fut déclaré !... Ma bonne mère se sentit un peu suffoquée, comme on dit. Son héritier présomptif avait conquis depuis longtemps la peu recommandable renommée de brise-fer. Il détenait le record des élèves négligents et sans soucis ; mais, jusqu'à ce jour fameux, jamais ses exercices les plus violents n'avaient atteint une telle supériorité. Elle ne douta pas un seul instant de la bonne tenue des livres de compte, et pria d'envoyer chercher le gaillard pour la lessive nécessaire. Le coupable comparut... Et le dialogue suivant s'engagea :

« Voyons, mon enfant, le C. F. directeur me dit que tu as usé quatorze paires de sabots cet hiver, c'est abominable ! Tu t'es donc amusé à les briser le long des murs ?...

— (*Le drôle, rougissant de toutes ses oreilles*) Oh ! non, maman.

— Mais, petit malheureux, comment as-tu pu t'y prendre ? Songe donc que cela fait une paire tous les dix jours ! C'est épouvantable ! C'est ruineux ! »

J'ai toujours été très franc, et l'aveu d'une faute, quelle qu'elle fut, bien que me coûtant beaucoup, ne m'a jamais fait reculer. Je pensais (et je pense encore) que, ayant eu le courage de la commettre, je devais avoir celui de l'avouer. J'expliquai donc à ma mère :

« Maman, je vais te dire. Je n'ai pas pris le temps de *ferrer* mes sabots. »

On appelle *ferrer* garnir de clous préservateurs les semelles de bois. Cette opération se fait pendant les récréations, et permet aux chaussures d'hiver de durer bien plus longtemps. Je n'avais pas le courage de m'y mettre, ou bien, quand l'ardeur de clouer m'empoignait, les semelles avaient fui !... Il faut dire que la séance de ferrure, sous le hangar, en plein vent, l'hiver, manquait absolument de charme ; et qu'une bonne dose de volonté était nécessaire, pour ne pas dire indispensable, afin de braver les intempéries, et les tentations du jeu qui s'offraient multiples et attirantes.

« Dans ces conditions, dit ma mère, tout s'explique. »

Il ne restait plus qu'à s'exécuter et à régler le bottier, ce qu'elle fit, mais point d'un bon cœur. On peut démontrer le mouvement à moins de frais !

Je reçus encore là une vigoureuse semonce. Et je suis certain que vous serez les premiers à me blâmer de l'avoir encourue.

Voilà, mes petits amis, ce qui m'arriva. Ne soyez jamais négligents. N'ayez pas peur de mettre des clous nombreux sous vos sabots. N'attendez pas, pour le faire, que la semelle soit devenue l'ombre d'une plaque de bois. Et, surtout, préférez au jeu, qui me captivait par-dessus tout, les occupations, moins agréables mais plus utiles, au moyen desquelles vous épargnerez la bourse de vos parents, ainsi que les remontrances, les peines qui ne peuvent manquer d'en être la suite.

Je fus bien puni de ma dépense exagérée. Mes parents firent confectionner, chez un forgeron de chez nous, une paire de fers, épais d'un demi-centimètre, que l'on vissa sous des galoches à ma pointure. On en fit autant pour les talons. Ces chaussures solides, mais lourdes, me durèrent tout un hiver. Comme économie, cela fut parfait. Mais à la vue de ces fers énormes, gigantesques, mes camarades me narguèrent. Les lazzis les plus corsés se mirent à pleuvoir de tous côtés. On se moqua de moi ; et je passai de fort mauvais moments. Car j'étais affligé d'un amour-propre très développé, d'un sot orgueil, qui me firent souvent commettre des bourdes énormes. Et ces piqûres innombrables et méritées me furent une bien dure expiation de ma coupable négligence.

Mais reprenons notre chronique, en laissant de côté ma maigre personnalité.

Une fois pour toutes, nous donnerons l'emploi du temps d'une journée à Saint-Gabriel. Chacun pourra suivre ainsi les évolutions de tous, sans qu'il soit besoin d'y revenir.

Nous avons dit que le réveil sonnait à cinq heures un quart du matin, et qu'à huit heures, le soir, tout le monde était au lit. Ceci était absolument réglé. Il n'y avait à cet horaire que de très rares exceptions, justifiées par des circonstances extraordinaires que nous connaîtrons plus tard.

Après la toilette, qui s'effectuait rapide et silencieuse, tout le monde descendait des dortoirs pour se rendre en rang à la salle de réunion. La prière du matin s'y disait sous la présidence du C. F. directeur, maîtres et élèves étant présents. Après la prière, méditation, lecture pieuse par le président. A cinq heures et demie, dispersion de la population dans les classes, où nous trouvions lampes et feux, l'hiver, soigneusement allumés. La cloche de la chapelle nous appelait à sept heures, pour entendre la messe basse quotidienne. Sept heures et demie nous trouvaient au réfectoire pour le déjeuner qui durait trente minutes. A huit heures, courte station sur la cour, mais en silence. Puis, en classe jusqu'à dix heures. Récréation de dix heures à dix heures et demie. Classe jusqu'à midi. Dîner de midi à midi trente. Récréation jusqu'à une heure et demie. Classe jusqu'à quatre heures. Nouvelle station au réfectoire pour y prendre le goûter, qui se mangeait sur la cour. De quatre heures trois quarts à sept heures, classe. Sept heures, souper. Huit heures, coucher, après une station muette sur la cour, et la prière du soir en commun, à la salle de réunion.

Vous voyez que nous n'avions pas le temps de nous ennuyer, et que l'horaire était distribué d'une manière rationnelle, pratique et irréprochable.

Le jeudi, entre le dîner et le goûter, promenade.

Le dimanche, après la grand'messe de neuf heures, courte promenade aux environs. Après le dîner, réunion à la grande salle pour la proclamation des notes hebdomadaires, et leçon de politesse. Puis, promenade jusqu'au goûter.

Oh! nous n'étions pas malheureux!... Lorsque je me suis vu, depuis, passer des nuits au travail, et rester des huit heures d'une traite à travailler comme un nègre, j'ai souvent soupiré après les bienheureuses coupures du pensionnat!...

CHAPITRE III

Les programmes d'études. — Autrefois et aujourd'hui. — Les moyens d'émulation. — Les moyens de coercition. — Les notes. — Les billets d'honneur. — Quelques portraits de professeurs.

Pour bien faire ressortir les qualités de l'enseignement à Saint-Gabriel, il est indispensable de détailler complètement les programmes d'études. Cela permettra d'approfondir le système employé, et de se rendre compte des résultats obtenus. Il me paraît nécessaire d'aborder cet ordre d'idées, malgré le caractère épisodique et descriptif que cet ouvrage doit surtout conserver, puisqu'il est composé de réminiscences, de souvenirs enfantins.

Cependant, l'utilité d'une pareille étude me semblant indiscutable, vu l'importance capitale du sujet, j'ai dû, après avoir examiné et reconnu l'opportunité de cette adjonction, faire appel aux documents dont dispose l'administrateur actuel de Saint-Gabriel, pour les mettre sous les yeux du lecteur. Les parents qui me feront l'honneur de me lire verront : 1° ce qu'étaient les études il y a vingt ans; 2° ce qu'elles sont aujourd'hui; 3° les progrès énormes effectués dans cette voie; 4° le rang très remarquable tenu par Saint-Gabriel dans l'échelle des établissements destinés à l'instruction proprement dite.

De mon temps, il y avait huit classes, dont deux (la quatrième et la cinquième), trop nombreuses, étaient sectionnées en deux. De la huitième, où l'on initiait les enfants aux premiers principes de la langue, jusqu'à la cinquième, on donnait l'instruction primaire élémentaire. De la quatrième à la seconde, l'instruction primaire supérieure. La première classe et ce qu'on appelait le cours supérieur, c'est-à-dire la section de la première classe comprenant les grands qui avaient doublé leur dernière année, étaient consacrés à parfaire l'instruction déjà complète puisée antérieurement, par l'étude des éléments constitutifs des programmes d'enseignement secondaire que l'on connaît aujourd'hui sous la dénomination de moderne, et qui n'existait pas alors dans l'université (1).

Aucune langue autre que le français n'était enseignée au pensionnat. Trois ou quatre élèves, fils de commerçants des Sables d'Olonne ou d'armateurs des ports voisins, apprenaient l'anglais, mais en dehors des classes habituelles et générales. Deux ou trois autres, que leurs familles destinaient à des études classiques ultérieures ou au séminaire, prenaient les premiers rudiments de la langue latine auprès de notre cher aumônier, M. Mabille. Je ne cite ces exceptions que pour mémoire, et pour démontrer encore mieux le caractère exclusivement français de l'enseignement.

Afin d'établir des termes de comparaison, je dirai que, de mon temps, un élève sortant de cinquième eût passé largement les examens (institués plus tard) du certificat d'études primaires ; que, sortant de seconde, nous étions tous, à peu de chose près, de taille à passer le brevet simple ; et que le niveau des études du cours supérieur correspondait assez exactement au brevet supérieur, également inconnu en 1875, ou du moins très peu pratiqué. J'eus comme condisciples de grands jeunes gens de dix-huit et dix-neuf ans qui venaient préparer les examens du volontariat d'un an (institution abolie depuis). Ces jeunes gens réussissaient presque tous en sortant de la seconde classe.

Nous avions, comme aujourd'hui d'ailleurs, deux professeurs par classe. A la première classe et au cours supérieur seuls étaient réservés les cours de littérature, de rhétorique, des premiers éléments de philosophie, de l'algèbre, de la phy-

---

(1) L'auteur se permet de faire observer qu'en ce sens les frères de Saint-Gabriel étaient des précurseurs. Ce n'est pas d'ailleurs la première fois qu'on s'approprie leurs idées pour les appliquer ailleurs officiellement.

sique et de la chimie élémentaires, d'astronomie, des mathématiques, de comptabilité, etc., etc.

Le but visé, qui était de nous armer pour la vie et de nous mettre en mesure de faire bonne figure dans le monde lorsqu'il s'agirait d'y choisir une voie, se trouvait donc atteint et dépassé.

N'oublions pas d'ajouter qu'à l'époque dont il est question, les jeunes Français ne s'étaient pas encore rués vers les administrations publiques avec la fureur qui marqua la période s'ouvrant en 1880, laquelle dure encore de nos jours. Les vides faits dans nos campagnes, dans le commerce et l'industrie, par la terrible guerre de 1870 étaient à peine comblés. Même en tenant compte des progrès de l'outillage mécanique et de la centralisation commerciale à outrance, deux causes qui expliquent les difficultés actuelles dans la recherche des places, nous nous casions tous facilement, et pas n'était besoin d'exhiber des collections de parchemins pour tenir un comptoir, une caisse, une comptabilité, ou une représentation.

Aujourd'hui, le niveau des études a suivi le progrès, et, pour le prouver, je ne saurais mieux faire que de citer les documents, gracieusement mis à ma disposition par le cher frère directeur, concernant les programmes d'études actuellement pratiqués à Saint-Gabriel.

« Le programme des études est ordonné et gradué de manière à offrir aux élèves un ensemble de principes et d'exercices propres à développer toutes leurs facultés intellectuelles, et pouvant leur permettre, lorsque les familles le désirent, de subir avantageusement différents examens universitaires, tels que les épreuves des deux brevets d'instituteur, du diplôme de pharmacie, et du baccalauréat de l'enseignement secondaire moderne.

« L'enseignement se répartit en dix classes, formant trois séries successives.

« 1° La série primaire comprend 4 classes (8e, 7e, 6e et 5e) correspondant aux cours préparatoire, élémentaire, moyen et supérieur de l'enseignement primaire. Les élèves qui sortent de la 5ᵉ classe sont capables, et au delà, d'avoir leur certificat d'études primaires.

« 2° La série mixte comprend 3 classes (2ᵉ-4ᵉ, 1ʳᵉ-4ᵉ et 3ᵉ) dont le programme est celui des 1ʳᵉ, 2ᵉ et 3ᵉ années d'enseignement primaire supérieur fondu avec celui de 6ᵉ, 5ᵉ et 4ᵉ classe de l'enseignement moderne.

« 3° La série secondaire se compose également de 3 classes, la 2ᵉ, la 1ʳᵉ et le cours spécial dont les programmes sont respectivement ceux de la 3ᵉ moderne, de la seconde moderne (Baccalauréat moderne, 1ʳᵉ partie) et de la 1ʳᵉ moderne (Baccalauréat moderne, 2ᵉ partie).

« Dans les quatre classes de la 1ʳᵉ série, l'enseignement comprend : le Catéchisme, la Vie de N.-S Jésus-Christ, l'Histoire Sainte, la Lecture, l'Écriture, la Grammaire, l'Orthographe, l'Analyse grammaticale et logique, le Style, l'Arithmétique, l'Histoire de France et la Géographie ; des Exercices de Mémoire, de Plain-Chant et de Solfège ; des notions de Géométrie et d'Arpentage pour les deux classes plus avancées.

« L'enseignement comprend, dans les six classes supérieures : l'Instruction Religieuse, la Déclamation, la Calligraphie, la Langue française, la Littérature et la Composition française ; l'étude des Langues anglaise, allemande et espagnole ; l'Histoire et la Géographie ; la Législation, l'Économie politique, la Philosophie et la Morale, l'Arithmétique, l'Algèbre, la Géométrie *proprement dite* et la Géométrie *descriptive*, la Trigonométrie, la Mécanique, la Cosmographie, la Comptabilité, la Physique, la Chimie, l'Histoire naturelle, l'Agriculture. Un professeur spécial est chargé de donner un cours de Conférences agricoles, auxquelles peuvent prendre part tous les élèves assez avancés pour en profiter.

« L'étude des Langues dans le cours élémentaire, la Musique et le Dessin *dans les deux cours,* sont l'objet de leçons particulières données sur la demande et au compte des familles. (Leçons de Musique, 50 fr. par an ; Leçons de Dessin, 35 fr. par an.)

« Une fois la semaine, on initie les élèves aux bienséances et aux usages de la bonne société.

« Les élèves d'un cours régulier sont divisés en *deux classes* lorsque le nombre l'exige.

« L'enseignement et la direction de chaque classe occupent toujours *deux professeurs*.

« Le programme des études et le catalogue de la bibliothèque déterminent les *seuls ouvrages* admis à circuler dans l'Établissement. »

Les moyens d'émulation sont nombreux et tous parfaitement appropriés à l'esprit des enfants. Ils sont gradués intelligemment, et produisent des fruits remarquables. Nous les énumérerons brièvement.

Comme dans toutes les institutions, les compositions hebdomadaires donnent droit à la distribution des croix. Dans chaque classe, et dans chaque division, deux croix sont attribuées, le samedi, aux premiers des deux compositions de la semaine. La proclamation des résultats se fait le samedi soir, par les soins du C. F. directeur, qui veut bien rehausser de sa présence cette intime solennité. Cette sollicitude a un double but : d'une part, se rendre compte personnellement des progrès accomplis, les suivre pour ainsi dire au jour le jour, ce qui lui permet des apostrophes stimulantes aux négligents et aux paresseux, à lui qui connaît la situation des familles et les sacrifices qu'elles s'imposent ; d'autre part, provoquer par sa présence un plus vif désir de vaincre. Le combat ignoré comporte moins de gloire pour le vainqueur. Et, la plus haute personnalité du pensionnat, les deux professeurs, assistant à la proclamation des récompenses, il en résulte un sentiment plus vif de légitime amour-propre qu'il importe de ne pas négliger en vue du programme général à poursuivre, qui est : « Travailler de mieux en mieux. »

Tous les jours, à propos des leçons et devoirs, on inscrit à l'avoir de chaque élève un certain nombre de bons points. Deux fois l'an, à Pâques et aux prix, ces points sont totalisés et donnent droit à des récompenses spéciales, consistant en volumes, brochures, etc. Cela remplace les prix de récitation distribués dans los établissements similaires.

Le dimanche a lieu, à la salle de réunion, en public, la proclamation des notes hebdomadaires attribuées par les maîtres à chaque élève, sur tous les points de sa vie scolaire : Travail, Religion, Morale, Conduite, Tenue, etc. Là réside réellement le plus puissant de tous les moyens d'émulation et de coercition réunis qui existent à Saint-Gabriel. Sur ces notes repose toute une échelle de récompenses et de pénalités. Au moyen des notes, et de leurs succédanés que nous connaîtrons tout à l'heure, tout le monde est tenu en éveil, maîtres et élèves ; à chaque instant le rappel à l'ordre vient galvaniser les lenteurs ou doucher les trop grandes exubérances. C'est le pouls tâté au malade, la température prise au fiévreux, lesquels indiquent immédiatement et rationnellement la médication à appliquer au patient. Ce système, que je n'ai vu en vigueur nulle part ailleurs, me semble merveilleusement approprié à l'éducation des enfants, et bien supérieur aux bulletins mensuels, trop éloignés les uns des autres pour ne pas permettre des échappées entre leurs mailles trop ouvertes.

Donc, le dimanche, proclamation des notes sous la présidence du C. F. directeur. Le sous-directeur donne lecture, l'enfant appelé se lève pour entendre sa sentence. Si la semaine a été bonne, tout va bien, on passe à un autre. Mais si la semaine a été mauvaise, la scène change. La tête brûlée, qui sait bien à quoi s'en tenir, se baisse, couverte de rougeur, pour recevoir la remontrance directoriale qui ne se fait pas attendre. On recueille en un instant les fruits amers d'une semaille défectueuse.

Oh ! les rappels à l'ordre publics devant les condisciples railleurs, et souvent rieurs sous une apostrophe plus virulente et plus mordante de l'autorité sévère et courroucée !... Oh ! les regards scandalisés du C. F. J..., sa figure assombrie subitement, sa voix se faisant grave, peinée, pour annoncer à tous que Un Tel avait mérité une semonce de première catégorie par ses notes mauvaises !... Et les regards narquois lancés en coulisse par les voisins peu charitables qu'une meilleure chance avait favorisés !... Et les angoisses du coupable qui prenait un avant-goût des répressions futures occasionnées par sa conduite déplorable !...

Il m'est arrivé de provoquer quelquefois (oh ! quelquefois seulement) le déploiement de cette pompe judiciaire dont l'appareil impressionnant me faisait froid jusque dans les os !... Car je n'étais pas, il faut bien l'avouer, un des meilleurs élèves de mon époque. Et c'est ce qui me permet de parler de tout avec connaissance de cause, même des punitions et des châtiments.

D'un caractère doux, mais indécis, d'un tempérament variable, avec des alternatives d'efforts très sérieux et des ralentissements incompréhensibles, bavard et un peu taquin sans aucune méchanceté, subissant l'influence, l'impression du moment en bien comme en mal, sans discernement immédiat, plein d'inconscience et d'inconsistance, parfaitement insouciant du résultat futur, je ne pouvais manquer d'avoir des hauts et des bas qui étonnaient ceux avec lesquels je vivais, et m'étonnaient profondément moi-même. J'avais des élans d'enthousiasme, des moments d'effervescence, pendant lesquels les travaux les plus ardus me semblaient et devenaient effectivement faciles. Puis, sans cause apparente, je rêvassais, je paressais, je négligeais tout. Quoique très orgueilleux et très fier de mes faciles triomphes, puisque, sans effort réel, j'obtenais ce que d'autres peinaient pour avoir, lorsque mes boutades me prenaient je voyais, sans aucun amour-propre blessé, sans jalousie, sans même y trouver le coup de fouet qui réveille, mes ordinaires suivants me passer de plusieurs longueurs. Aussi puis-je dire avec juste raison que je mesurais

A la hauteur des bonds la profondeur des chutes !

J'ai connu et goûté toutes les gloires du pensionnat. J'ai porté jusqu'à quatre croix en une semaine : les deux de la classe, celle de dessin, celle de musique vocale. J'ai décroché, une année, quatorze nominations sur seize récompenses accordées aux prix. Ayant toujours possédé une écriture détestable, et ne pouvant mordre aux mathématiques, je me trouvais rayé d'office, mais pour ces deux concours seulement.

Mais la roche tarpéienne a enregistré aussi des culbutes magistrales exécutées par le même élève !... Mais je dus subir les hontes, rares, il est vrai, des remontrances publiques et spéciales !... Mais je dus manger le pain dur des retenues de promenade, noircir les feuilles blanches et innocentes de pensums nombreux autant que mérités... Je fus même, une fois, appelé dans la chambre monacale du C. F. H... pour y subir un blanchissage en règle. Il me fit pleurer, sangloter, demander pardon, promettre de m'amender. Ce que je fis d'ailleurs avec assez de courage et de bonne volonté : j'avais promis, je m'exécutai... Tous ceux qui m'ont eu sous la main ont dû, tour à tour, me louanger et me punir.

Tous ces horions me semblaient profondément douloureux, et l'orgueil faisait souvent dégénérer ma peine en rébellion ; mais tout se passait intérieurement. C'était un feu de paille, et, lorsque la réflexion se faisait jour, la droiture de mon jugement me faisait adhérer, comme malgré moi, au châtiment que je venais d'essuyer. Aussi, je le proclame hautement, l'impartialité des maîtres était absolue, et il était nécessaire que ces tribulations m'atteignissent. Je n'en ai, d'ailleurs, à aucun moment, gardé rancune à personne, car j'ai toujours ignoré ce sentiment bas, honteux et mesquin. Ma reconnaissance et mon amitié pour mes maîtres ont toujours été au-dessus de toutes ces petites considérations. Je vois bien aujourd'hui que chaque punition réprimait au moins deux ou trois incartades. Oh ! mes chers maîtres, combien je bénis toutes vos corrections. Elles m'ont ouvert les yeux sur une multitude de petits défauts mignons, qui sans elles ne se seraient peut-être jamais corrigés.

Mais reprenons notre énumération des moyens d'émulation pratiqués à Saint-Gabriel.

Les notes hebdomadaires portaient, comme conséquence immédiate, la délivrance mensuelle d'un billet d'honneur ; carré de papier précieusement enluminé : blanc, premier degré ; rose, second degré ; bleu, troisième degré (1). Ces billets étaient envoyés aux familles par les enfants eux-mêmes qui, lors des défaillances, se trouvaient face à face avec une affreuse réalité très difficile à expliquer. Les premiers degrés apportaient seuls avec eux la faveur insigne de l'inscription aux tableaux d'honneur exposés dans les parloirs.

Ces tableaux, suprême affichage réservé à l'élite, étaient de véritables objets d'art sortis des plumes et des pinceaux les plus renommés du pensionnat. La haute calligraphie, le dessin d'ornement et l'aquarelle se donnaient gracieusement la main pour établir des choses délicates, des allégories suaves, merveilleuses, prodiges de patience et de bon goût qui donnaient la plus haute idée du savoir-faire des élèves et de l'intelligence artistique du maître de dessin, le C.F.O..

Certes, ce n'était pas un mince honneur, ni une joie négligeable, que de figurer sous le verre en compagnie des plus sages et des bûcheurs les plus qualifiés. Quand les parents venaient, avec quel orgueil ne leur montrait-on pas le nom, leur nom, encadré de fleurs superbes et d'arabesques originales. La naïve satisfaction des mères brillait en leurs regards chargés d'effluves caressants, et leur bonheur se manifestait et se répandait en baisers sur les têtes chéries des enfants reconnaissants.

Comme contre-partie aux stimulants, nous parlerons des moyens de coercition.

Ainsi que partout ailleurs, les retenues et les lignes formaient la cavalerie d'avant-garde. La privation de promenade était une aggravation. Mais, avec les notes, se constituaient tout un système et une échelle de pénalités. Les billets d'honneur mensuels n'étaient plus accordés à partir

(1) Aujourd'hui, les couleurs ont changé. Les billets d honneur sont respectivement roses, verts et blancs.

d'un certain chiffre de mauvaises notes. Pour les rendre plus désirables, ces billets, les bons frères avaient institué la promenade dite des billets d'honneur, sorte de fête, de gala, qui se célébrait tous les premiers mardis de chaque mois.

Les élèves privés de billets étaient également privés de cette promenade. Et telle était la puissance morale acquise par les bons frères, que jamais je ne vis personne s'insurger contre leurs décisions, toujours dictées par la plus sincère justice. La discipline d'ailleurs est naturellement remarquable au pensionnat. Les batailles entre élèves, les gourmades et brimades y sont absolument inconnues. « Jeux de mains, jeux de vilains » est la devise des cours. Mais n'oublions pas que, constamment, perpétuellement, les professeurs sont mêlés aux enfants, les surveillant toujours, les ayant toujours sous les yeux. Pour un esprit réfléchi, cette scrupuleuse et constante attention des maîtres est vraiment la cause de la docilité avec laquelle les pensionnaires obéissent au règlement. Et c'est là une garantie de tout premier ordre pour les familles.

La pénalité la plus dure était donc la privation de la promenade des billets d'honneur, véritable fête mensuelle. Les heureux titulaires de billets partaient pour une belle excursion, pendant que les autres « *grattaient le papier* » dans une classe, en silence, sous la surveillance sévère et gênante d'un frère, promu gendarme pour la circonstance. Le nombre de ces pénitents était relativement restreint. Le poids de la punition se faisait lourd vers le soir, lorsque les promeneurs revenaient joyeux et clamaient leur satisfaction à tous les échos du pensionnat.

Pour eux, seuls, était alors servi un souper de gala, pendant lequel les langues avaient la permission de se délier, faveur très appréciée et dont profitaient amplement les convives. On avait du dessert à ce souper : les botterots, sorte de pâtisserie légère, et les châtaignes en faisaient les frais l'hiver; les fruits frais de toute sorte abondaient pendant l'été; et oncques ne montraient leurs frimousses appétissantes sur la table des punis de retenue, claquemurés très loin du joyeux brouhaha.

J'ai déjà souvent parlé du C. F. H..., directeur du pensionnat lors de mon séjour, et je n'ai pas encore pris le temps de vous le présenter. C'était un homme dans la force de l'âge, très homme du monde, et, disait-on, d'un grand savoir et d'une haute intelligence. Il est évident que pour diriger cette pension type, l'Institut de Saint-Gabriel choisit toujours l'une de ses plus sympathiques personnalités, comme l'un de ses frères les plus capables. Il avait le don de la parole. Une éloquence aisée, simple, faite de facilité et d'abondance, qui allait au cœur des enfants. Son influence était très grande sur nous tous. Sa paternelle attitude, jointe à une sévérité nécessaire, sans être exagérée, obtenait d'excellents résultats. Il était persuasif en ses démonstrations et discours, et nul doute que, si ses motions et ses théories eussent été soumises au suffrage, il n'eût obtenu l'approbation générale. Il apparaissait revêtu du prestige que lui conférait sa fonction. Et comme il connaissait particulièrement les parents, son autorité était réelle. Elle prenait les proportions de l'autorité familiale, avec quelque chose de plus qui lui venait de son caractère religieux, dans les circonstances particulières où les élèves étaient appelés devant lui. Sa voix, douce et chantante habituellement, se faisait en ces occurrences dure, acerbe, caustique, sombre, avec des notes graves qui nous faisaient frémir. Cette voix mordait, écorchait, faisait saigner, comme une râpe qu'on vous aurait passée quelque part en appuyant très fort. C'était tout à fait singulier, et d'un effet moral extrêmement puissant ; car à l'impression cérébrale se joignait comme un malaise physique qui vous prenait à la gorge et vous jetait pantelant, broyé par la volonté supérieure.

On disait qu'il avait été autrefois étudiant en médecine et fort mauvais chrétien. Qu'un duel malheureux l'avait fait revenir à Dieu, et entrer en religion. C'était une légende, un commérage d'enfants romanesques et bavards. Quoi qu'il en soit, à cause même de son invraisemblance, ce bruit prenait consistance. Tout le monde considérait le C. F. H... comme le héros d'aventures extraordinaires. Et cela le rehaussait encore dans les esprits amoureux du fantastique, du merveilleux et de l'inédit.

Il est certain que c'était un homme de valeur, un véritable directeur d'enfants, un éducateur d'hommes. J'avais personnellement pour lui la plus respectueuse admiration, à laquelle se joignit plus tard une filiale et vive sympathie.

Un professeur partageait avec lui l'honneur de susciter les racontars des enfants. C'était le C. F. C..., professeur de la première classe et du cours supérieur. Un homme carré, solide, avec une belle tête blonde et forte, où la santé et la gaîté rayonnaient douces et tranquilles. Sa voix était voilée, basse : on aurait dit qu'il regrettait de se faire entendre. Un modeste, qui savait tout. Comme le C. F. H... d'ailleurs, et quelques autres, vers qui les questions se faisaient plus pressantes et plus sérieuses. Ces questions émanaient toujours des grands, et des élèves les plus « *calés* »: ce qui, naturellement, ne les rendait que plus difficiles à élucider. Il était impossible de le trouver à court. Et toujours un aperçu intéressant, une anecdote instructive, un point de doctrine ou de science, se faisaient jour dans ses réponses à nos multiples assauts. Remarquez bien que ce n'était pas chez nous le désir petit et mesquin de pousser le professeur, de le chercher en défaut, d'opposer des objections à ses perpétuelles lumières ; non, nous avions faim de science vraie, nous étions avides de ses enseignements, nous écoutions, curieux et captivés. sa parole douce, aisée, souriante, affirmée de temps à autre par une inclination un peu brusque de sa belle tête radieuse dont les yeux pétillaient d'esprit joyeux et franc. Il avait un tempérament de fin lettré, d'artiste, et de poète.

Et voici que tout à coup je me rappelle certaine soirée, où, en guise de leçon de littérature, en première classe, le C. F. C... se mit à nous lire des vers extrêmement beaux, des vers d'une envolée géniale, du Victor Hugo, du Lamartine, du Chénier, du Musset, du Barbier, etc., etc. Et cela vibrait, harmonieux, chantant, superbe, entre ses lèvres fortes et mâles. Nous goûtions l'interprétation réellement belle de ce lettré puissant et disert. Et il nous soulignait les splendeurs des périodes, il nous sertissait d'un mot les diamants et les perles rencontrés au courant des vers, mettant soudain en valeur les trésors de pierreries encore embrumés dans la gangue de notre ignorance. Et cela jaillissait éblouissant, resplendissant, merveilleux en nos cerveaux extasiés... Nous buvions des yeux notre bon maître qui, heureux, dans son élément, se montait, s'allumait, s'enflammait lui-même, nous montrant un homme tout autre, l'artiste, le poète en puissance d'art, de grand art.

Et cette leçon, pour moi, porta. Elle fut comme une révélation. Je me mis à piocher, éperdu, les précis de littérature que nous possédions, allant moi aussi à la pêche des perles, cherchant l'or et les diamants.

Je n'étonnerai personne en ajoutant maintenant que le C. F. C... marchait toujours comme environné d'une auréole de respectueuse admiration. Tout le monde l'aimait. Il était si doux, j'allais dire si peu sévère!.... C'était avec un regard d'envie que les jeunes considéraient les grands, favorisés d'un commerce habituel et amical avec cet homme grave et savant.

Lui aussi avait sa légende, naturellement. Mais elle était si absurde et si folle que j'aime mieux n'en rien dire. Il fallait des imaginations vagabondes comme les nôtres pour échafauder avec une pareille désinvolture des contes dignes des Mille et une Nuits.

Pendant que nous sommes sur le chapitre des professeurs et maîtres, je vais vous demander la permission de vous en présenter encore quelques-uns que j'ai plus particulièrement connus.

Je vous ai déjà montré le C. F. J... dans l'exercice de ses fonctions officielles de chef de cour. En classe, c'était la même sévérité, la même intransigeance, la même minutie poussée jusqu'au scrupule.

Au tour du C. F. A... Celui-là me prit en quatrième, et m'accompagna chaque année dans mon ascension vers la première classe. Je puis donc me dire son élève dans toute l'acception du terme, puisque je l'ai toujours suivi, et que, depuis lors, personne ne m'a rien professé. Je l'ai quitté à l'âge de seize ans et demi, et n'ai plus eu d'autres enseignements que les lectures, et l'expérience de la vie. Cette dernière école est la plus rude et la plus dure de toutes: en fait de maître terrible et sévère, il n'en est pas un de comparable au monde. La fréquentation de ce professeur muet et inexorable, qui vous fait entrer dans la chair et dans l'esprit ses enseignements implacables, provoque des explosions de regrets quand on se rappelle la férule autrement douce du bon frère A...!

C'était un jeune, un bûcheur, qui n'entendait pas raillerie avec les paresseux (une des raisons pour lesquelles nous n'étions pas toujours cousins tous deux); et qui, sans en avoir l'air, trouvait l'infaillible moyen de vous faire expier vos incartades. Il ne s'emportait jamais, ne déclamait pas; mais, quand l'échéance arrivait, il fallait payer. De ce règlement naissaient souvent des grimaces, mais la liquidation était inévitable!...

Le C. F. G... professait la musique. Tous les genres lui étaient familiers. La chorale, l'instrumentale, la symphonie, la musique religieuse, le plain-chant, la musique profane, n'avaient plus de secrets pour ce fervent de sainte Cécile. C'était un tout petit homme, avec un nez en bec d'aigle qui lui tranchait le visage en deux. Mais il faisait du bruit comme trente-six, et se démenait comme quarante. Non pas pour la gloire, grand Dieu! mais par nécessité de fonction. Un jovial, un gai, un agréable compagnon; d'une bonté, d'une douceur extraordinaires, et le plus gâteau des hommes.

Au-dessus de sa classe se trouvait celle de dessin, dirigée par le C. F. O... Un convaincu, un travailleur acharné, un sévère et scrupuleux religieux, d'une tendresse modérée pour les gens mous, qui adorait son art, et le professait comme un sacerdoce. Certains de mes camarades ont produit sous sa direction de véritables chefs-d'œuvre. Quant à moi, mon peu de souplesse des doigts me faisait gâcher mes lavis!... Aujourd'hui, il me reste la claire lecture des plans et cartes, ainsi qu'une compétence suffisante dans les devis et constructions. C'est déjà quelque chose.

Puissent ces souvenirs hâtifs, que j'évoque en l'honneur de mes chers anciens maîtres, leur rappeler le gamin qui les fit tant de fois bondir. C'est avec une émotion bien douce que je déchire les brumes qui me séparent de ces fertiles années, pour leur offrir encore ce nouveau témoignage de mon affection et de ma reconnaissance.

CHAPITRE IV

Les jeux. — Les billes. Le biscaïen. — Trous aux murs. — Les échasses. — Le ratatoire. — Les boules. — Les filets. — Bégrolles. — La statue de la Vierge. — Les jeux à Bégrolles. — La thèque ou longue paume. — Les chefs de jeux. — Quelques portraits de camarades.

Le jeu et les récréations prennent une importance considérable lorsqu'il s'agit des enfants. Aussi consacrons-nous plusieurs pages à cette partie de l'existence scolaire. L'énumération seule des amusements pratiqués à Saint-Gabriel ne donnerait qu'un faible aperçu de la place occupée par les jeux dans le système d'éducation adopté au pensionnat.

Nous entrerons donc dans les détails que nous pensons devoir être appréciés de tous, jeunes et vieux. Les jeunes y liront clairement le pourquoi des choses et des institutions. Les vieux se remémoreront les joyeuses gambades et les luttes pacifiques, où la vigueur de leurs muscles leur permit de cueillir maint laurier, où la vitesse de leurs jambes leur fit conquérir de chaudes victoires bien disputées.

Le principe général imposé par la règle est celui-ci : Tout le monde doit jouer. Aucun élève ne peut s'abstenir de prendre part aux récréations, reconnues et décrétées essentielles au corps et à l'esprit.

Pleinement partisan de cette loi, nous ne nous attarderons pas à en démontrer la portée.

Les jeux sont donc tous communs. Les trois sections, petits, moyens et grands, divisées elles-mêmes en deux camps ennemis deux à deux, évoluent sur leurs cours respectives. Vous ne verrez jamais, à Saint-Gabriel, les grands, les moustachus, faire bande à part. Pas de ces promenades par petits paquets, au cours desquelles les jeunes savants pérorent avec emphase, dissertant à perte de vue sur des sujets généralement étrangers à leur âge et à leur compétence.

Pas de ces abstentions dédaigneuses derrière lesquelles se retranchent les prétendus hommes, tournant, comme des péripatéticiens, autour d'une cour ou d'un pilier. Ici tout le monde paye de sa personne. Les plus grands, les plus forts, les plus vieux, les anciens, sont les chefs élus de chaque camp. Ils dirigent la partie, et leurs seconds sont les officiers qui conduisent la troupe au combat. Les plus malins, les plus lestes, les plus vigoureux forment le bataillon sacré, la garde, qui ne se rend jamais.

C'est la guerre avec ses coups de main, ses corps-à-corps, sa stratégie, ses ruses, ses vaillances et ses clameurs victorieuses. Mais sans effusion de sang, sans même que les mains soient portées sur l'adversaire.

Le spectacle est admirable, et personne ne boude au jeu, je vous l'assure. Tous luttent, courent, s'empressent, mettent tout en œuvre pour la victoire de leur parti.

Et là, comme partout, les maîtres sont présents. Les professeurs sont belligérants, et ne sont pas les moins ardents à conduire au combat leurs plus jeunes partisans. Et tout cela est beau et bien. Ces batailles développent dans l'esprit des enfants les plus nobles instincts; les plus belles qualités françaises s'y donnent libre carrière. Et l'esprit, le corps, les muscles, les bras, les jambes en profitent pour se produire en pleine liberté.

Comme conséquence de ce principe du jeu général, il fallut choisir des jeux possédant par eux-mêmes, ou pouvant acquérir l'extension voulue, la généralité nécessaire. De là sont nés les divers jeux de balles, de boules, d'échasses, de ratatoire, de longue paume, etc.

Suivant l'époque et la saison, les uns ou les autres sont mis à l'ordre du jour, et tout le monde suit le mouvement.

Lorsque la pluie relègue les élèves sous les vastes hangars, les billes, jeu universellement connu, viennent à la rescousse.

Le biscaïen est également très en faveur pendant une partie de l'année. On se sert de biscaïens ou boulets en fonte que fournit le bon frère S... Comme ces objets pesants pourraient trouer les poches, salir les vêtements et gêner en

classe, chacun se met à la recherche d'un coin secret pour cacher son biscaïen. Non pas qu'un rapt soit à craindre. Mais les jouets sont de qualités différentes, et la préoccupation de posséder un jouet de choix pourrait amener des tentatives de substitution, dont il s'agit de se préserver à tout prix.

Il n'est pas rare alors de constater, par une inspection un peu minutieuse des murs d'enceinte, que ces murs sont habités. Les anfractuosités, les défauts ou les défaillances de la maçonnerie, souvent aidées par un travail de taupe, laissent apercevoir des nids dans lesquels dorment paresseusement les biscaïens, semblables à de gros œufs noirs déposés là par quelque oiseau fantastique. L'esprit inventif et cachottier se déploie pour arriver à établir et à dérober les cachettes aux investigations des changeurs peu scrupuleux. Ce sont des ruses d'Apaches pour dissimuler, par une pierre placée de façon à sembler appartenir au mur, l'antre béant au fond duquel reposent les précieux biscaïens d'un petit clan de camarades seuls mis au fait du secret. Nos pères, les vaillants de la Grande-Guerre, ne prenaient pas plus de soins pour dépister les bleus dans les ravins du Bocage. Les enfants, ayant de qui tenir, font de véritables prodiges pour éviter la présence, dans un nid, d'un œuf malencontreux, transporté pendant l'absence des parents (1).

C'est avec les échasses que se livrent les batailles rangées.

Chaque cour est divisée en deux camps, dont les soldats ont été religieusement triés sur le volet par les deux chefs dans une revue générale. Les forces sont donc scrupuleusement équilibrées. L'un des partis prend un brassard pour se distinguer de l'autre. Au signal donné, la lutte commence. Le menu fretin dégringole comme un château de cartes, le passage d'un échassier d'une certaine envergure suffisant pour faire une hécatombe; et, au bout d'un laps de temps assez restreint, la bataille se trouve circonscrite entre les preux et champions célèbres. Quelques tours, formidablement assises, représentées par les professeurs que leur taille et leur poids rendent insensibles aux agressions ordinaires, sont alors cernées, entourées par une nuée de petits soldats qui, ne pouvant les vaincre par la force, cherchent à les prendre par la ruse.

Les crocs-en-jambe se multiplient, audacieux; les attaques soudaines sur les derrières, pendant un abordage de face et sur les flancs, permettent aux plus hardis quelques vaillants

---

(1) Aujourd'hui, il y a progrès, des boîtes spéciales contiennent les instruments de jeu.

coups d'échasse... Oh! quel cri de triomphe lorsqu'une de ces défenses géantes s'écroule avec fracas, entraînant souvent dans sa chute et dans sa ruine les pygmées qui l'ont sapée!... Le combat se resserre de plus en plus. Les preux donnent alors, et des prodiges de valeur sont déployés de part et d'autre. Des merveilles d'agilité, mises au service d'une audace à toute épreuve, ont souvent raison, en ces moments décisifs où la victoire est incertaine, d'une vigueur musculaire plus grande, même secondée par un courage réel, qui ne fait défaut à personne. Les amateurs de belles passes d'armes courtoises peuvent venir à Saint-Gabriel, ils assisteront à maints spectacles de ce genre tous plus intéressants les uns que les autres.

Les échasses servent également pour le grand jeu de la soule.

Il ne s'agit plus, en ce jeu, de démolir le plus grand nombre possible d'adversaires, il faut s'opposer, par tous les moyens honnêtes, à ce que la soule, sorte de boule en bois, en cuir ou en caoutchouc, que l'on pousse avec le pied armé de l'échasse, traverse un cercle réduit tracé dans le camp, tout au fond de la cour. Cela, c'est la manœuvre défensive.

Mais, ainsi qu'il convient à des gaillards dont les ancêtres prenaient les canons d'assaut avec des gourdins pour toutes armes, l'offensive est bien plus en faveur, bien davantage dans les goûts. Se défendre? fi donc! Attaquer? à la bonne heure!... Et les tempéraments combattifs, lutteurs, d'entrer en lice, et de s'en donner à cœur joie. Autour du cercle menacé se groupent les non-valeurs, les apprentis, les pacifiques, tous ceux que leurs aptitudes, leurs mœurs placides appellent à la garde du foyer. C'est la garde nationale, moins la barbe grise et les ventres quinquagénaires. Des remparts de jambes de bois s'opposent au passage de la soule inopportune, qui porte dans ses flancs, tel le cheval de Troie, la noire et honteuse défaite. Les champions vigoureux se distribuent les places en avant du gros de l'armée. Au milieu de la cour gît la soule que les deux chefs cherchent à faire passer d'un côté ou de l'autre. Alors, au plus fort la boule, au plus agile, au plus malin, le coup de pied du début. Après une courte lutte, la boule se précipite. Et les coureurs des ailes de se multiplier pour arrêter l'élan vainqueur, et repousser l'agression. La soule, vivement relancée, vole d'un camp dans l'autre. Jusqu'au moment fatal où, malgré les bataillons pressés, elle se fraye un passage disputé jusqu'au fameux

cercle ennemi qu'elle traverse. Les cris de victoire vibrent dans l'air, poussés par cent poitrines fières ; les vaincus baissent la tête et sollicitent leur revanche ; les vainqueurs enregistrent un succès de plus à leur actif.

Un autre jeu d'échasses, mis à l'ordre du jour quand il fait moins froid, les jeux violents étant réservés pour combattre la température hivernale et réchauffer les enfants, est celui du goret ou cochonnet (1). Je demande pardon à mes lecteurs de l'expression un peu vulgaire, mais l'exactitude prime tout, et je pense que l'on ne m'en voudra pas.

On joue au cochonnet exceptionnellement par petites coteries de dix ou douze. L'un des douze est promu gardien de l'animal, représenté par un morceau de bois, fragment d'échasse rompue lors des grandes luttes, ou dépecée pour cause d'usure. Ledit gardien n'a qu'un désir, fort légitime : s'en débarrasser pour confier la corvée à un autre. Pour en être délivré, il faut faire toucher l'animal à l'échasse d'un

(1) Il appert que, voilà tantôt dix ans, à la suite d'une décision prise sur les cours, après conciliabule entre tous les chefs, un édit fut placardé qui décrétait l'abolition du nom de « goret », jugé plutôt quelconque, et intronisait à son lieu et place le nom de « Bouchnick », déclaré plus convenable. Dont acte.

des joueurs alors que le pied dudit joueur repose sur la jambe de bois atteinte. Vous voyez d'ici les contorsions, les sauts en l'air, les écarts rapides, les bonds prodigieux, les tours de force d'équilibristes auxquels se livrent les joueurs menacés. C'est une source inépuisable de quolibets, d'éclats de rire lorsque le gardien maladroit ne peut arriver à lâcher son grotesque pensionnaire.

Les balles servent de motif à une foule de jeux, dont les principaux sont : la balle au chasseur, que tous les enfants connaissent; la balle au drapeau, jeu compliqué et difficile auquel seuls les initiés peuvent prendre part ; la longue paume, dont nous parlerons plus tard à cause de l'arène spéciale qui s'y rattache. Ne quittons pas encore les cours du pensionnat.

Passons au ratatoire, instrument de jeu que je n'ai retrouvé nulle part ailleurs, ni sous cette forme, ni sous cette appellation barbare, sonore et belliqueuse: « *Ratatoire!...* »

Cette onomatopée désigne une corde circulaire, un peu

moins grosse que le petit doigt, revêtue d'une enveloppe de gros drap qui en atténue la rigidité et la dureté. L'appareil allongé présente donc deux cordes parallèles et recouvertes dont le développement mesure environ quarante centimètres. L'usage de cet objet est exactement celui de l'anguille ou garuche, que les enfants confectionnent avec leurs mouchoirs de poche, coutume absolument pernicieuse et nuisible à la conservation de cette partie essentielle de la lingerie enfantine.

Le ratatoire coûte quelques sous et épargne quantité de mouchoirs que le jeu mettrait en loques. Il y a donc lieu de féliciter hautement l'inventeur inconnu de cet instrument. Vous dire que ses applications, au jeu de la chaîne, ne font pas regretter le peu de consistance du mouchoir prohibé, serait peut-être une affirmation osée de la part d'un quidam dont les côtes et les mollets ont été fréquemment frictionnés avec une énergie redoutable. Mais ce n'était vraiment pas la faute de l'institution si je  n'étais pas absolument ingambe, et si, dans ma fuite peu rapide, j'encaissais une portion un peu trop copieuse de coups de ratatoire. La vitesse du cerf agile n'a jamais été mon partage; et c'est surtout dans la pratique de ces jeux-là qu'on peut dire sans se tromper : « qu'il n'y a pas de pitié pour les canards boiteux. » J'ai donc des raisons cuisantes et péremptoires pour me souvenir du ratatoire et de son usage !

Pendant les mois chauds, les derniers de l'année scolaire, comme il y aurait peut-être danger à laisser les enfants, en plein soleil sur les cours, se livrer aux exercices toujours un peu violents du jeu, les longues récréations de l'après-dîner se passent aux jeux de boules dans l'enclos. Les grands et les moyens seuls  s'y rendent. Les petits sont trop jeunes pour manœuvrer ces grosses billes et prendre intérêt à ce jeu.

Le plateau où sont creusés les larges jeux sablés est situé au sud-ouest de l'enclos, un peu avant d'arriver au tertre de la Vierge de la Salette. Ces endroits sont tous ombragés par des tilleuls touffus, à l'abri desquels les élèves bravent impunément les ardeurs caniculaires. Le soir, après souper, lorsque la veillée est longue et claire, on achève également la journée aux boules jusqu'au coucher du soleil. Les autres récréations se passent tranquillement sur les cours, à l'exécution de mille et un travaux ingénieux et industrieux.

C'est alors que l'on confectionne des filets de chasse et de pêche, des éperviers que l'on commence gigantesques pour les abandonner à moitié terminés. Certains gaillards sont, à toutes ces besognes, d'une adresse incomparable. Ce sont eux qui débitent le garet, sorte de bois au grain serré, jaune, sans moelle, qui ressemble au buis sans en avoir la

densité, et se laisse travailler facilement par le couteau et le canif. Ils en font des aiguilles à mailler, qui sont des petits bijoux d'élégance et de fini. D'autres creusent, dans des manches d'échasses, des bateaux minuscules que la Sèvre engloutira dans ses remous malgré la voile ingénieusement placée. Ceux-ci fabriquent des moulins à vent, des girouettes historiées, coloriées, de grotesques bonshommes en bois, guignols que l'on plantera sur un pignon, ou sur un réverbère, pour apprécier l'effet, juger de l'équilibre et des proportions au premier souffle du vent.

En un mot, les passe-temps calmes et tranquilles ont pris la place des exercices de vigueur, de force, d'entraînement, qui n'ont plus leur raison d'être.

La température s'est faite plus clémente ; la poussée naturelle se répercute en ces jeunes plantes que sont les enfants, et les engourdit un peu. La crue printanière et estivale prend alors son essor en pleine liberté.

Cependant, comme tout est prévu et que

<blockquote>L'ennui naquit un jour de l'uniformité,</blockquote>

les bons frères, qui sont gens de précautions, possèdent encore d'autres cordes à leur arc pour distraire leurs pensionnaires.

Le champ de Bégrolles est une ressource précieuse en cette circonstance.

C'est une immense prairie s'étendant sur le plateau qui couronne la rive gauche de la Sèvre. A quelque distance du

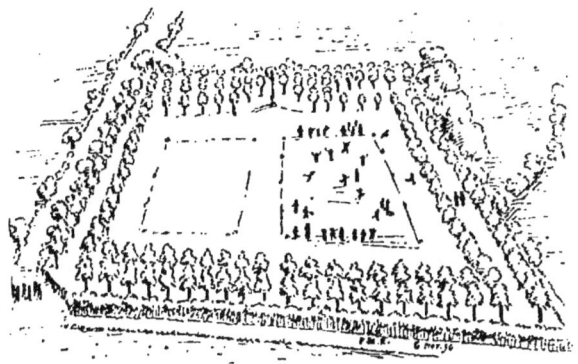

bourg, en pleine campagne, il présente déjà un but de promenade.

C'est là que l'on joue à la thèque ou longue paume, jusqu'au printemps, et à la balle au drapeau depuis la fenaison jusqu'aux vacances. Dans ce champ sont réservés trois espaces pour les trois sections des élèves. Au milieu de la prairie s'élève une colonne toscane en granit, qui porte sur son chapiteau une statue de la sainte Vierge.

Un tertre gazonné l'entoure, et quelques fleurs poussent, un peu au gré du temps, parmi les touffes de gazon. Après chaque visite à Bégrolles, une courte prière est dite par tous les enfants et les maîtres, agenouillés aux pieds de cette Mère des petits et des humbles.

Et c'est un charmant spectacle, qui remplit le cœur d'une

douce émotion, que celui de cette foule de petits à genoux, découverts, disant pieusement les saintes oraisons, sous la voûte splendide des cieux, au milieu de la magnifique nature.

L'hymne muet et grandiose des choses se joint alors aux murmures de la brise dans les grands arbres d'enceinte, aux bruissements des insectes, aux bourdonnements des abeilles qui se glissent, gourmandes, au sein des fleurs roses des thyrses du châtaignier, aux trilles joyeux des oiseaux qui fêtent le printemps dans toutes les verdures, aux paroles augustes et angéliques des prières répétées par les lèvres enfantines, dans toute l'innocence et la candeur de leurs jeunes années.

Et cet encens pieux, d'une poésie pénétrante et champêtre, croit et monte vers l'horizon bleu; tel un concert naïf en son humble splendeur, proclamant la gloire de la Reine des Anges.

La longue paume se joue avec une raquette et une balle. La raquette est confectionnée avec une branche de châtaignier habilement cintrée, au milieu de laquelle des cordes en boyau se croisent en un treillis élastique, nécessaire pour lancer vigoureusement la balle. Ce dernier engin est lui-même très dense. Figurez-vous une pelote de forte ficelle de la grosseur d'une orange moyenne, enveloppée de cuir très serré et cousu avec du ligneul. Les pelotes de caoutchouc, d'un prix plus élevé, ont été écartées. D'autant mieux que leur élasticité trop grande leur communiquait une allure folle et désordonnée qui les exposait à des fugues regrettables (1).

A chaque extrémité de la prairie sont ménagés deux espaces délimités par des bornes. Ce sont les camps entre lesquels se tiennent les ennemis. A mi-chemin des deux camps se trouve placée une large pierre plate, station provisoire des joueurs peu lestes qui ne se sentent pas la vigueur

---

(1) Cependant, j'apprends qu'actuellement toutes les balles sont en caoutchouc, du moins celles des grands jeux où un seul engin suffit. On ne se prive plus de rien, voyez-vous !...

suffisante pour franchir d'une traite l'espace occupé par l'adversaire.

Un gaillard adroit et solide, appartenant au parti qui détient les camps, lance au moyen de la raquette, aussi loin et aussi haut que possible, la balle que lui remet un champion rusé du parti contraire, lequel est disséminé dans la plaine. Pendant la parabole décrite par la balle, les joueurs campés changent de garnison, à leurs risques et périls, et de toute la vitesse de leurs jambes. Car la balle, en retombant, est saisie au vol par ceux qui sont en campagne, et devient projectile pour atteindre les imprudents fuyards en leur course échevelée. Lorsqu'un des coureurs a été frappé de la balle hors des limites  réservées, la victoire est gagnée, et les échos d'alentour n'ont pas assez de lèvres pour répéter les clameurs triomphales qui retentissent alors. Les deux partis changent de place, l'un devient agresseur, et l'autre se défend.

Au pensionnat, on nomme ce jeu très intéressant « *la thèque* », et Bégrolles « *le champ de thèque* ». Je crois devoir en rétablir la véritable dénomination, en l'appelant longue paume.

La balle au drapeau est un jeu compliqué, où le drapeau, ainsi que l'indique son nom, joue un grand rôle. Il rappelle le précédent, dont il doit plus ou moins dériver. Il est difficile à jouer par un grand nombre d'enfants. Aussi le réserve-t-on pour les séances sensationnelles, où les forts et agiles champions des deux partis rivaux se livrent à des combats magnifiques sous les yeux des plus jeunes qui admirent, applaudissent et prennent leçon.

Ainsi faisaient les jeunes athlètes qui furent l'orgueil et l'honneur de la Grèce, et dont les statues en marbre ornaient jadis les places publiques de la presqu'île hellénique. Chez nous, pas de poètes lyriques pour chanter les victoires de nos modernes combattants, pas de triomphes bruyants, pas de lauriers ni de coupes d'or, pas de Panthéon pour leurs mânes. Le génie catholique a remplacé par le culte des vertus et des beautés morales les enthousiastes hommages autrefois rendus aux hercules et aux prodigieux champions de la force brutale. Et bien il fit.

Malgré cela, et toutes proportions gardées, le *mens sana in corpore sano* a bien sa raison d'être. Et, sans tomber dans les excès des anciens, qui nous valurent, et ce n'est pas leur moindre excuse, les chefs-d'œuvre des Homère, des Pindare et des Théocrite, génies puissants et chantres sublimes, il convient de louer la faveur en laquelle sont tenus les joyeux jeunes gens qui luttent pour la gloire dans les combats scolaires.

Leurs modestes lauriers suscitent une noble émulation. Ces luttes pacifiques les préparent pour la France, notre chère patrie, qui a besoin, plus que jamais, de la solidité de leurs bras et de la vaillance indomptable de leurs cœurs. Un gaillard bien trempé, qui sait se battre et qui n'a peur de rien, n'a jamais été une quantité négligeable. Formons-en donc beaucoup.

Les bons frères l'ont bien compris. Ils stimulent de tout leur pouvoir la manifestation de la vigueur chez les enfants : et c'est encore un des beaux côtés de leur œuvre vraiment éducatrice et sociale. Les chefs de jeux, les directeurs des luttes, les généraux de ces troupes minuscules, sont entourés de la considération et de l'admiration générales.

De mon temps, nous avions des chefs vaillants et solides, des *lapins* qui n'avaient pas froid aux yeux. Et leurs succès firent souvent pâlir de jalousie les moins bien doués qui leur servaient de seconds.

L'un d'eux, Louis P..., a bien tenu ce qu'il promettait. C'est un ami très cher de l'auteur de ces lignes, qui vous demande la permission de lui consacrer quelques mots. L'exemple de la virile carrière de cet enfant de Saint-Gabriel ne peut qu'être un enseignement pour tous.

P... était un batailleur, un belliqueux, un boute-en-train, un joyeux et gai camarade. Il avait fait toutes ses classes, ou presque, à Saint-Gabriel. Il y était venu des confins de la Vienne, de Chauvigny. C'était l'enfant gâté du C. F. G..., qui en avait fait un cornettiste hors ligne, et le pivot de la musique du pensionnat. Dessinateur, musicien, chanteur, acteur, il avait toutes les facilités, tous les talents et tous les succès. Intelligent, travailleur, absolument doué de corps et d'esprit, tout lui était possible et facile. Robuste et bien campé, adroit à tous les jeux, grand et fort pour son âge, il donnait une tablature sérieuse à L..., son adversaire en tout et pour tout, en même temps que son ami le plus intime. Avec ces deux chefs, nous assistâmes à des combats splendides, et qui nous font rêver encore, à distance. Tout le monde appréciait et admirait P... Lorsqu'il quitta la maison, ce fut un deuil général, tous l'aimaient comme un frère, comme un enfant. Après quelques années passées dans une administration française, où sa bonne mère, veuve prématurément, l'avait fait entrer malgré son goût pour l'armée, notre ami devint orphelin doublement, sa mère mourut.

La vie de bureau lui déplaisant fort, une fois libre, le soldat qui bouillait en lui reprit ses droits. Il s'engagea à vingt ans aux chasseurs d'Afrique, et partit pour l'Algérie. Son travail, son intelligence, sa conduite lui valurent rapidement les galons. Son lieutenant-colonel l'avait pris en affection, et le suivait amicalement dans son ascension vers l'épaulette, but suprême qu'il convoitait par-dessus tout.

Un beau jour son chef fut nommé colonel de dragons à Gray, à la frontière. P..., pour le suivre, vendit ses galons de maréchal des logis chef, et quitta l'Afrique qu'il aimait pourtant beaucoup. Les aventures des colonnes volantes, en plein Sud, dans la sauvage et altière liberté du désert, l'avaient enthousiasmé. Bref, il quitta tout pour suivre son colonel. Au prix de quels labeurs il reconquit ses galons d'or serait trop long à raconter. Mais il écrivit là une des plus rudes pages de sa vie. Enfin, avant l'expiration de son engagement quinquennal, P..., en vrai bûcheur, en vrai soldat, entrait à l'École de Saumur comme sous-officier élève officier. C'était un tour de force, car les examens sont rudes (presque Saint-Cyr) et il n'avait pas de protections. Par son seul travail et la puissance de sa volonté, il faisait son trou, et passait. Dix-huit mois après, P... sortait sous-lieutenant de dragons. Il était officier dans cette belle armée française, l'âme et le cœur de la patrie, le réceptacle et le tabernacle de toutes les vaillances, de toutes les probités, de toutes les vertus que le monde admire et nous envie.

Aujourd'hui notre ami va passer capitaine de cavalerie. Et c'est encore à la frontière, à Chambéry, qu'il monte la garde auprès du drapeau. Et je vous jure qu'il en sera un valeureux défenseur, cet hercule bon enfant et joyeux, blond comme les blés, loyal et franc comme son épée.

Voilà un des hommes sortis des mains des frères de Saint-Gabriel. Je cite celui-là parce que je l'ai rencontré dans la vie et que nous nous sommes suivis toujours. Mais combien d'autres que j'ignore !...

Enfants, regardez vos aînés, et suivez leurs traces. Soyez toujours les plus fermes soutiens du pays où nous attachent toutes les fibres humaines. Et ce sera au cri de : « Pour Dieu et pour la France ! » que nous marcherons tous lorsque la chère patrie nous réclamera pour la défense de son sol sacré. Haut les cœurs, Vendéens, et souvenons-nous !

Mais la fièvre patriotique m'entraîne, et je perds de vue mon sujet. Pardonnez-moi cet élan passionné. J'aurais tant voulu faire comme l'ami P... !... La nature ne me l'a pas permis... n'y pensons plus !...

Parlons un peu d'un autre vaillant.

R... était un jeune et un modeste, travailleur acharné, vainqueur sans orgueil. Je le revis deux ans après sa sortie du pensionnat, chez son frère, également ancien élève, grand entrepreneur qui, alors, construisait l'église de ma paroisse. Combien de fois avons-nous rappelé Saint-Gabriel, nos maîtres, nos camarades, nos escapades !... C'était un sage et bien aimable condisciple qui souvent me blâma de mon incurable rêverie, laquelle permettait à la paresse d'évoluer trop à l'aise.

Au point de vue spécial du jeu, R... était un intrépide champion. Mince, élancé, leste comme un écureuil et vif autant que lui, il passait à toute vitesse dans les rangs ennemis, démolissant, tel un ouragan, ceux qui s'opposaient à la fougue de son agression. Très redouté pour ses feintes et ses ruses de guerre. Encore un à qui va mon amical souvenir.

Un autre excellent camarade, connu de tout le monde, jeunes et vieux, anciens et nouveaux, mérite une mention toute spéciale. C'est Joseph B..., actuellement libraire-éditeur à Saint-Laurent. Il peut dire qu'il a grandi au pensionnat, où il passa environ dix ans. C'était un des très rares demi-pensionnaires de la maison. Les deux frères J... et lui constituaient, avec le fils de la receveuse des postes, la totalité des élèves couchant chez leurs parents. Joseph B... possédait un charmant caractère, rieur, gai, joyeux toujours. De petite taille (à ce point que les tabourets des harmoniums étaient tous trop hauts pour lui), menu comme une belette, brun comme la nuit, avec un tempérament de feu et du vif-argent dans les veines, il ne pouvait tenir en place. Il glissait comme une anguille et s'acharnait au combat. Il y donnait tête basse, avec une rapidité et une adresse incomparables. Toujours très dangereux en ses abordages, c'était un des plus redoutables jouteurs du pensionnat. Il était partout à la fois. La violence de sa course, semblable à une volée de mitraille qui fait sa trouée, suppléait à l'absence de moyens de ses membres grêles. C'était un bien beau spectacle que celui-ci : Joseph B... cherchant à tomber un professeur. (Et il y en avait de très forts.) Il réussissait toujours à enlever d'un petit coup sec, ou par un rapide croc-en-jambe, l'échasse de dessous le pied de son grand adversaire. Sa légèreté, sa souplesse légendaires le mettaient en deux bonds hors de portée des attaques toujours tardives et inutiles. Il revenait soudain, se colletait ferme, passait la jambe opportunément, et le géant était battu par le pygmée !...

Et combien d'autres que j'oublie forcément, leurs noms s'étant évanouis comme des ombres... A tous un cordial et chaleureux souvenir de leur ancien condisciple qui remet aujourd'hui les rêveries à l'ordre du jour pour parcourir à nouveau les chemins où ils marchèrent côte à côte, et la main dans la main.

CHAPITRE V

Les promenades. — Chapelle Sainte-Anne. — Haute-Grange. — La Barbinière. — Le frère S... — Chasses à l'écureuil et au furet. — Saint-Hilaire. — Mortagne. — Le Puy-Saint-Bonnet. — La Tessouale. — Le ravin de la Sèvre. — Le moulin des Frères. — Le grand Calvaire. — La Verrie. — L'Étang-Blanc. — Le Moulin d'Enfer. — La Chapelle-Largeau. — Mallièvre. — Treize-Vents. — Les pierres druidiques.

Au cours de nos promenades hebdomadaires du jeudi et du dimanche, tous les environs étaient fouillés, tous les chemins, sentiers, routins, voyettes, parcourus et suivis.

En ce pays très accidenté, très boisé, traversé par maints ruisseaux murmurants et par plusieurs rivières chantantes, dans lequel, à chaque instant, on rencontre des landes de genêts et d'ajoncs, conséquence de jachères prolongées, d'insouciance paysanne ou de difficultés de culture, les aspects sont toujours changeants et remplis d'imprévu.

Au printemps, lorsque les landes ondulent sous la brise leurs flots vert tendre, et portent comme une écume jaune leurs franges de fleurs simples imprégnées d'un violent parfum de terroir; lorsque les blés, à peine sortis de terre, creusent leurs sillons comme une mer clapotante où le brillant vernis de la graminée glisse subitement un éclat d'acier fugitif, comme si l'éclair des faulx naissait avec la plante; lorsque sous les marronniers pleut la neige blanche et rose des fleurs en pyramide, toute cette nature exubérante de vie impressionne agréablement le passant ou le voyageur. Il gonfle ses poumons comme pour y faire entrer toute cette intense vitalité qui le charme, et il bénit le Seigneur, maître et créateur de toutes ces beautés.

En hiver, le spectacle est tout autre, bien que gardant une attirance mélancolique et rêveuse. C'est l'heure de tous les deuils. Dans les chemins défoncés se creusent les ornières boueuses où plus d'un char à bœufs s'enlisa profondément. Chaque dépression, chaque creux de rocher laisse sourdre un léger filet d'eau ou une brillante cascade. Sous le couvert, dans les bas, les fontaines glacées pleurent leurs gouttelettes perlées en givre à toutes les menues branches veuves de leurs feuilles d'émeraude. Un blanc tapis de neige immaculée, telles les toisons virginales des agneaux célestes que Dieu prodigua pour garder la terre du froid noir, couvre d'une ouate brillante la campagne engourdie et muette, remplaçant pour quelque temps les divans moussus que l'été offre à nos membres las. La Sèvre se gonfle, inonde les prairies, escalade les sombres rochers écroulés dans son sein, et dévergonde à travers la vallée surprise qu'elle envahit de flots jaunâtres et sales; elle ne chante plus, elle hurle en sa colère grandissante; elle ne murmure plus, elle mugit. Le vent pleure dans les branches dépouillées, il sanglote dans les sous-bois obscurs et frileux dont les arbres s'agitent et se frôlent les uns aux autres pour avoir moins froid. A travers les branches des fourrés, apparaissent les pierres funéraires, les croix rustiques, gravées de noms inconnus, qui recouvrent des martyrs vendéens. Et tout ce grand cortège de deuil, cet accoutrement mortuaire de la nature, ces sanglots de pleureuses dans les airs figés, ont encore un charme puissant par les pensées évocatrices qu'ils font naître, par la pénétrante et douce poésie qu'ils recèlent et transmettent à tout le paysage.

Après avoir esquissé la physionomie générale de toutes les promenades, nous essayerons de rappeler la plupart des sites pittoresques si souvent visités.

Chaque cour effectuait à part son excursion, sauf en de très rares exceptions. La sortie se faisait en rangs et en silence. Le colloque à voix basse était cependant permis. Cette contrainte durait peu. Aussitôt dépassées les dernières maisons du bourg, la clochette du chef de cour donnait le signal de la débandade. Alors, on se groupait en petites sociétés, parmi lesquelles les compagnies, toujours nombreuses, qui entouraient les frères accaparaient la majorité des enfants.

Les sympathies se distinguaient un peu dans ces réunions absolument libres d'ailleurs et jamais provoquées par les maîtres. Le contingent d'une classe se retrouvait presque au complet autour de ses professeurs, et c'était tout profit pour les élèves. Alors s'engageaient les conversations prime-sautières et intéressantes, les questions se croisaient, les objections se développaient, les discussions se nouaient pour en appeler finalement à l'arbitre inévitable et tout désigné, le

maître. Et toutes les promenades se passaient ainsi, en histoires gaîment racontées, en colloques vifs et enjoués qui rendaient la route moins longue, et permettaient à chacun de placer son mot, d'émettre ses idées, bonnes ou mauvaises, en toute liberté.

Énumérons maintenant les sites, et décrivons les plus importants.

La promenade du dimanche après la grand'messe était toujours la même. On parcourait un court circuit, lequel nous conduisait à la chapelle Sainte-Anne, à peu de distance au sud de Saint-Laurent. C'était un coquet oratoire de construction moderne très soignée, et qui nous contenait tous. Nous y disions une prière, accompagnée de quelques versets des litanies de sainte Anne, puis on rentrait pour le dîner à Saint-Gabriel. A propos de cette prière dominicale, il n'est pas inutile d'ajouter que nous ne passions jamais devant un édifice religieux sans y pénétrer pour prier. De même pour les calvaires et les croix de mission si nombreux en Vendée. Lorsqu'il s'en rencontrait un sur la route, tout le monde se découvrait, se groupait, s'agenouillait en une pieuse halte aux pieds de Dieu dont les bras étendus depuis dix-neuf siècles nous convient au baiser de la réconciliation suprême.

Dans la même direction, on découvre, au sommet de la

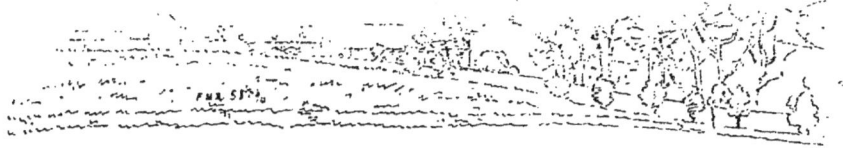

côte, dans une position magnifique, au milieu d'un bois de sapins et de châtaigniers, l'établissement de Haute-Grange. C'est une maison de retraites en laquelle, pendant la belle saison, se succèdent presque sans interruption des missions pieuses, des retraites prêchées par les Pères du Saint-Esprit. On vient à ces réunions réconfortantes de tous les points de la Vendée, de l'Anjou et du Poitou.

Cette maison ressemble à un couvent où seraient enfermés

des laïques, hommes ou femmes suivant la période, de tout âge, de toute condition, de divers pays. Pendant les intervalles, l'esprit est péniblement impressionné par la solitude morne qui plane sur ces grands cloîtres, sur ces longs couloirs dallés de rouges carreaux en terre cuite, sous ces ombrages impénétrables et sombres, formés par les aiguilles luisantes des sapins en deuil. On se sent froid au cœur en ces austères salles nues, dans ces réfectoires glacés où tout respire le monastère, le cloître, la pauvreté, la pénitence et la prière. Les frères nous y conduisaient parfois, et toujours j'en rapportai une impression très vive et ,un recueillement intime communiqués par la solennité imposante de cette maison.

Là, pensais-je, des repentirs virils sont venus agenouiller leur douleur, et sangloter leurs fautes. Là, des femmes, des mères pieuses ont prié pour leurs enfants aux périls du monde, cette mer toujours orageuse et furibonde. Là, des âmes frustes et naïves, des croyants fervents ont goûté les extases de la faveur divine. Et je regardais de tous mes yeux, j'écoutais, anxieux, de toutes mes oreilles, en l'attente d'un soupir douloureux épanché par ces murs qui en avaient tant entendu et gardé, ou d'un rayon céleste comme il en était tant descendu en ce lieu béni.

Le parc, ou plutôt le bois presque inculte qui entoure Haute-Grange, est un endroit des mieux appropriés que je connaisse à l'usage des retraitants. Sombres voûtes de feuillages, sentiers perdus dans les sous-bois invitant à la promenade méditative dans le silence absolu et religieusement gardé, quelques clairières avec des statues de saints, des croix, des écriteaux portant des inscriptions tirées des textes sacrés. Au milieu du bois, une chapelle rustique s'élève. Construite avec des troncs et des branches d'arbres, elle soutient un toit modeste de bruyères séchées. L'aspect de cet édifice en bois recouvert d'écorce est absolument pittoresque. De tous côtés, des myriades de noms de pèlerins ou de voyageurs écrits ou gravés, soit sur les écorces, soit sur le bois décapé par le temps, humbles exvoto parlant de reconnaissance et de joies pures et douces. Pas une place, pas le plus petit espace pour y glisser d'autres inscriptions : ces gens avaient besoin de dire leur bonheur, et ne pouvant le proclamer sans enfreindre la loi du silence, ils le gravaient sur les murs. Et un doux sourire naît à la vue de ces témoignages naïfs d'un heureux séjour en cette maison de bénédiction, de prière et de solitude.

En descendant le cours de la Sèvre, on trouve, sur la rive gauche, à un kilomètre environ, le château de la Barbinière, perché sur le coteau à pic, et enseveli dans la verdure jusqu'au faîte de ses clochetons armoriés. On par-

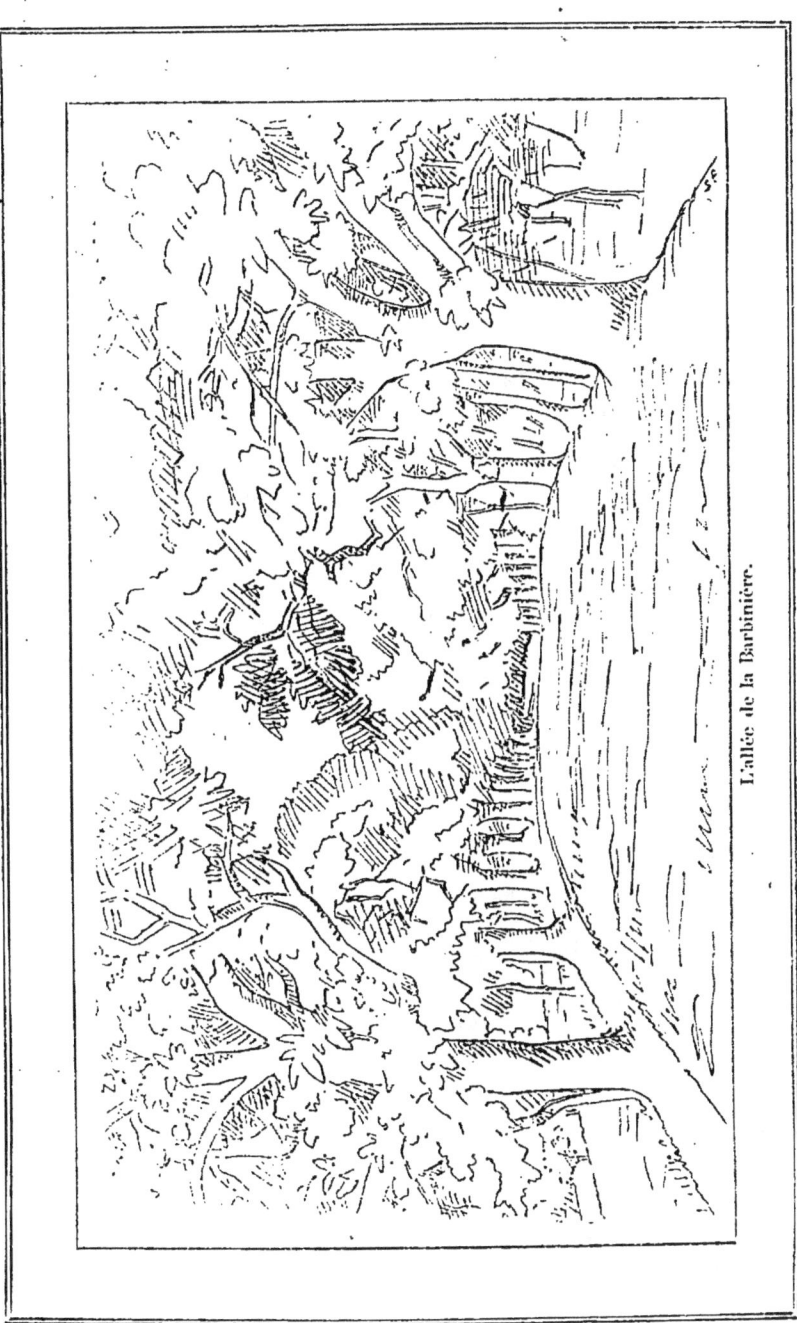

L'allée de la Barbinière.

vient à ce château par une longue allée de châtaigniers et de chênes traversant bois et prairies. La bienveillance du châtelain permet aux habitants de Saint-Gabriel de nombreuses incursions sur ses terres. Et, lors des chaudes journées d'été, ce n'est pas un plaisir peu appréciable que celui de s'étendre bien à l'ombre sur les lits de mousse que la main de Dieu sema aux pieds des arbres.

Entrée du parc de la Barbinière.

Cette immense propriété boisée, avec ses descentes à pic sur le ravin de la Sèvre et ses rochers énormes entassés comme à la suite d'un labeur cyclopéen, est bien le plus délicieux coin de vallée que l'on puisse trouver pour y rêver à l'aise. La proximité de Saint-Gabriel m'y permit

Le rocher des Martyrs. (Parc de la Barbinière.)

des promenades charmantes, en compagnie des éclopés et convalescents, que leurs infirmités ou leur peu de forces obligeaient à renoncer aux plus longues promenades des camarades ingambes.

Ces courtes pérégrinations des écloppés, dont j'étais, furent l'occasion pour moi de passer des après-midi d'une nature un peu étrangère à celles des autres pensionnaires. Lorsque nous avions la chance d'avoir parmi nous le frère N... ou le frère S..., notre bonheur ne connaissait plus de

Porte des Martyrs à la Barbinière.

borne. Je vous ai présenté le bon frère S.... dans ses fonctions de linger et d'économe du magasin de jouets, mais son portrait est resté dans ma plume. Le voici : C'était un blond, maigre, de taille moyenne, avec des yeux roux pétillants de joyeuse humeur, et un grand nez qui marquait d'un formidable barrage son visage réjoui. Il possédait le plus aimable caractère du monde, et sa complaisance, son dévouement tout à tous le faisaient adorer de tous ses clients et compagnons. C'était un boute-en-train, un intrépide. Nageur émérite, pêcheur ardent et habile, il nous conduisait le long de la rivière, nous montrait les endroits dangereux, tous connus de lui, les bons endroits, les *coups*, comme il disait, et nous enseignait les diverses manières de capturer le poisson. Chasseur également, autant que faire se pouvait. L'infirmerie vit souvent fumer sur sa table des matelotes inédites, ou des civets de lapins de garenne que les terriers voisins avaient livrés par l'intermédiaire de certain furet qui n'avait pas son pareil dans tout le canton. Il va sans dire que toutes les autorisations avaient été préalablement obtenues, et que le parc où gîtaient les infortunés et succulents lapins se serait plaint fortement de leurs déprédations si les jeunes pousses avaient pu gémir. De là, permission et même prière de détruire les rongeurs sylvestres.

On autorisait également la capture des écureuils, très nombreux en ces bois où pommes de pins, châtaignes, faînes et glands leur fournissaient de franches lippées. Je fus plusieurs fois associé à cette chasse difficile, car il s'agissait de saisir l'écureuil vivant, bien entendu, et nous y prenions toujours un plaisir extrême. Nous allions, à pas de loup, sous le couvert, à la recherche de la maison haut perchée du gracieux rongeur. La découverte du gîte rassemblait autour de l'arbre les chasseurs disséminés en tirailleurs. L'un de nous frappait l'arbre du pied, l'écureuil sortait aussitôt pour reconnaître l'agresseur. Une balle de cuir lui était lancée, mais en vain, et l'animal commençait une voltige aérienne à rendre jaloux tous les danseurs de corde du monde. C'était une course affolée sur les branches qui pliaient sous le poids et, se détendant comme un arc, lançaient l'écureuil dans l'arbre voisin. Il bondissait, volait presque, sa grande queue en panache éployée sur son corps ou flottant à la dérive. La balle le frappait, il tombait à terre !... Vingt mains se tendaient pour le prendre... Mais il était déjà à dix mètres en l'air, recommençant sa fuite dans les branches, faisant voler sous le rapide tranchant de sa griffe d'acier des parcelles d'écorce, des feuilles, les menues branches mortes. Tout à coup, plus rien !... Il avait disparu !... Le tronc creux d'un chêne lui assurait un refuge inexpugnable, et la chasse était finie, pour lui du moins, car on s'empressait d'aller lancer un de ses frères. Mais s'il s'était seulement rasé dans la fourche des grosses branches, et que, malgré sa couleur confondue avec celle de l'arbre, un œil plus investigateur que les autres l'ait vu remuer, une clameur de joie féroce animait les combattants, et faisait disparaître la lassitude dépitée des chasseurs. Le projectile reprenait de plus belle son bombardement dangereux, jusqu'à l'instant où, essoufflé, étourdi, affolé, atteint d'un coup violent, il devenait la proie de l'un de nous !... Une blouse entre-bâillée sur la poche du ceinturon, et le pauvre petit avait pour toujours perdu sa liberté. Le fier porteur du gibier farouche était trop heureux lorsque le bout d'un de ses doigts resté aux dents du capturé ne payait son triomphe !... Cela m'est arrivé une fois...

L'animal ainsi conquis devenait un pensionnaire choyé de l'infirmerie. Là, une belle cage, avec un tourniquet, lui servait de domicile. Le frère N..., *l'alter ego* du frère S..., lui donnait mille douceurs, mille friandises. Moyennant quoi il tournait la roue comme un caniche, à la grande joie des rares clients de l'infirmerie. Dire que le pauvre diable ne devait pas regretter sa liberté des grands bois, avec les halliers pour champ de course et la chanson de la brise dans les branches, aux noix, aux dattes, aux noisettes, aux biscuits et aux raisins secs du frère N..., serait peut-être s'avancer beaucoup. Mais, réellement, son sort n'était pas malheureux, et la captivité la plus douce devait lui être une certaine compensation.

Mais revenons aux excursions hebdomadaires que les récits de chasse, un peu à côté, nous ont fait perdre de vue.

C'est au cours des courtes promenades des *infirmes* qu'il me fut permis de goûter le charme de la rêverie sous la tonnelle ménagée au versant du tertre de la Salette. Je vous ai narré ces délicieux moments passés à écouter les oiseaux dans les branches, au milieu du grand murmure de la rivière bondissante !... Ah ! les charmantes et trop rapides minutes !...

Outre le plateau de Bégrolles dont nous avons parlé, et qui est un but tout indiqué pour de nombreuses sorties, les promenades hebdomadaires, celles du jeudi surtout, permettent aux élèves quantité d'excursions intéressantes dont nous allons effectuer de compagnie les principales. Nous ferons ainsi la connaissance du pays, qui en vaut vraiment la peine.

Les sorties vers le nord, l'ouest et l'est se font toutes après la traversée du bourg et de la Sèvre sur un vieux pont de pierre tout bossu (1). En remontant à gauche, on grimpe à la Trique par une côte rapide du haut de laquelle on découvre tout le panorama de Saint-Laurent : au premier plan, la Sèvre entre les arbres, puis Saint-Gabriel un peu en arrière du cours d'eau, avec, à gauche, le bourg noir et l'église paroissiale ; enfin, au fond du tableau, la Sagesse d'un côté avec sa flèche merveilleuse, et le clocheton ardoisé du Saint-Esprit de l'autre.

Dans ce village de la Trique passe la route nationale de Nantes à Poitiers, qui conduit d'un côté à Châtillon, de l'autre à Mortagne. Là croise également la route départementale de Cholet aux Herbiers par le Puy Saint-Bonnet, Saint-Laurent, les Epesses. Nous n'avions que l'embarras du choix. Un coup de sonnette du C. F. J... tranchait l'indécision lorsque le thème de l'excursion n'était pas déjà connu de la tête de colonne.

Prenons pour l'instant la route de Mortagne. Sur le plateau qui couronne la rive droite de la Sèvre, nous ne rencontrions guère d'accidents de terrain, ni de pittoresques aperçus ; à peine le passage de l'Ouin sur un pont qui enjambe le petit val ombreux de cette jolie petite rivière. Rarement nous poussions jusqu'à Mortagne, point déjà éloigné, huit kilomètres. Si, cependant, nous allions à ce canton, les rangs se reformaient avant de pénétrer en ville. Et sages, en silence, nous faisions notre entrée. Après une station pieuse à l'église paroissiale, nous reprenions le chemin du retour. C'était, pour ainsi dire, une visite officielle.

Tout autre était notre passage dans les communes rurales, comme Saint-Hilaire-de-Mortagne par exemple, village enfoui dans la verdure de la vallée, à mi-chemin du plateau à la Sèvre. Nous quittions la grande voie de communication avant

(1) Ce vieux pont a été démoli, et remplacé, en 1879 ou 1880, par un pont en fer d'une esthétique déplorable.

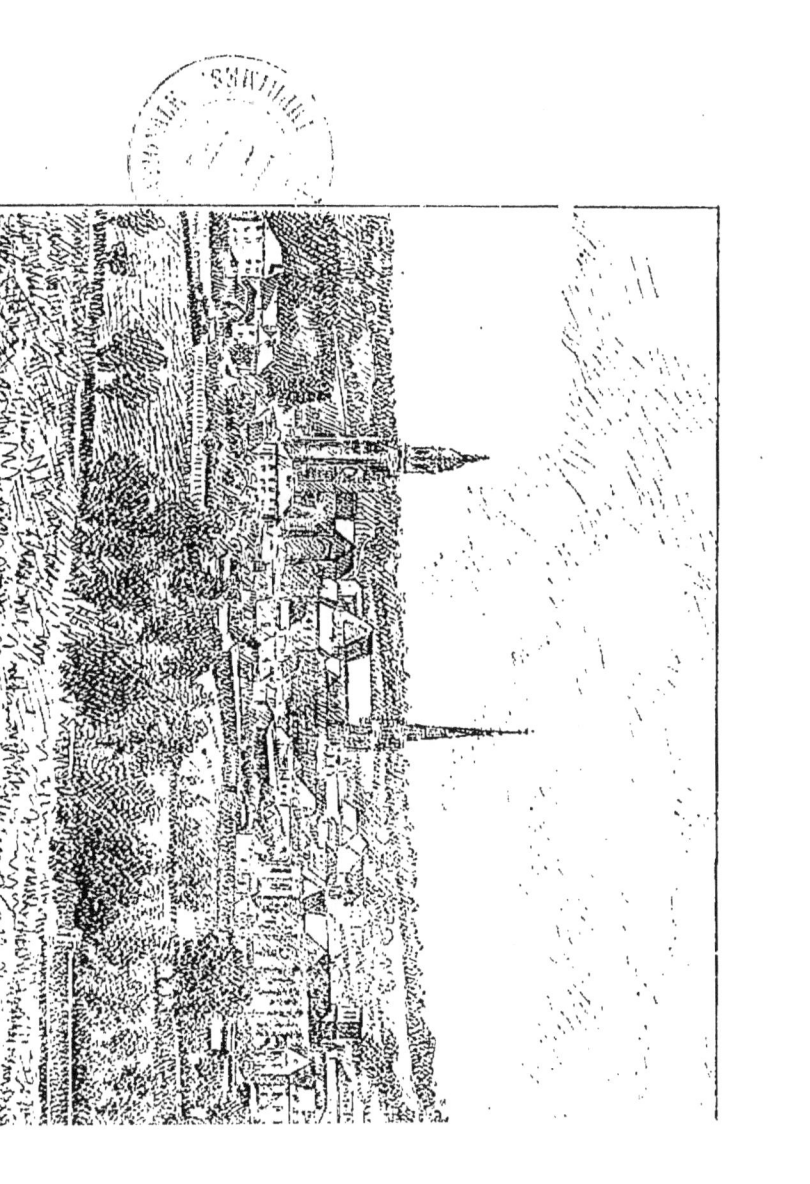

d'atteindre Mortagne, ce que nous préférions de beaucoup, pour prendre la route vicinale qui descendait la colline. Nous passions devant le beau château de la Grande-Plissonnière, et nous entrions dans Saint-Hilaire sans reformer les rangs. Ce coquet village, gracieusement étagé sur la pente déclive du coteau, nous offrait une halte en son humble temple ; puis nous traversions la rivière un peu plus bas pour remonter, avec maints détours, rejoindre la route de la Verrie et rentrer à Saint-Laurent par l'ouest. Cette promenade était une des plus variées, des plus pittoresques à faire, et des plus agréables sous tous les rapports.

Coin de vallée.

Nous pérégrinions aussi fréquemment jusqu'au Puy Saint-Bonnet.

Prenant à la Trique la route de Cholet, nous la suivions jusqu'au Puy, petit bourg propret où nous arrivions après avoir traversé l'Ouin, rivière tributaire de la Sèvre souvent grossie par les pluies, très sinueuse, qui apportait les eaux de la forêt de la Boissière, à côté de Saint-Aubin de Baubigné, lieux rendus à jamais célèbres par les luttes du marquis Henri de La Rochejaquelein et de ses gars contre les bleus en 1793. La vallée verdoyante et riche de l'Ouin développait à nos yeux les aspects luxuriants de ses prairies et de ses champs de blé entourés de haies vives, hautes et profondes comme des halliers.

L'église du Puy est moderne, simple et bien bâtie, toute ensoleillée et riante en la blancheur de ses murs et de son clocher. Perchée sur la crête du coteau, elle semble une sentinelle placée là pour éclairer le pays.

Quelquefois nous poussions jusqu'à la Tessoualle, mais rarement, car le temps et les jambes ne le permettaient guère. Souvent, prenant la route des champs, nous quittions le Puy pour gravir les derniers contre-forts de la colline, et atteindre le Temple, ou le Vieux-Moulin, points stratégiques autour desquels se livra la fameuse bataille de Cholet, où le

Ferme de Prédonté.

tambour Barra fut tué. C'est là que l'on vit les Mayençais, étonnés et surpris, s'arrêter de tirer sur les chouans agenouillés devant une croix de carrefour et disant un *Pater* et un *Ave* pendant la bataille. Trêve sublime où la foi des uns en imposait à la bravoure sauvage des autres. C'est de ce point culminant, le Vieux-Moulin, que l'on découvre le plus beau panorama de la contrée, de ce côté du moins. Au nord, à six ou sept kilomètres, la ville de Cholet, avec ses nombreuses cheminées d'usines, étageant sur le penchant de la rive droite de la Moine ses maisons, ses rues, ses manufactures, ses casernes. Derrière, noyés dans le bleu, les bois de Saint-Léger qui barrent l'horizon de leur masse noire et compacte. A droite, tout au loin dans la brume, les dernières emprises de la forêt de Vezins. Plus près, la fraîche et verte vallée de la Moine qui serpente au milieu d'une campagne riche et fertile en pâturages et en blé. De temps à autre, le serpent noir d'un train traverse le tableau, venant de Niort pour gagner Angers. Et c'est comme un courant de vie hâtive et brûlée qui trouble la douce paix des champs. Au milieu d'un fracas de fer heurté, un sonore gémissement du métal, coupé par le strident sifflet de la locomotive essoufflée. Et tout cela très loin, passant comme en un rêve. Au sud et à

Sous bois.

l'ouest, une succession de croupes, de vallons, de champs, de prairies, coupés, morcelés de haies épaisses, parsemés de bouquets de bois, accrochés comme une mante verte aux côtés blanchis de châteaux et de maisons de campagne se profilant sur le bleu cru du ciel ou le vert tendre des collines bondissantes. Puis, plantés au milieu de toute cette belle nature, les clochers de Moulins, Loublandes, Saint-Laurent, Mortagne, comme les jalons célestes destinés à marquer le chemin du Seigneur, ou des bras toujours tendus qui élèvent la croix et montrent le ciel. C'est superbe et évocateur tout à la fois.

Une des promenades les plus intéressantes, à mon avis, par les aspects remplis de nouveauté, d'imprévu et surtout de vie qu'offraient successivement les sites, c'est la course sinueuse que l'on effectue en suivant le cours de la Sèvre, tout au fond de la vallée. Nous l'abordions généralement en suivant l'Ouin qui coupe la route de Mortagne, à peu de distance de la Trique. Nous descendions un chemin charretier

Chemin charretier.

parmi les aulnes, les noisetiers, les saules, les ormes et les châtaigniers. La nature en pleine liberté s'en donne à cœur joie sous l'œil serein du Créateur, et c'est une explosion de pousses partout où l'eau a déposé un limon fertilisant. Les rochers, de leurs anfractuosités, laissent jaillir de hautes herbes, des mousses chevelues, des osiers et même des arbres.

Les roseaux et les lancéolaires de toutes sortes s'empressent de cacher sous leurs lames vertes, droites et rigides comme des épées, les fondrières et les marécages épars de chaque côté du courant. Le sentier suivi se transforme subitement en pont rustique, fait de troncs d'arbres recouverts d'un plancher et bordé d'une balustrade grossière, pour franchir un bras perdu du cours d'eau ; ou bien le touriste se trouve tout à coup sur une sorte de digue fréquemment interrompue, sur laquelle il saute de pierre en pierre, de rocher en rocher, pour traverser un coin baigné par la Sèvre, et parfois la Sèvre tout entière. C'est alors que l'on trouve, à chaque pas, des moulins, des blanchisseries, des foulons, des papeteries et autres usines, tellement ensevelis sous les arbres qu'on les entend longuement souffler, respirer, geindre, gémir sous l'effort de leur travail incessant longtemps avant de les avoir entrevus. On dirait quelque monstre terrible, énorme, enchaîné parmi les rochers, écrasé par eux, un Titan châtié par l'Olympe, râlant et peinant dans cette vallée sauvage et sonore, emplie de bruissements, de chants d'oiseaux, et bouillonnante de vie sous la caresse fraîche de la rivière gazouilleuse.

Oh! ces rochers gigantesques, suspendus sur la Sèvre, ces murailles dont les parois à pic laissaient descendre vers le gouffre des manteaux de liane, de vigne vierge, de lierre, de chèvrefeuille ou de clématite sauvage, quels splendides coups d'œil ils m'ont donnés!... Avec quel ravissement artistique je les ai contemplés!...

La communauté possède un moulin à eau très important sur la Sèvre, lequel subvient, à frais plus réduits, à la consommation de tout l'établissement.

Je l'ai toujours visité avec le plus grand intérêt. Non pas que j'aie jamais rien connu en fait de meunerie, de blutage, etc., etc. J'étais très peu ferré là-dessus. Mais le mince filet d'eau pris à la rivière pour actionner la roue énorme me stupéfiait quand je comparais le résultat à la simplicité des moyens. Lorsque le frère meunier nous conduisait dans la cage où tournait lentement la grande charpente toute noire, qui pleurait ses myriades de gouttelettes, avec un bruit de cascade, dans le gargouillement humide et assourdissant de la chute, je rêvais d'un Samson tournant éternellement dans l'obscurité son suppliciant labeur. Ou bien mon esprit, chevauchant l'invraisemblable, se représentait les anges déchus condamnés à travailler pendant l'éternité, pour nourrir cette humanité jadis trompée par leurs fallacieuses promesses.

Je ne restais jamais assez longtemps, à mon gré, devant cette grande roue, dans cette demi-obscurité fraîche et hypnotisante. Cela m'attirait.

Lorsqu'on se déplace du côté de la Verrie, en remontant le plateau rive gauche, on rencontre immédiatement, dominant

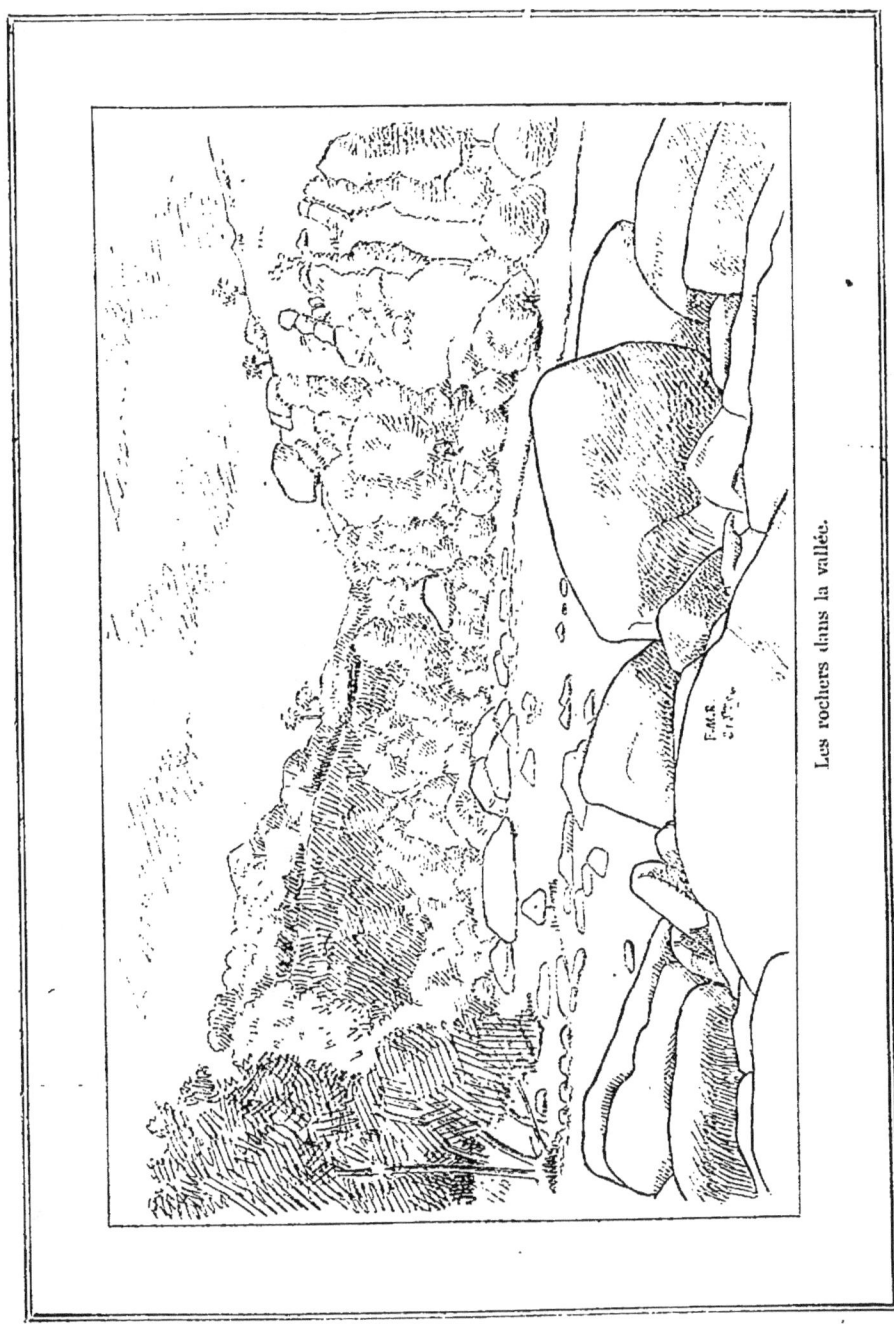

Les rochers dans la vallée.

le bourg de toute sa hauteur, et le couvrant d'une gigantesque et douce bénédiction, un calvaire monumental. Ce calvaire, avec sa triple enceinte et sa chapelle de granit, s'élève sur un tumulus, au sommet duquel on parvient par un large escalier, précédé lui-même d'une assez longue avenue de tilleuls. La croix superbe qui en forme le centre, avec les deux statues de saint Jean et de la sainte Vierge debout à ses pieds, donne une impression de majestueuse piété qui arrête le passant. Cette belle œuvre, due à la foi et au travail de milliers de bras d'hommes, est véritablement un symbole et une manifestation puissante en son mutisme énorme.

On songe involontairement à la prodigieuse action du Verbe prêché aux simples, par les missionnaires inspirés de Dieu, qui, s'appuyant sur la foi, transportent réellement des montagnes. L'apparence définitive du monument, avec ses grandes assises de pierre dure, ses balustrades circulaires en granit, représente l'éternité du dogme et du règne de Jésus dans les cœurs et sur les esprits.

Il a fallu des dons innombrables et des forces insoupçonnées pour édifier cet hymne de pierre, à la gloire de la Croix. Et du haut de ce gibet d'infamie devenu l'autel de la Rédemption, le divin Crucifié laisse planer sur la contrée ses regards de douloureuse et humaine pitié, tandis que de ses mains transpercées tombe, auguste, la douce et régénératrice bénédiction sur les hommes et sur leurs travaux.

Et nous passions, respectueusement découverts, dans le grand silence de la nature en prière.

A peu de distance, nous rencontrions l'Étang-Blanc, dont le ruisseau chanteur, gazouillant sur les pierres, nous conduisait quelquefois jusqu'à la Sèvre, par le val du Moulin d'Enfer, ruine dont les pans noircis ne se soutiennent plus que grâce aux végétations parasites qui les enserrent dans leurs nœuds vivants. D'ordinaire, nous passions, et nous apercevions bientôt la grande route de Saumur aux Sables d'Olonne. Le plus souvent, c'était le point terminus de la promenade.

Si, parfois, nous allions jusqu'à la Verrie, nous nous

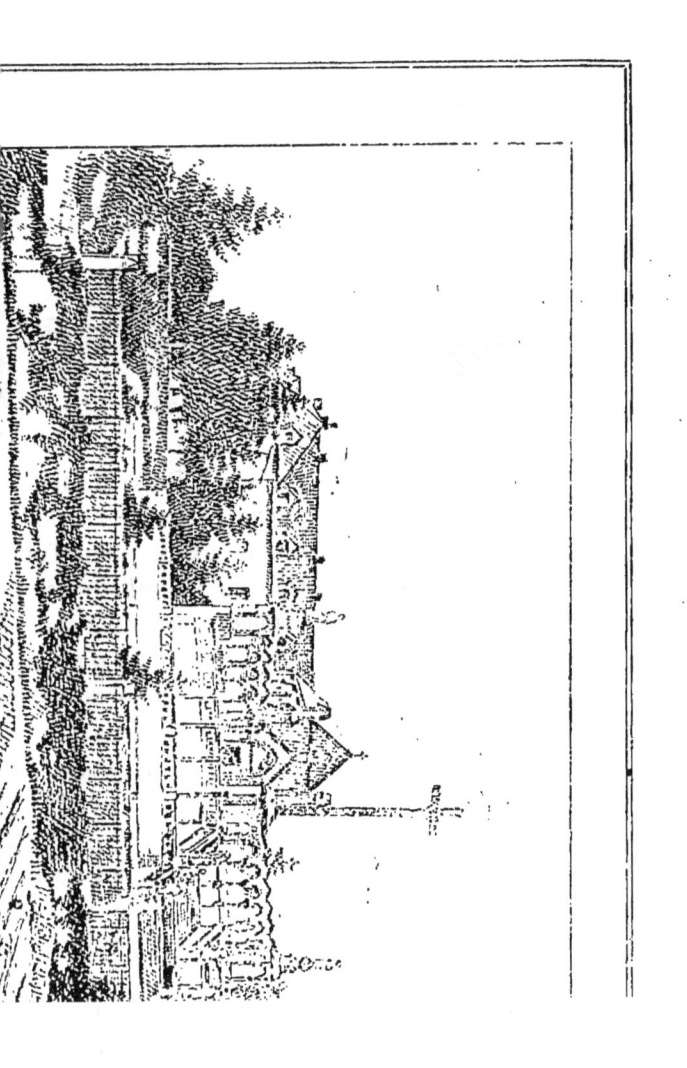

trouvions en présence d'une forte commune assise en amphithéâtre sur le bord d'un petit ruisseau. C'est là qu'habite un des plus vieux et des plus distingués amis et protecteurs de Saint-Gabriel, M. le docteur Bourgeois, député de la Vendée.

Plus directement au sud, on rencontre trois petites com-

L'Étang-Blanc.

munes fréquemment visitées : Saint-Malo-du-Bois, Mallièvre et Treize-Vents, en amont sur la Sèvre et sur les deux rives. C'était une de nos plus pittoresques excursions. Toujours des côtes à gravir et à descendre au milieu de la verdure, avec la traversée d'innombrables ruisseaux bondissant de toutes les crêtes vers la rivière, la grande murmurante, la joyeuse cavale qui dirige sa course folle sous les arbres touffus, parmi les blocs sourcilleux et noircis.

Car il faut toujours y revenir à cette Sèvre hypnotisante avec ses profondeurs glauques, ses cascades étincelantes, ses remous traîtres et attirants, ses chevauchées sur les rochers bizarres, ses digues sans nombre, l'éternel tic-tac de ses moulins, l'essoufflement hâtif et fiévreux de ses usines, la fraîcheur de ses ombrages et la sauvagerie paisible et grandiose de son val profond.

J'allais oublier un endroit gentil, souvent visité, la Chapelle-Largeau. Cette localité, perchée sur la crête qui sépare la vallée de la Sèvre du vallon de l'Ouin, est située un peu à gauche sur la route de Châtillon, à mi-chemin.

Il y a là une riche chapelle de saint Joseph en beau style byzantin, fort joliment ornée et décorée comme une chasse. Immédiatement au-dessus, au sommet d'un raidillon, est établie l'école communale, qui était alors dirigée par des frères de Saint-Gabriel. Nous montions là-haut pour jouir d'un coup d'œil magnifique sur le val de l'Ouin, qui s'étend à perte de vue jusqu'à la forêt de la Boissière, dont les futaies bleuissaient à l'horizon.

Au cours de nos pérégrinations nous trouvions, non seule-

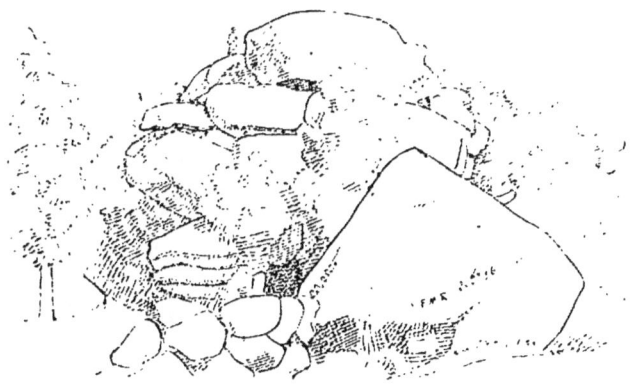

Les rochers.

ment dans la vallée, mais aussi dans la campagne, des blocs de rochers bizarrement contournés ou creusés qui éveillaient nos souvenirs historiques. Les légendes druidiques, encore mal digérées en nos primaires études, nous trottaient dans la cervelle et nous hantaient positivement. Nous cherchions sur ces rochers, avec une louable obstination, la trace des fondateurs de notre race, les Gaulois, et de leurs prêtres, les blancs druides. Alors, avec cette bonne volonté tenace et crédule qui fait trouver, même aux savants, des noms à toutes choses, et des réponses à tous les pourquoi, nous découvrions très sérieusement des monuments préhistoriques, des autels, des pierres druidiques. Là des victimes humaines avaient certainement, d'après nous, versé leur sang sous les couteaux homicides des adorateurs de Teutatés. Nos yeux de quinze ans voyaient, à n'en pas douter, des traces, des taches de ce sang versé vingt siècles auparavant !...

Et nos bouches proclamaient ces impressionnantes trouvailles !... Nous indiquions la position du corps de la victime sur la table granitique; nous avions vite fait de ressusciter la mise en scène d'un sacrifice. Nos doigts suivaient la rigole par où le sang avait ruisselé dans les coupes d'or, pour les suprêmes ablutions et les aspersions païennes !... Naïfs poètes que nous étions !...

Notre imagination échafaudait ainsi mille histoires tragiques ; et nous ne remarquions pas le sourire doucement

railleur et sceptique des maîtres, depuis longtemps fixés sur nos trouvailles, et familiarisés avec les déambulations de la folle du logis !...

Non pas que la Vendée, et cette partie de Bocage, soient totalement veuves de ces monuments de l'âge de pierre. Non pas que ces rochers bizarres, que nous trouvions à chaque pas, posés comme par miracle les uns sur les autres, ou affectant parfois un certain ordre, une disposition générale qu'on dirait voulue, ne puissent donner l'impression de constructions aussi intéressantes que les alignements de Karnak et de la presqu'île bretonne ; mais ceux de Vendée ne sont pas historiquement classés, et semblent plutôt être œuvre naturelle qu'humaine. Aussi bien la position, la prodigieuse quantité des entassements, et surtout l'étendue territoriale occupée par eux, excluent-elles l'idée de travail artificiel, et ne permettent pas de conclure à une œuvre humaine. On dirait qu'un épouvantable cataclysme a bouleversé la croûte terrestre pour en faire jaillir, en ce canton, un peu partout et dans un sauvage bouleversement, les monstres de granit qui donnent un cachet si étrange à cette vallée, et aux coteaux qui l'enserrent.

CHAPITRE VI

Les fêtes religieuses. — Les aumôniers. — Saint Félicissime. — Le frère G... — La confession et la communion générales. — Les retraites. La Noël. — Bethléem, la crèche et les Mages. — La semaine sainte. — Pâques. — La Fête-Dieu. — A la Sagesse. — Les cloches saint-laurentaises. — Les professions religieuses. — Les Pères du Saint-Esprit. — Les hauts visiteurs de Saint-Gabriel. — La confirmation.

La célébration des solennités religieuses s'est toujours faite à Saint-Gabriel avec une pompe aussi grande que possible, les soins pieux de tous tendant à donner le maximum d'éclat à tout ce qui concerne la glorification de notre sainte religion et les fêtes instituées par elle. Ce zèle religieux ne peut étonner personne, dès là que les frères de Saint-Gabriel ont voué leur vie à la propagation, à la sanctification, à l'enseignement, à la glorification de la foi dans le monde, et que les splendeurs du culte sont une des manifestations les plus imposantes et les plus remarquables de la sereine beauté, de l'altière grandeur de notre foi chrétienne.

Voilà pourquoi rien n'est négligé pour célébrer le culte divin, toutes les magnificences étant dues à Celui qui est la source et la fin de toutes les grandeurs et de toutes les beautés.

Avant de vous narrer nos fêtes, je désire vous parler des aumôniers. En 1875, nous en avions trois à Saint-Gabriel : un pour la communauté et le noviciat, et deux pour le pensionnat. Nous connaissions plus particulièrement les nôtres. L'un, M. l'abbé D..., était un grand maigre, tout jeune, avec des allures juvéniles, un goût marqué pour les exercices du corps ; et malgré cela piocheur, doué d'une facilité d'assimilation peu commune. Un fait caractéristique nous permit d'apprécier ce don d'une manière toute spéciale, le voici incidemment. En 1874 ou 1875, l'armée de Don Carlos d'Espagne, ayant été refoulée sur la frontière française et l'ayant franchie, fut désarmée par les autorités françaises et dirigée à l'intérieur sur des places désignées, avec l'obligation pour chacun des expatriés de séjourner dans l'enceinte de la ville indiquée, toute liberté leur étant laissée dans la résidence. Deux séminaristes espagnols internés à Cholet avaient été réclamés par les frères et habitaient à la communauté. Naturellement, ils ne connaissaient que leur langue et le latin, qu'ils ne prononçaient même pas comme nous. M. l'abbé D... se fit leur guide, leur cicerone, et afin de leur être encore plus utile, apprit l'espagnol pendant qu'eux apprenaient le français. Au bout d'un très court laps de temps, notre aumônier leur servait d'interprète, et plusieurs fois nous le vîmes, au cours de promenades qu'ils faisaient avec nous, soutenir la conversation la plus variée, et la traduire aux deux étrangers. M. D... était un digne et bon prêtre qui resta peu de temps à Saint-Gabriel.

L'autre aumônier, M. l'abbé Mabille, est toujours présent à ma mémoire et à mon cœur. Je ne puis d'ailleurs l'oublier. Le voudrais-je, que Saint-Gabriel lui-même m'en empêcherait, et me rappellerait à l'ordre, son existence tout entière se trouvant intimement liée à celle du pensionnat.

Le nom de M. l'abbé Mabille est inséparable de celui de la maison. Je dirai même, après d'autres, que M. Mabille est le point géométrique de l'histoire de Saint-Gabriel. En effet, il fut un des premiers élèves de la maison, y passa de longues années. Il y revint comme aumônier, et il s'y trouve encore, après une absence qui fit couler bien des larmes et suscita bien des regrets.

Mais, aussi, quel saint prêtre !... quelle douce et noble figure !... Quelle admirable mansuétude et quelle angélique nature! Modèle de toutes les vertus, compatissant et bon pour tous, le caractère empreint d'une douceur évangélique profonde. C'était avec une extatique piété qu'il disait la sainte messe. Il était aimé de tous comme un père. Aussi sa présence à la tête de la direction spirituelle de Saint-Gabriel produisit-elle des fruits extraordinairement précieux pour les âmes et pour les esprits.

Le cadre principal des fêtes religieuses à Saint-Gabriel, la chapelle, ayant déjà été décrit, je n'y reviendrai que pour réparer un oubli regrettable.

Je veux parler d'un reliquaire précieux, qui, à l'époque, se trouvait dans la branche droite de la croix latine formée par la chapelle (1). Il contient le corps de saint Félicissime, jeune Romain martyrisé aux premiers siècles de notre ère. Le saint corps fut découvert pendant les explorations des catacombes il y a quelque cinquante ans, et confié à la vénération des bons frères, qui lui donnèrent une place d'honneur.

Le caractère général, la note tonique, dirai-je volontiers, des fêtes à Saint-Gabriel est une piété sincère, une ferveur recueillie et simple qui frappe tous les visiteurs. C'est avec une unanimité touchante que tous célèbrent les divins mystères et rendent grâce au ciel de la plénitude de ses dons. La chapelle prend un air de gaîté grave et reposée, qui sied bien à ses fortes assises de granit gris. Les orgues chantent de toutes leurs lèvres de métal les hymnes triomphantes. Les voix fraîches et jeunes, auxquelles répondent ou se mêlent les mâles organes des novices et des frères massés au fond de la chapelle, forment un chœur puissant qui emplit d'harmonie le vaisseau gothique, soit que ces centaines de voix prient et pleurent ensemble le « *Pitié, mon Dieu !* » soit qu'elles affirment, énergiques, le *Credo* catholique, ou qu'elles éclatent vibrantes avec les notes triomphantes des *Te Deum* vainqueurs.

Le C. F. G... était alors l'habile metteur en scène de

(1) La châsse qui contient ce corps saint fait maintenant partie du maître-autel de la chapelle.

toutes les manifestations musicales et vocales. Les messes en musique, les vêpres en faux-bourdon, les entrées et les sorties, tout était soigné et dirigé avec un art, un soin pieux véritablement remarquables. Les élèves répondaient de leur mieux à l'impulsion donnée ; et si le résultat ne couronnait pas toujours les efforts, du moins ne pouvait-on pas incriminer le directeur et ses auxiliaires dévoués. Chacun y mettait la meilleure volonté du monde.

L'une des plus grandes solennités liturgiques est la fête de Noël. Chacun s'y prépare dans le silence et la prière. La confession conduit les enfants aux pieds des aumôniers qui ont fort à faire pour entendre les sottises grosses et menues de leurs pénitents. M. Mabille recevait dans sa chambre située au fond du couloir de l'infirmerie, au-dessus du grand réfectoire. On pénétrait par un oratoire dans lequel se faisait l'examen de conscience d'abord, la prière après la confession et les pénitences ensuite. Nous recevions la sainte communion à la messe de minuit. La veille du grand jour, le coucher avait lieu une heure plus tôt

A minuit, les cloches de Saint-Gabriel, unies à celles du bourg et des communautés voisines, à celles de la chrétienté tout entière, annoncent *urbi et orbi* que le Messie promis par Dieu va naître. Ces voix de bronze chantent à tous l'hosanna des cœurs pieux, et convient, tels jadis les anges, les chrétiens fervents à venir adorer le fils de Dieu, né d'une vierge, en une pauvre étable.

Debout, enfants ! Accourez vers l'autel où, par le plus divin et le plus saint des mystères, l'œuvre de Rédemption va s'accomplir sous vos yeux, pour la délivrance de la triste humanité asservie sous le talon de l'archange déchu

En silence, recueillis, sous les ondes sonores emplissant l'espace, tous font la toilette des grands jours. Il faut être propre et soigneux dans ses dehors pour recevoir le Roi des rois, Celui qui créa et dirige les mondes. On s'enveloppe bien, afin de combattre l'âpre froidure, et on descend lentement des dortoirs. De longs serpents noirs zèbrent la couche de neige craquante sous les pieds, et se dirigent vers la chapelle illuminée et flamboyante comme un soleil resplendissant.

La messe de minuit commence avec diacre et sous-diacre au maître-autel enseveli dans la verdure et les palmes, et tout ruisselant de flambeaux. La chorale et la musique prêtent leur concours à cette solennité nocturne. A l'élévation, pendant que des torrents d'harmonie s'épanchent délirants sur les têtes courbées, ferventes et recueillies, l'autel s'embrase de nouveaux feux, les plantes vertes se piquent d'ardentes fleurs de flamme, et lorsque les fronts se relèvent, tous contemplent, en une grotte ménagée dans la verdure, la statue en pied de Jésus Enfant. Autour de lui, comme une auréole d'étoiles, scintillent mille lumières disséminées partout. Le pieux étonnement, joint au respect du saint lieu, empêchent seuls les exclamations d'heureuse surprise.

Jésus est bien né, puisque le voilà, tout blanc, jaillissant, parmi les lumières, du sein de son tabernacle! Il nous sourit et nous tend ses bras roses. Et c'est avec une ferveur absolue et grandissante que l'*Adoremus* monte vers la voûte du temple qui vibre comme un orgue gigantesque. Et les cloches ailées sèment au vent froid de la vallée les frissons de bonheur et les notes cristallines qui volent d'église en église pour annoncer à la terre que le Rédempteur vient de naître.

Le défilé pour la sainte communion se forme alors avec un recueillement et un ordre profonds. La file ininterrompue se continue longuement par les novices et par les frères de la communauté, cependant que l'orgue égrène ses mélodies les plus suaves, les plus tendres, et que les cantiques de la Nativité racontent, par les lèvres des enfants, les naïves légendes du bon vieux temps chrétien, si fermement croyant.

Après la messe de minuit, tout le monde se rend au réfectoire pour le réveillon traditionnel, rigoureusement composé de charcuterie et autres mets froids. En raison de la solennité et de ce repas nocturne unique et annuel, le C. F. directeur délie les langues. Les exclamations joyeuses se croisent, et le bruit des verres et des fourchettes est bientôt couvert par un brouhaha confus qui monte *crescendo*, jusqu'à ce qu'un guilleret coup de sonnette et un mot aimable surviennent pour calmer l'ébullition et ramener les voix à un diapason normal.

La rentrée au dortoir s'effectue ensuite en silence, et tout le monde reprend possession de son lit, un peu frisquet, mais le cœur heureux et content.

Pendant la quinzaine qui suit Noël, peut-être un peu plus longtemps, la petite chapelle de la congrégation des Enfants de Marie reçoit fréquemment la visite de jeunes curieux venus pour admirer les beautés de la crèche de Bethléem qui s'y trouve reconstituée. Cette crèche mérite une petite description. L'autel et le chœur de la chapelle, jusqu'à la sainte table, disparaissent sous des charpentes recouvertes de carton-cuir peint à grands coups comme un décor. L'ensemble représente le relief d'un paysage montagneux au bas duquel coule un ruisseau fort bien figuré par des lames de verre. Sur le sommet de la colline, à droite et au fond, est perché Bethléem. Mais, chose curieuse, et qui me revient aujourd'hui seulement, les maisons minuscules qui se groupaient pour former la ville étaient toutes construites à la française, avec des petits toits rouges en tuiles et des murs blancs percés de croisées. A l'époque, nous n'en cherchions pas si long, nous étions moins affamés de couleur locale, et nous avions bien raison! Nous trouvions cela magnifique. Une route descend du bourg dans la campagne, et vient passer devant une étable fruste tout à fait nature, construite avec quelques branches et de la paille. Là sont groupés les personnages en cire, et les animaux historiques aussi en carton-pâte, le tout d'une dimension respectable. Les anges, les bergers, leurs troupeaux s'y trouvent scrupuleusement figurés. Lorsque la fête des Mages arrive, de nouveaux adorateurs couronnés, avec un contingent nombreux de noirs et de chameaux, viennent se joindre aux personnages déjà représentés.

C'était toujours avec joie que nous allions prier à la crèche, et apporter notre obole, maigre prélèvement sur la bourse d'écolier, pour l'embellissement et la somptuosité de la future construction. Et, en effet, chaque année voit un enjolivement s'ajouter au tableau naïf que nous admirions tant, et qui éveillait en nos cœurs des idées pieuses et de douces pensées vers le Dieu qui se fit petit enfant et pauvre pour enseigner aux hommes l'amour des faibles et des malheureux.

Je n'ai pas la prétention de vous décrire en détail toutes les solennités chrétiennes, et de vous énumérer toutes leurs pompes et leurs suggestifs décors. Ma seule intention est de rappeler les principales, celles qui, par leur importance dogmatique, occupent les places d'honneur au calendrier grégorien, et celles qui, par leur caractère plus saisissant, leur cérémonial plus impressionnant, donnent davantage lieu à des splendeurs symboliques, évocatrices et puissantes.

Les offices de la semaine sainte avec leur caractère lugubre, leurs impressions douloureuses et leurs chants liturgiques d'une désolation si haute en sa poésie surnaturelle, les lamentations de Jérémie, les psaumes déchirants, les hymnes où sanglotent les phrases attristées, toutes ces fêtes endeuillées qui commencent à la Passion pour aboutir au samedi-saint, en l'extase radieuse de l'*alleluia* rédempteur, pesaient chaque année de tout leur poids sur mon âme et sur mon cerveau impressionnable. Les sermons du Carême, et la préparation pieuse à toutes les participations de la semaine sainte, tendaient progressivement mon esprit. Lorsque survenait le récit du drame auguste, de la tragédie sublime qui eut le Golgotha pour théâtre et l'univers pour spectateur, la Passion prêchée, le vendredi-saint, les Sept Paroles, le *Stabat,* les heures douloureuses, le chemin de la Croix, les ténèbres, toutes ces choses si puissamment angoissantes que les apôtres nous ont décrites, mon être vibrait tout entier sous la parole sainte. J'éprouvais un plaisir amer, une peine à la fois douce et poignante à sentir mon cœur se pénétrer des mystérieux et divins effluves qui jaillissent des suprêmes phases de la vie du Sauveur Jésus.

La grande solennité pascale apportait enfin sa rayonnante et sereine béatitude en mon âme. Je respirais plus à l'aise, il me semblait que tout, en moi et autour de moi, chantait l'*alleluia,* l'immense *alleluia* d'amour, de joie extatique et sainte. C'était une aurore se levant dans la nuit, un éblouissement trouant les ténèbres, un soleil éclatant ruisselant de rayons sur la terre et dans les cœurs.

Et toujours ainsi, dans toutes les fêtes religieuses, mes sentiments pieux, très sincères et profondément développés, se doublaient d'une sorte de sensation physique qui, en son intensité, me donnait une compréhension double de toutes les choses dites ou reproduites symboliquement devant mes yeux.

Les fêtes de la sainte Vierge sont célébrées à Saint-Gabriel avec une pompe toute spéciale. La sainte Mère de Dieu est, en effet, la patronne de l'institut et du pensionnat qui se sont placés sous le vocable de l'ange Gabriel, et dont la scène de l'Annonciation est pour ainsi dire le blason religieux. Chaque membre de la Congrégation porte le nom de Marie réuni à celui qu'il a choisi dans la *Vie des Saints* pour sa dénomination particulière. Au pensionnat, en plus de ce culte général rendu à la Vierge, se célèbrent des solennités spéciales à la congrégation des Enfants de Marie. Cette section de la grande Congrégation romaine se compose des élèves les plus sages, les plus pieux, les plus zélés en religion. Mais n'anticipons pas. Nous réservons un chapitre spécial à cette pieuse institution, vivant autonome dans la grande. Nous n'en avons parlé ici que pour faire ressortir combien la présence de cette société, qui n'accueille dans ses rangs que les meilleurs et les fidèles, donne de relief aux fêtes de la sainte Vierge, touchante mission à laquelle elle ne manque jamais.

Aussi le caractère de douce bienveillance, de riante candeur, de liliale simplicité que revêtent les grandes féeries de la Madone, se trouve-t-il acquérir un développement magnifique, et glisser plus d'humanité enfantine dans ses lignes célestes, par la collaboration effective des congréganistes. La grâce naïve des enfants évolue avec un abandon et une piété candides que sait excellemment diriger M. l'abbé Mabille, protagoniste et directeur de l'œuvre à Saint-Gabriel.

Mais bientôt arrive le jour de la première communion.

C'est une fête mémorable, à laquelle tout le monde cherche à donner le luxe et l'éclat que comporte cet acte, le plus important de la vie de l'enfant chrétien.

Dans la Vendée, on fait trois communions, les deux dernières en commémoration de la première. Il en résulte un contingent nombreux qui désorganise un peu les études scolaires. Aussi les bons frères ont-ils placé à cette époque de l'année une retraite générale, qui est comme une halte spirituelle au milieu des travaux temporels. Cette retraite prend les proportions d'un véritable événement. Tout est changé, les habitudes sont rompues, les heures de classe écourtées, on passe la majeure partie du temps en exercices pieux et en prières. Les méditations, les promenades dans les jardins, les prédications accaparent et absorbent les esprits et les cœurs.

La retraite est généralement prêchée par un missionnaire du Saint-Esprit. Un vaillant champion de la Croix et du Christ, qui a quelquefois parcouru le monde, semant la sainte parole, avant de venir catéchiser les enfants des bons frères. Alors ce sont des sermons bourrés de faits, d'histoires pieuses, pour la plus grande joie et le plus grand intérêt des auditeurs. La plupart de ces Pères sont de véritables orateurs, des hommes de talent, qui ne dédaignent pas d'incliner leurs enseignements précieux vers les jeunes intelligences et les natures enthousiastes de cet auditoire très particulier. Ils savent bien que, dans ce terrain propice, la semence germera vigoureuse. Ce en quoi ils ont pleinement raison. Outre que le sol est déjà préparé à souhait par les maîtres, il est évident que tous les enfants ont sucé, avec le lait, la nourriture substantielle des principes religieux sans lesquels rien n'existe et ne dure. Ce sont donc des convertis que l'on prêche, et qui ont besoin moins d'expositions et de démonstrations doctrinales que de douces et persuasives invitations à la vertu.

Mais il est malheureusement prouvé que jamais les racines de l'arbre religieux ne s'enfoncent trop profondément dans le cœur de l'homme qui doit un jour résister aux orages et aux périls du monde. Tel qui, enfant et même jeune homme, a donné les preuves d'une ferveur absolue et d'une piété admirable, se retrouve, homme, tout désemparé sur l'océan de la vie, et, faute de boussole, s'égare de plus en plus dans les brumes traîtresses du doute, et succombe victime d'une coupable négligence.

Pendant le séjour à Saint-Gabriel, tout est mis en œuvre afin de nous armer pour la lutte ; et celui qui n'en profite pas ne peut s'en prendre qu'à lui-même.

Cette grande retraite est donc suivie par les élèves avec une piété et un intérêt grandissants. Lorsque le grand jour arrive, le spectacle réconfortant de tous ces enfants inclinés sous les mains bénissantes du prêtre remue bien des cœurs et fait couler bien des larmes.

Quant à moi, je n'ai jamais pu assister à une messe de première communion sans tressaillir jusqu'au plus intime de mon être. Une impression profonde m'envahit, et je pleure doucement, avec bonheur, sans pouvoir m'en empêcher, tant que dure la cérémonie.

Ah ! les sceptiques, les athées, les railleurs, les chercheurs de « pourquoi » et de « comment » sont des êtres sans âme. Ce sont des cœurs secs où rien ne germe, où rien ne fleurira jamais. Ils n'ont jamais connu ces heures infiniment douces où l'âme voit Dieu en elle-même et dans d'autres âmes, où la terre semble loin et le ciel tout près. Ces gens sont bien à plaindre. Ils se privent volontairement des plus saintes effusions et des jouissances les plus pures qu'il soit possible à l'âme humaine de goûter. Qu'ils viennent à Saint-Gabriel, et la glace de leur cœur se fondra peut-être en cette atmosphère chaude et vivifiante toute imprégnée de l'amour divin. Qu'ils daignent regarder, voir et comprendre combien sont heureux ces enfants, quel calme céleste envahit leur être ; et si nuls pleurs n'ont mouillé leurs paupières, nulle émotion n'a gonflé leur cœur, qu'ils aillent : ils ont menti à leur nature d'hommes.

Avec les explosions floréales de l'été, parmi les senteurs embaumées et les manifestations suaves de la nature, si belle pour qui sait l'observer et l'étudier avec les yeux du penseur, se célèbre la fête de l'Eucharistie, le grand triomphe de l'Hostie sainte, de l'Agneau sauveur, la Fête-Dieu. La procession déroule dans l'enclos ses méandres chantants au milieu des pompes solennelles et poétiques. La musique du pensionnat accompagne Dieu dans sa sortie sur ses domaines. Tel un grand seigneur environné de sa cour, l'ostensoir d'or, porté par l'officiant tout ruisselant de rayons, voit s'empresser autour de lui les dignitaires de la communauté, les thuriféraires balançant les odorants encensoirs, les enfants de chœur portant des cassolettes et des corbeilles de fleurs dont les pétales s'épanchent en nuage sous les pas du grand Roi qui marche triomphant. Les flambeaux forment une couronne d'étoiles au Soleil de Justice qui fit les mondes et les regarde rouler, menus atomes perdus dans l'infini, en la grandiose plénitude de sa gloire. Et les cantiques succèdent aux psaumes, les hymnes alternent avec les marches jouées par la musique. Et dans la paix embaumée, dans la fraîcheur des plantes vertes s'étageant aux flancs enrichis du reposoir, lorsque sur son autel étincelant Dieu voit à ses pieds la foule, recueillie et agenouillée dans la poussière du chemin, de ses enfants humbles et reconnaissants, lorsque s'est tue l'auguste voix du prêtre psalmodiant les saintes oraisons au milieu des vapeurs pieuses de l'encens, l'harmonieuse explosion du *Tantum ergo* monte et éclate soudain comme une salve adoratrice des poitrines émues qui vibrent de pieux enthousiasme et de ferveur généreuse.

Nous nous rendions aussi à cette époque à la procession des sœurs de la Sagesse, avec notre musique et nos bannières.

Le cortège se déroulant pompeux et chantant parmi les allées fleuries de l'enclos de la Sagesse, au bord de la Sèvre qui coule murmurante, revêtait pour moi un caractère tout particulier de céleste et rêveuse évocation.

En effet, les longues théories de sœurs grises aux cornettes blanches, précédées elles-mêmes de la double rangée des jeunes vierges toutes en blanc, ces silhouettes fantômatiques dont on ne voit pas les visages, qui glissent plutôt qu'elles ne marchent, semblent des ombres évoluant en un paysage supra-terrestre. On se figure voir leurs formes vagues, droites, imprécises et éthérées, avec de grands lys blancs penchés doucement vers la terre ; telles des apparitions se mouvant dans le bleu, ou un vol suave de grands cygnes blancs perdus en plein azur. Et leurs angéliques voix chantant les psaumes, les saints cantiques, le *Magnificat* éclatant, le triomphant *Lauda Sion*, le sublime *Pange lingua*, ravissent l'âme et la convient aux symboliques et mystiques communions. Nous passions devant cette colline, où de pieuses mains ont rétabli le Golgotha sanctifié par le supplice de Jésus, devant la grotte en laquelle, religieusement, fut restitué à la piété des fidèles le sépulcre du Christ, avec les statues et le tombeau modelés sur ceux de Jérusalem. Et longtemps, et toujours la procession passait sous les arcs de fleurs et de verdure, cortège triomphal accompagnant le Roi des rois sur ces terres qui sont siennes.

Puis, après un long circuit, après plusieurs agenouillements profonds devant les reposoirs, la bénédiction du Saint-Sacrement dans la chapelle des sœurs, dernier regard de Dieu à la foule prosternée avant l'entrée définitive en son palais de marbre et d'or.

Oh ! alors, je me demandais si j'étais vraiment sur terre.

Dans ce bijou de pierre finement ciselé, où les chefs-d'œuvre de la sculpture s'élancent comme un hymne en arabesques jaillissantes et en pétales éclatants vers le ciel attentif, l'orgue puissant grondait ses cent voix. Les sœurs chantaient comme les anges aux pieds de Dieu, et je m'abîmais en une extase grandissante au milieu des sonorités sereines, des nuages embaumés de l'encens, me faisant tout petit pour ne pas me sentir vivre, devenant tout yeux, tout oreilles et tout cœur pour absorber entièrement la mystique ivresse de mon rêve, m'abandonnant délicieusement en un ravissement religieux qui me soulevait des dalles blanches pour m'emporter sur des ailes d'anges vers les célestes parvis.

Je ne voyais plus la splendeur blanchissante de ce temple si beau, je n'entendais plus le bourdon sonore et grave du clocher dentelé tintant la suprême minute de l'adoration muette, alors que le prêtre se tourne vers la foule, droit dans sa chape raidie d'or flamboyant, dressant, au bout de ses bras nimbés de broderies blanches, l'ostensoir rayonnant comme un soleil autour de l'Hostie sainte, ce Pain des Anges, ce Trait d'Union entre Dieu et la créature.

Je n'ai pas souvenance d'avoir goûté aussi pleinement que là, et dans l'humble église où ma fille aînée communiait pour la première fois sous mes yeux, la plus sainte et la plus grande des émotions humaines. L'anéantissement de l'être en un acte de foi, d'amour et d'irrésistible espérance.

La chapelle des sœurs est un bijou architectural moderne construit en pur style du xiiie siècle. Sa flèche, véritable aiguille ajourée dans le granit, pointe vertigineusement vers les nuages. Toute une famille de cloches anime le beffroi de ses notes multiples, avec un bourdon grave qui fait la basse dans le concert. La chaire à prêcher développe son escalier monumental à double révolution au-dessus du groupe sculptural des quatre évangélistes, et au-dessous d'un dôme à clochetons aériens d'une richesse et d'une beauté remarquables. La sainte table et le maître-autel sont également de véritables objets d'art, d'un goût très sûr, et parfaitement assimilés à l'ensemble. Le chemin de croix en émail cloisonné sur cuivre doré, est aussi d'un choix très artistique et très simple.

Nous parlions des cloches tout à l'heure. Je leur dois de bien douces rêveries. Lors des grandes fêtes, c'était une véritable joie pour moi d'entendre s'éveiller successivement et résonner ensemble toutes les cloches saint-laurentaises. Les petites cloches des Frères, les grelots du Saint-Esprit, les cloches plus fortes de la paroisse et le carillon de la Sagesse donnent une gamme complète, depuis les soprani jusqu'aux basses profondes. Et toutes ces voix d'airain s'unissent en un concert majestueux et superbe, où chaque prière s'entend particulière dans l'ensemble sonore qui monte

vers le ciel. Moi aussi j'ai entendu et j'ai compris, j'ai goûté et j'ai aimé la chanson des cloches ailées. J'en suis fier, j'en suis heureux comme d'une précieuse découverte. Car elles m'ont révélé la poésie puissante de leur langage pénétrant et mélodieux ; et j'ai pu, grâce à elles et avec elles, élever mon cœur vers le Dieu qu'elles célébraient.

Au commencement de l'année, vers le milieu d'octobre, afin de préparer les élèves à passer dignement dans le travail et l'étude les dix mois scolaires, avait lieu une retraite générale suivie de la communion également générale. Les charmilles verdoyantes qui fermaient alors le côté ouest du jardin

abritaient les jeunes retraitants sous leurs épais ombrages. C'étaient de bonnes et douces heures que celles-là !... Et quelle ferveur lorsque tout le monde s'approchait de la sainte table !... On n'aurait jamais cru, à nous voir tous sages et tranquilles, contempler les mêmes enfants si bruyants, si tapageurs, si amoureux de jeu et si bouillants sur les cours !...

Nous étions chaque année, une fois, quelquefois deux, admis à la cérémonie de la prise d'habit des novices, et à la profession des frères. Nous y trouvions un grand intérêt en même temps qu'une édification profonde. Nos esprits trop jeunes, et encore trop légers pour comprendre, n'approfondissaient pas assez la grandeur du sacrifice que s'imposaient ces hommes et ces adolescents, qui, par un simple : « Oui », élevaient une barrière entre eux et le monde. Nous ne pouvions pas concevoir la puissance des sentiments qui leur servaient de mobiles, les mystérieuses beautés de l'état religieux restaient lettre morte pour nous ; cependant, c'était avec une naïve curiosité, une respectueuse attention que nous suivions les différentes phases de la prononciation des vœux. Les formules religieuses prononcées par les postulants agenouillés devant le chœur nous semblaient un langage étrange. Et nous étions émus en même temps qu'étonnés, comme en présence d'un fait extraordinaire.

Puisqu'il est question des professions religieuses, je crois devoir dire un mot des missionnaires du Saint-Esprit et de leur maison-mère, cette humble maison qui fut le berceau des œuvres du Bienheureux Père de Montfort. C'est de là que partent toujours à la conquête des âmes ces modestes apôtres de la foi, soldats du Christ, qui combattent le mal, l'ignorance et la barbarie, une croix de bois dans la main, et l'amour divin dans le cœur.

Le rôle des Pères est trop beau pour ne pas susciter des enthousiasmes profonds. Les difficultés sans nombre de leur apostolat ne servent qu'à exalter encore la fièvre de dévouement qui anime ces prêtres quittant le calme de leurs paroisses pour la lutte au jour le jour dans le torrent du siècle.

Lorsqu'un de ces vaillants succombe sous le poids de sa tâche laborieuse, dix autres supplient pour aller prendre la garde et relever le drapeau de la foi. Entre tous ils sont donc admirables, et on ne saurait trop leur rendre les hommages qui leur sont dus.

Nous connaissions bien les Pères, puisque c'était toujours l'un d'eux qui prêchait nos retraites. Notre respectueuse admiration pour leur simple et sereine personnalité se grandissait de tout le prestige dont s'entourait leur front blanchi dans les voyages et les veilles. Les histoires, généralement exotiques, qu'ils se plaisaient à nous narrer, les faisaient vivre à nos yeux d'enfants dans une atmosphère spéciale. Et ce milieu bizarre, étrange, qui éveillait notre curiosité, servait de thème à d'innombrables causeries.

Quant à moi, j'aurais voulu, en mon enthousiasme juvénile, faire comme eux, partir avec eux, aller aux quatre coins du monde proclamer, le Christ à la main, la sainteté, la vérité, la suprématie de ses dogmes, son immense amour pour les petits, son intense charité, sa fraternité sublime, et catéchiser comme eux ces pauvres gens simples et peut-être bons qui ne connaissent pas l'éternelle lumière et l'éternelle beauté. Pour rien au monde je n'aurais reculé en ces moments-là !... Aujourd'hui, combien je me sens petit auprès de ces hommes ! Combien la grandeur de leur caractère, la beauté de leur œuvre m'éblouissent !... Et confus, humble, respectueux et admirateur, je m'incline, ainsi qu'il convient à un inutile et pauvre chrétien qui, loin de songer à convertir les autres, ne parvient même pas à faire, aussi bien qu'il le voudrait, son salut personnel.

Pendant mon séjour à Saint-Gabriel, je fus témoin, mainte et mainte fois, de visites épiscopales. La plupart des augustes visiteurs étaient des Pères du Saint-Esprit, élevés, pour leurs hautes vertus, l'importance des services rendus à la foi chrétienne, et leur science lumineuse, à la dignité de prélats *in partibus,* ou d'évêques titulaires de diocèses éloignés. Avant de partir pour ces contrées lointaines, ces pasteurs daignaient nous honorer d'une visite, d'une bénédiction, et nous gratifier d'un congé supplémentaire. C'était donc, avec un enthousiasme double, une véritable ovation que nous faisions à nos éminents visiteurs. Mais toutes ces manifestations se passaient *intra muros.* A peine étions-nous dérangés de nos classes. Et, malgré la promenade extraordinaire, l'événement n'atteignait pas des proportions exagérées dans nos esprits.

Ce fut une tout autre affaire, certaine année au cours de laquelle l'évêque de Luçon, Monseigneur Lecoq, mort depuis évêque de Nantes, fit une tournée pastorale dans son nouveau diocèse. Il venait d'être promu à la mitre. C'était un grand homme blond, un Normand (il était avant cela archiprêtre à Caen) fortement charpenté. Sa voix était puissante, sonore, sympathique. Sa haute et superbe prestance imposait, son éloquence persuadait et entraînait. Le souvenir de ce voyage m'est resté très vif.

Ce n'était plus un prélat visitant officieusement Saint-Gabriel, la grande douillette noire fermée sur la soutane violette. Ce n'était pas un Père du Saint-Esprit, partant pour l'Océanie avec, pour crosse, la houlette du berger, et pour anneau la simple bague du pêcheur. Au lieu de cette simplicité primitive, et belle pourtant, c'était le premier dignitaire du diocèse, c'était l'*Episcopus* avec toute sa suite, son cortège, sa pompe magistrale. Il venait faire œuvre religieuse, il arrivait de Rome, sa main apportait les bénédictions du Prince des Évêques, avec le Saint-Chrême de la confirmation. C'était une visite officielle.

Aussi fallait-il voir l'interminable procession sur la route de Châtillon-sur-Sèvre. Tout Saint-Laurent : la paroisse, les fidèles, les enfants, le peuple, les Sœurs, les Frères, les Pères, le pensionnat avec sa musique, tout cela échelonné sur le parcours orné lui-même d'arcs de triomphe, de guirlandes, de fleurs semées comme pour la Fête-Dieu.

L'attente fut longue. Auprès de nous passèrent, se rendant au-devant de l'évêque, toutes les notabilités civiles du bourg et des environs, à cheval et en bel arroi. Leurs coursiers, sortis du sillon pour la parade, dressaient la tête, fiers d'y sentir dresser un panache de verdure et de rubans. Tous étaient parés comme aux grands jours, et cette pompe était touchante plus encore par sa simplicité que par son éclat.

Tout à coup, le canon annonça la prochaine arrivée. Tous les regards se tendirent, anxieux et curieux, vers le nuage de poussière qui montait à l'horizon. Un feu de joie, dressé dans une prairie au bord de la route, s'enflamma aussitôt, lançant ses gerbes rougeâtres vers le ciel, au milieu de la fumée grise criblée de milliers d'étoiles d'or. Notre musique attaqua une marche triomphale, et Monseigneur parut souriant, courtois, saluant, bénissant, à droite et à gauche, le peuple incliné ; au milieu de l'escorte de tous les notables qui entouraient la calèche en une garde d'honneur respectueusement découverte. Je vois encore parfaitement la scène. On se rendit à l'église paroissiale pour y chanter le *Te Deum*. Par quel miracle tout ce monde put-il pénétrer dans l'étroit vaisseau, je l'ignore. Toujours est-il que, dans un entassement indescriptible, avec la sensation désagréable d'un étouffement progressif, je vis, tout au fond, dans le chœur, Monseigneur resplendissant sous la chape d'or, plus ruisselant de lumière que tous les flambeaux de l'autel. Et ce spectacle, que je contemplais pour la seconde fois de ma vie, me produisit une impression considérable.

Ce grand homme tout en or, au milieu d'un nuage d'encens, parmi ces mille rayonnements, baigné dans les harmonies puissantes et si belles du glorieux *Te Deum*, avec, autour de lui, une nuée de prêtres tout blancs dans leurs surplis, pendant que tonnait le canon et que tout l'air extérieur s'emplissait de volées sonores sorties des beffrois comme autant de colombes d'airain chantantes, cela formait un ensemble majestueux et imposant, et un frisson de religieuse admiration me parcourait l'être tout entier dans l'extase.

Le salut et la bénédiction solennelle furent donnés ce soir-là, et nous rentrâmes tout en devisant de ces splendeurs.

Pendant les jours qui suivirent, la confirmation fut imposée aux enfants. Nous eûmes la visite pompeuse de Monseigneur. Ce fut une superbe journée.

Je m'exposerais à des redites en voulant narrer les magnificences de cette fête. Qu'il me suffise de dire que l'accueil fut ce qu'il devait être à Saint-Gabriel, avec quelque chose de plus encore.

Les pompes religieuses déroulèrent leurs enchantements pour les cœurs et pour les yeux. Et toujours, ainsi que je vous l'ai déjà dit, ma nature impressionnable, mon tempérament de sensitive gardaient les traces profondes des inoubliables émotions ressenties.

CHAPITRE VII

L'hygiène. — Les soins. — Le Frère X... — La grippe et la scarlatine. — Histoire de deux enfants et de quelques pastilles. — Déboires successifs. — La blanchisserie. — Les laveuses. — Soins dentaires. — Les bains. — Goûters sur l'herbe.

La question de l'hygiène et des soins corporels est l'objet, au pensionnat, d'une attention que seules des mères dévouées sauraient égaler. Avec une population enfantine aussi nombreuse, l'excès des précautions peut seul préserver des maladies, et parer aux multiples inconvénients d'une agglomération importante. Les enfants sont imprudents par nature, et l'insouciance la plus complète, en ce qui concerne leur santé, est un de leurs défauts. Ajoutez à cela l'inexpérience et l'étourderie inhérentes à leur âge, et vous aurez les causes premières de quantité de malaises qui, mal surveillés ou mal soignés, dégénèrent rapidement en maladies quelquefois graves. Il est bien difficile de pallier à tous les inconvénients. Mais, la première loi de l'hygiène étant la prévoyance, Saint-Gabriel se trouve immédiatement en mesure de supporter toutes les comparaisons. Ici encore, je suis obligé de me répéter en disant que les bons frères sont attentifs et affectueux comme de vrais parents. Leur présence perpétuelle au milieu des enfants, leur communauté de vie, permettent l'observation minutieuse et constante, sans laquelle toute surveillance est forcément en défaut, et présente une garantie presque illusoire pour les familles. Aussi, rien d'extraordinaire à ce que, sitôt l'apparence d'un changement dans la manière d'être d'un enfant, dès qu'un symptôme hétéroclite se manifeste sur les traits d'un petit, la sollicitude des frères soit éveillée, et l'ordre de partir pour l'infirmerie ne se fasse pas attendre.

Mais, direz-vous, dans ces conditions particulièrement douces, il est des accommodements pour les paresseux auxquels une classe lourde inspire des frayeurs insoupçonnées !... Détrompez-vous. A son arrivée à l'infirmerie, l'enfant présumé malade, mais n'offrant que des symptômes seulement, est mis en observation. On lui examine la langue, on lui tâte le pouls, on l'ausculte soigneusement. Le mal, s'il existe, est découvert, et le malade aussitôt isolé, s'il le faut, en une chambre voisine. S'il reste un doute au frère pharmacien, fort habile homme s'il en fut, et presque médecin, le patient est mis à la diète, ou bien purgé. Eh bien! la double perspective de ne pas manger, et d'absorber une dose d'ipéca, capitonne d'une horreur suffisante les couloirs de l'infirmerie, pour dessiller les yeux des nonchalants trop malins.

Et cependant, combien étaient douces, de mon temps, les heures passées à l'infirmerie ! On y buvait des tisanes fleurant bon les simples, du bon lait sucré, tout parfumé par le maïs dont se nourrissaient les laitières. On y jouait aux cartes, aux dominos, aux dames, aux jeux de patience, aux constructions cubiques, aux questions plus ou moins romaines, asiatiques, arabes, byzantines, égyptiennes, et autres nœuds gordiens à démêler. Là, en un doux *farniente*, on lisait les aventures extraordinaires de tous les Robinsons, et autres voyageurs bizarres. Le bon frère N..., une mère pour les petits, vous y dorlotait avec une bonté vraiment touchante.

Un type encore le frère N...

Il parlait tellement vite, qu'il avalait la moitié des mots. Puis, désireux d'être compris, il se reprenait vivement, et se gargarisait à nouveau d'une quantité de syllabes. Il résultait, de ses efforts surprenants, un bredouillement comique où les sifflantes prenaient des proportions inquiétantes pour le tympan des auditeurs. Une large figure, doucement éclairée par des yeux rieurs, un front très haut, un peu dégagé vers les tempes, et une chevelure frisée, noire comme la nuit. Ah! le bon frère !.... Il était la coqueluche de tous ses pensionnaires momentanés. Comme on mangeait d'excellente cuisine à sa table, et que toujours quelques gâteries faisaient leur apparition à la fin des repas, il n'aurait jamais manqué de compagnie, le frère N...! Mais la diète et l'ipéca, imposés par le pharmacien, montaient une garde si redoutable dans les escaliers, que les plus hardis paresseux du pensionnat y regardaient à deux fois avant d'affronter l'abstinence et la cuvette fatale.

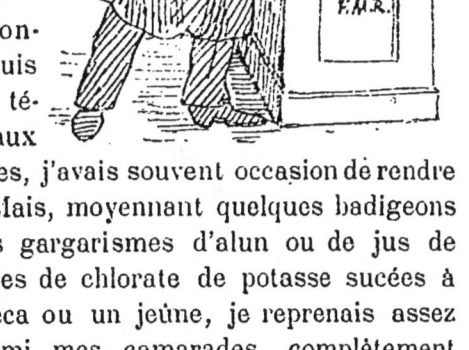

Des soins maternels donnés aux enfants, je puis personnellement porter témoignage. Étant sujet aux laryngites et aux angines, j'avais souvent occasion de rendre visite aux infirmiers. Mais, moyennant quelques badigeons antiseptiques, quelques gargarismes d'alun ou de jus de citron, quelques pastilles de chlorate de potasse sucées à propos, une dose d'ipéca ou un jeûne, je reprenais assez facilement plante parmi mes camarades, complètement indemne et prêt à recommencer.

D'autres circonstances moins spéciales me permirent également de voir de près combien on surveillait nos santés, et quels dévouements étaient mis en œuvre dans les moments critiques. Certaine année, une sorte d'affection grippale fit élection de domicile à Saint-Gabriel. Elle n'atteignit jamais une acuité bien grande, mais elle prit une marche ascendante fort désagréable, et jusqu'à un certain point préjudiciable aux études. Naturellement, toutes les batteries pharmaceutiques et hygiéniques furent déployées contre l'envahisseur. Rien n'y faisait. Chaque jour voyait s'augmenter le nombre des grippés. Envers et contre tous, la gênante affection continuait ses ravages. Il fallut employer les grands moyens. Tous les malades furent consignés, on fit une sélection. Puis, chaque soir, tout le contingent des bien portants défila au réfectoire pour y absorber, bien chaudes, des tasses de tisanes antiseptiques, agréablement coupées de lait. Cela dura tant que la grippe persista en ses empiètements. Enfin, après quinze jours de soins généraux, naturellement indépendants de ceux prodigués aux malades, la fâcheuse visiteuse consentit à prendre la porte, et s'en alla courir les chemins, faisant moucher, éternuer et tousser jusqu'aux moutons dans les champs. Nous avions été jusqu'à quatre-vingt-dix atteints et consignés. Ce chiffre donne une idée de tout ce qu'il fallut dépenser d'énergique dévouement pour qu'aucun malade ne manquât de rien. La conduite des maîtres fut admirable. Bien que cette constatation soit un lieu commun, je ne saurais trop le dire et le redire. Aucun des grippés ne vit son affection s'aggraver, tant les soins furent méticuleux et intelligents.

D'ailleurs, une simple statistique prouvera, plus que tout récit, de quelles attentions sont entourés les enfants à Saint-Gabriel.

Pendant les cinq années de mon séjour, il n'y eut qu'un seul décès à déplorer parmi mes condisciples. C'était un grand et fort garçon de dix-huit ans, qui mourut d'une congestion cérébrale. Ce simple chiffre possède une telle éloquence, qu'il me semble inutile d'insister.

Cependant, malgré le peu de récréation que pourrait trouver le lecteur en ce sujet par trop médical, je vais parler d'une autre épidémie, au cours de laquelle je fus le héros d'une aventure assez drôle, du moins au premier abord. C'était en 1876. J'étais en seconde. La fièvre scarlatine fit un jour irruption à Saint-Gabriel. Dès le début, toutes les mesures préventives furent prises pour enrayer le mal. Et c'est alors que l'on put approfondir le trésor de dévouement renfermé dans le cœur de nos maîtres. Chaque malade fut immédiatement isolé et dirigé, après constatation, sur un bâtiment entièrement séparé de tous les autres, et affecté aux scarlatineux. Tout le monde sait que l'évolution de cette fièvre est de quarante jours environ, à l'expiration desquels le patient, ayant fait peau neuve, peut rentrer en contact avec ses semblables. Vous pensez si la recherche des symptômes fiévreux était difficile, parmi une population scolaire de plus de quatre cents enfants.  Dans un autre établissement, on eût licencié les élèves. A Saint-Gabriel, on lutta. Tous les matins, ordre était donné par les maîtres, à tous ceux qui se sentaient un malaise ou une indisposition quelconque, de rester au lit. Le frère pharmacien effectuait alors une ronde dans tous les dortoirs, et visitait soigneusement tous les alités. A la moindre velléité de tache rouge sur la poitrine, il vous dirigeait sur l'infirmerie. Le docteur, qui chaque jour venait deux fois au pensionnat, visitait à son tour l'enfant, et décidait de l'internement ou de l'expectative. Si les taches persistaient avec la fièvre, on vous transportait dans l'immeuble précité. Là, complètement séparé du reste des humains, maîtres et enfants atteints passaient leur quarantaine. Même la cuisine, tout était spécial à ce bâtiment. C'était une petite colonie dans la grande. Le docteur et un aide, appelé pour la circonstance, se relayaient auprès des malades. Bref, personne ne fut gravement atteint, et, si les cas furent nombreux, personne n'alarma réellement les bons frères et les familles.

Arrivons au fait personnel.

Certain matin, je me sentis une démangeaison à la poitrine. Très respectueux de la consigne donnée de garder le lit, ce qui ne déplaisait nullement au paresseux dont je vous ai parlé, je m'empressai, avec un frisson de plaisir, de me renfoncer sous les draps. J'étais plutôt vaguement indisposé que réellement malade. Mais je mettais une telle bonne volonté à m'échapper, par toutes les tangentes, de la classe ennuyeuse, que je me persuadai être marqué par la scarlatine. D'ailleurs, à ma paresse, se joignait une curiosité badaude qui me faisait griller de savoir comment vivaient les internés.

Et puis, quarante jours sans travailler, quelle aubaine!...

Toutes ces réflexions me faisaient fort bien prendre en patience la solitude noire du dortoir, où j'étais resté sans trop avoir peur, malgré ma poltronnerie légendaire.

Tout à coup, j'entendis tousser un condisciple, à quelque distance de ma case.

Tiens, je n'étais pas seul!...

Je me mis à tousser aussi... L'autre recommença...

Je reconnus le timbre de voix d'un mien camarade de classe qui se nommait Aristide G..., avec lequel je vivais en très bonne intelligence, malgré les formidables défaites qu'il m'administrait de temps à autre lors des compositions, lorsque j'avais le malheur de voyager dans la lune. C'était un adversaire, mais un ami. Nous étions du même âge, aussi enfants l'un que l'autre.

Le dialogue suivant s'engagea :

« Hum! Hum!...

— Hum! Hum! Hum!... Brrrrhum!...

— C'est toi, Aristide?...

— Oui..... C'est toi, Arthur?... (Mon digne parrain me prénomma ainsi sur les fonts baptismaux.)

— Oui...

— Tu es resté?... T'es donc malade?...

— Oui, mon vieux... (Un silence.) Dis donc, Aristide?

— Quoi?...

— Tu as la lampe par chez toi?...

— Oui, pourquoi?...

— Remonte-la donc un peu. Il fait plus noir que chez les loups.

— Dis donc, t'es pas bête, toi... Et si un frère venait?...

— Ça, c'est vrai!... »

Il est inutile de vous dire que ladite conversation avait lieu à mi-voix, de nos cases respectives, en lesquelles nous étions chaudement couchés en attendant le frère pharmacien.

Soudain, des pas résonnèrent dans le dortoir vide ; et le pharmacien, sa petite lampe à la main, inspecta les cases. Il nous ausculta très sérieusement, moi toutefois, trouvant peu de traces de fièvre, et une vague apparition de roséole sur la peau.

L'examen fut scrupuleux, je vous l'assure ; et le résultat, qui me ravit, me fut communiqué en ces termes :

« Vous allez garder le lit jusqu'au jour ; puis, vous vous lèverez pour vous rendre à l'infirmerie en observation.

— Bien, cher frère.

— Je ne vois rien de bien dessiné, mais la prudence conseille la surveillance.

— Oui, cher frère. »

Et je me renfonçai sous mes couvertures tièdes, enchanté de mon sort.

Aristide G... subit la même visite. Et les pas se perdirent à l'autre extrémité du dortoir.

— « Dis donc, Aristide ?

— Quoi ?...

— Tu n'as rien, toi ?... Le frère ne t'a rien trouvé ?...

— Si... Il m'a donné des boules de gomme.

— Ah !... Tu ne pourrais pas rallumer la lampe, maintenant qu'il est passé ?

— Si, attends, je me lève... »

La lampe brilla. Sa petite flamme claire dansait dans le dortoir, glissant sa lueur rougeâtre sur les rideaux blancs, s'accrochant au vernis des corniches, qu'elle rayait d'éclairs mobiles, et, guillerette, dévoilait le mystère des cases obscures alignées. Nous y voyions beaucoup mieux.

Ce n'était plus la nuit.

Mais, ce besoin de lumière satisfait, d'autres idées survenaient en foule.

« Aristide ?...

— Quoi ?...

— Il t'a donné des boules de gomme, le frère pharmacien ?...
— Oui...
— Il ne m'a rien donné, à moi... (Silence.) Si tu étais un bon type, tu m'en ferais part.
— Viens les chercher... (Un long moment d'hésitation.)
— Oui, attends, j'y vais. »

La gourmandise était mon péché mignon. J'aurais tout  bravé pour une boule de gomme. Je m'habillai en hâte. Le jour commençait d'ailleurs à poindre. Et je m'en fus chercher les pastilles chez Aristide G... Elles étaient délicieuses. Nous partageâmes le bienveillant cadeau du bon frère. Puis, je repris le chemin de ma case, avec la prudence d'un peau-rouge sur le sentier de guerre.

La conversation continua cependant.

G..., plus souffrant, devait attendre une contre-visite.

Alors, ce furent des projets pour l'après-midi à l'infirmerie.

A quoi jouerions-nous ?... Lui, préférait les dominos. Moi, j'avais un faible pour les dames. Enfin, le moment vint de mon départ. Rendez-vous fut pris pour le tantôt, et je partis.

Nous étions convenus de prolonger le doux *farniente* aussi près que possible des limites extrêmes, vers lesquelles la prudente circonspection du pharmacien semblait devoir nous conduire. L'idée d'exploiter habilement la situation était survenue spontanément.

Et je dois avouer, à ma honte, que je n'avais pas été le moins ardent à persuader mon camarade plus timide et moins paresseux.

Rien ne vint troubler ma quiétude jusqu'au tantôt.

J'appris que G..., réellement pincé, était interné avec les

malades. Quant à moi, je devais attendre la décision du docteur, mon cas étant douteux. Et je voyais déjà mon séjour se prolonger au milieu des douillettes attentions du frère N...

Vers deux heures, il fallut déchanter. Le docteur me renvoyait indemne. Mais je devais passer en descendant chez le C. F. H..., le directeur, qui me réclamait.

Diable! pensai-je, ça se gâte, mon affaire !... Adieu les bonnes parties ! Adieu les paresseuses rêveries, derrière les carreaux diaphanes, au travers desquels je contemplais les jardins immenses, resplendissants de verdure, où mon imagination vagabondait à l'aise !...

Et puis, que signifiait cet appel du directeur ?...

Ces convocations-là étaient rares, et toujours motivées par des circonstances graves.

Et il me revenait, maintenant, le souvenir de conciliabules secrets à l'infirmerie depuis mon arrivée ! Certains regards narquois tombés sur ma tête m'étaient expliqués ! Et les rires des infirmiers à mon adresse !... Qu'est-ce que tout cela voulait bien dire ?...

Anxieux, je m'interrogeais en descendant l'escalier... J'aurais voulu qu'il eût deux cents marches, cet escalier !... J'atteignais déjà la porte du C. F. H... que j'aurais bien souhaité en être encore à dix lieues. Décidément, je n'étais pas fier !... Une vague appréhension me gagnait... Je n'étais pas du tout, oh ! mais, pas du tout, à mon aise !

Je frappai.

La voix du C. F. directeur m'ordonna l'entrée !...

Brrr !... J'aurais donné volontiers toutes mes billes, et encore autre chose, pour qu'il fût absent !... J'entrai...

Le visage se fit sévère, grave. La figure des grands jours !

Oh ! je n'en menais pas large !...

« Vous êtes resté au dortoir, ce matin.

— Oui, cher frère », balbutiai-je...

Ma réponse était humble, inquiète, tremblante. Je devinais qu'il connaissait la conversation du matin... J'étais vendu !...

« Et que s'est-il passé au dortoir, ce matin ?... »

Aïe ! Évidemment, il savait tout !

Nier n'a jamais été dans mes cordes... D'ailleurs, l'aurais-je voulu que la chose était parfaitement inutile.

Je me mis à pleurer à chaudes larmes ; priant, suppliant le justicier inflexible. Ah ! la douceur mielleuse des boules de gomme, en quelle amertume se trouvait-elle changée !

Je racontai tout, mot à mot, n'omettant rien, en un besoin de confession qui m'absolvait déjà en moi-même, le châtiment de l'aveu au supérieur me semblant au moins égal à la faute commise.

Je crois bien que l'autorité tint compte de ma spontanée franchise.

Cependant, je vous assure que l'algarade fut d'une ampleur peu ordinaire. Il fut question d'un exil momentané du pensionnat !... Je crus que la terre allait s'ouvrir sous mes pieds ; je me précipitai aux genoux du directeur, et j'implorai mon pardon en larmoyant comme un bambin.

Jamais je n'avais reçu aussi formidable semonce. Et plus jamais n'en méritai d'aussi copieuse. Ah ! il ne badinait pas, le C. F. H...!

A cette époque-là, je trouvai la remontrance extrêmement dure, et disproportionnée à la faute commise. Aujourd'hui, je vois clairement que le châtiment devait être ce qu'il fut. Et, pour vous en convaincre, examinons de concert la gravité de mon incartade :

1° J'avais violé le silence du dortoir. Chose grave et sévèrement interdite, le mutisme au dortoir étant recommandé et ordonné à l'égal du silence à la chapelle.

2° La paresse, cette plaie des écoliers qui ne comprennent que trop tard la valeur des trésors perdus nonchalamment au cours de ces années de la jeunesse, si fécondes pour qui les consacre à un travail consciencieux, la paresse, dis-je, m'avait poussé à me faire porter malade ; j'en fus puni.

3° La gourmandise, qui m'avait porté à mendier bassement les pastilles du voisin ; j'en fus châtié.

Je devins la fable de la maison, car on raconta mon histoire en public !... Je demeurai, pendant plusieurs jours, le sujet des railleries acerbes, et j'en fus très mortifié.

Je croyais avoir été vendu par Aristide G... Le pauvre camarade n'y était pour rien. Et voici la clef du mystère.

Un professeur, malade aussi lui, était resté comme nous au dortoir.

Enfermé dans les rideaux de son lit, il avait assisté à toute la scène du matin... Vous devinez le reste.

Ceci prouve que, même lorsqu'on croit être seul, il y a quelqu'un qui vous voit. Que celui qui se figure être caché à tous les yeux est encore vu et entendu par d'autres. D'ailleurs, n'y eût-il réellement personne, l'œil de Dieu le regarde toujours. Et celui-là seul suffit à la divulgation de la faute, et à la répression qui fatalement, et heureusement, intervient.

Parmi les pratiques ordinaires d'hygiène et de propreté, il faut ranger les bains de pieds, le blanchissage et les soins dentaires, en dehors de la toilette quotidienne obligatoire, et scrupuleusement surveillée.

Le blanchissage du linge s'effectuait dans la maison, par les soins d'un frère, sous les ordres duquel tout le travail s'accomplissait. Des aides s'occupaient du lessivage à la buanderie, bâtiment annexe où l'eau ruisselait toujours. Rien ne sortait du pensionnat. Donc, toutes garanties pour le trousseau. Une escouade de lavandières battait le linge en l'eau vive d'un bassin creusé dans l'enclos. Des classes, on entendait les coups des battoirs, flac, flac, flac, frappant le linge en cadence, pendant que les lèvres des femmes murmuraient les répons du chapelet, dit par l'une d'elles, qui suspendait le travail pendant cette œuvre pie.

Nous possédions le linge le plus blanc qu'il fût possible de voir.

Pas d'amidon dans les cols, par exemple. Le luxe d'une chemise repassée au fer plat n'était permis que lors des grandes fêtes carillonnées, et moyennant une rétribution supplémentaire et extraordinaire de dix centimes. Mais tout cela fleurait bon la lessive, et c'était avec une joie de sybarite que nous prenions la chemise propre le samedi soir, en nous couchant, pour ne pas perdre de temps le dimanche matin.

Les bains de pieds se prenaient à la buanderie, par sections de classe : deux fois par mois, l'hiver, et dans l'eau vive, tous les jeudis, l'été.

J'ai nommé les soins dentaires. La visite des bouches avait lieu tous les trois mois, nonobstant les cas spéciaux, où un aphte à cautériser, une dent gâtée à faire sauter, nous obligeaient à réclamer l'intermédiaire du frère pharmacien. Mais ne parlons que des généralités.

Donc, trimestriellement, le susdit frère pharmacien faisait l'inspection des molaires, canines et incisives de chaque enfant. Quand le besoin s'en faisait sentir, en avant le baume d'acier !... Un tour de clef, et vous crachiez rouge. Mais, à tous, une friction énergique avec une brosse imprégnée d'une poudre dentifrice rose, que je vois encore, en sa boîte de carton vert, telle une rose écrasée sur un lit de cresson.

Quelques coups de grattoir pour enlever le tartre envahisseur, et vous sortiez de ses mains avec des dents blanches comme du lait, et des gencives raffermies et saines.

Je crois devoir faire rentrer, dans la catégorie des mesures d'hygiène générale, certaines coutumes pratiquées spécialement pendant l'été. Ce sont les promenades au cours desquelles on se baigne les pieds et les jambes dans la Sèvre ou ses affluents, et les goûters sur l'herbe, avec le laitage comme breuvage et base de l'alimentation.

Afin de justifier mon opinion sur la classification donnée à ces deux coutumes, je dois faire remarquer que l'eau pure et courante a fourni, en ses applications diverses, tout un système thérapeutique à nos docteurs hygiénistes. L'homme, et surtout l'enfant, ont toujours éprouvé comme un plaisir physique à barboter dans l'eau vive, même en dehors du bien-être matériel que cette pratique leur procure.

Quant aux goûters sur l'herbe, pas n'est besoin d'être grand clerc pour les assimiler, ainsi que les promenades, à ces fameuses cures d'air dont on dit tant de bien, et dont on fait si grand cas.

Ceci dit, non pas tant pour convaincre et conquérir personne à mon opinion actuellement réfléchie, que pour justifier mon épithète d'« hygiénique » appliquée à ces deux habitudes estivales.

Il est fort probable même que, lors de ces institutions, les bons frères n'en ont pas cherché si long; mais il me plaît de leur supposer cette idée, et cela ne peut vraiment faire de tort à personne, n'est-il pas vrai?...

Toujours est-il que nous dirigions nos pas, les jeudis d'été, sur les bords de la Sèvre, à mon grand contentement, car j'étais fou de la rivière, ainsi que je vous l'ai déjà dit.

La recherche d'un coin propice, bien abrité, où l'eau courait peu profonde, sur un lit de sable jaune et fin, était l'objet de toutes les préoccupations. Une fois l'endroit découvert, halte dans l'herbe. Tout le monde se déchaussait avec un empressement remarquable, relevait ses jambes de pantalon aussi haut que faire se pouvait, et, au signal impatiemment attendu de la clochette du chef de cour, se plongeait dans l'eau.

Et de s'ébattre comme de jeunes canards. Et les joyeux cris de vibrer en l'air, au milieu des éclaboussures de l'onde bleue. C'était une véritable partie de plaisir. Pendant un grand quart d'heure, nous pataugions sensuellement. Les plus sages s'asseyaient sur la berge, ou sur les rochers, laissant pendre leurs jambes dans l'eau vive. Les autres couraient, sautaient, faisaient mille gambades, tout emperlés d'une gerbe diamantée.

Mais gare à ceux qui se mouillaient!... gare à l'étourdi qu'un faux pas eût fait choir, tout de son long, dans l'eau tiédie par le soleil... Cent lignes étaient le tarif de la moindre incartade de ce genre, avec privation du bain suivant!... Avis aux amateurs!...

Cependant la fringale naissait de ces stations au bord de la Sèvre, à l'air vif et pur. Alors, point de direction : la ferme, dans laquelle nous trouvions tout installé notre goûter plantureux et champêtre. Que de bonnes choses!... Une large assiettée de laitage, avec du pain émietté dedans. Puis une tartine avec des cerises, des fraises, des poires ou du beurre, de cet excellent beurre de Vendée, jaune et crémeux; un peu salé, onctueux, gras, exquis. Et tout cela disparaissait au milieu des causettes gaies, des réflexions cocasses, des éclats de rire gamins et joyeux. D'infiniment petites bestioles, vertes, rouges, bleues, grises, sautaient dans nos assiettes, et nous nous empressions d'extirper les intrus non conviés à notre festin.

Et puis, c'étaient des découvertes bizarres aux environs des fermes. Un jour, l'un de nous aperçut une poule juchée  dans un arbre, et qui sautait de branche en branche, avec la préoccupation visible d'échapper aux regards. Le gaillard qui avait dépisté la poule noire en question était un enfant des champs, fort au courant des mœurs cachottières de certains gallinacés. Il devina, aux allures d'icelle poule noire, qu'elle devait mijoter un tour pendable au détriment des bons fermiers qui la nourrissaient.

Avec la permission du chef de cour, notre camarade grimpa dans l'arbre, et revint bientôt avec une provision d'œufs considérable. La poule, se voyant découverte, faisait un tintamarre du diable. Mais, n'ayant pu tout recueillir, le chasseur d'œufs dut faire une nouvelle ascension vers le nid dérobé jusqu'alors aux investigations des propriétaires. Les gens de la ferme nous récompensèrent de notre trouvaille avec une jatte de lait supplémentaire, qui fut naturellement la très bien venue.

D'autres fois, nous rencontrions sur les berges des chemins, aux confins des bouquets de sapins ou des bois, des terriers drôlement creusés.

Alors, sur une question curieuse, nous apprenions que les trous en question devaient servir de demeures à des renards, à des blaireaux, à des fouines, ces hardis détrousseurs de basses-cours, ces voleurs à quatre pattes qui désolent nos campagnes.

Mais revenons à l'hygiène, dont cette longue digression nous a éloigné.

Dans le but de nous épargner de trop grandes fatigues, et de nous préserver des coups de soleil, les promenades d'été étaient souvent agréablement coupées par des haltes sous bois, indépendamment des stations balnéaires décrites plus haut. Et personne ne se plaignait, quand tintait la clochette invitant au repos à l'ombre des grands châtaigniers.

En résumé, en ce pays charmant, où les brises de mer arrivent presque directement, après avoir attiédi leur froidure et calmé leur violence en traversant vingt lieues de terrain montueux et boisé, la bonté de Dieu a prodigué les bienfaits naturels pour le plus grand profit du corps. Les soins maternels et les précautions multiples des frères, pour éviter les abus et les imprudences, tendent en outre à procurer aux enfants le maximum de bien-être physique, en même temps que le développement rationnel de toutes leurs forces naturelles.

Nous avons vu que l'intelligence et l'âme sont également cultivées, en cette maison, suivant les principes de la plus haute et de la plus pure morale. Aussi sort-il de vrais hommes du pensionnat. Des cerveaux, des cœurs et des corps trempés pour la lutte.

De ce résultat précieux, les bons frères sont et ont lieu d'être fiers. Ils ont bien mérité de Dieu et de la France.

CHAPITRE VIII

La congrégation des Enfants de Marie. — La sélection des congréganistes. — M. Mabille. — Le catéchisme de persévérance. — La médaille et le manuel du congréganiste.

Je vais essayer d'acquitter, dans une faible proportion, hélas ! mais avec toute la bonne volonté possible, une dette de reconnaissance bien chère à mon cœur d'ancien gabriéliste. Si je voulais me libérer complètement, la tâche serait au-dessus de mes forces, et je ne puis que m'incliner sous le fardeau des bontés.

Cependant, mon cœur ayant compris combien il était redevable, réclame bien haut la faveur de s'épancher en remerciements et en témoignages affectueux. C'est la seule offrande dont il puisse disposer. Encore s'estime-t-il heureux de pouvoir puiser, sans compter, dans le trésor de gratitude qu'il renferme ; et dois-je me déclarer satisfait de posséder cette pauvre ressource, afin d'en user aujourd'hui.

J'ai essayé de faire partager à tous, grands et petits enfants du pensionnat, l'étendue des sentiments que j'ai voués à mes anciens maîtres. Maintenant, je veux essayer d'exprimer les joies intimes et suaves que je goûtai dans les rangs des congréganistes de la sainte Vierge.

J'eus tant de peine à m'y faire recevoir, que la faveur m'en parut alors plus grande, inestimable même. J'avoue sincèrement que les obstacles, insoupçonnés à l'époque, qui s'élevaient en barrière infranchissable à la porte de la petite chapelle, me semblent aujourd'hui bien réels. Et je conçois l'insuccès de mes demandes, en faisant un court examen de conscience rétrospectif.

Non pas que mes sentiments religieux ne fussent vraiment robustes et profonds ; mais j'étais si imparfait, si étourdi, si paresseux, si bavard, si peu sage, en un mot, et surtout si variable, si incohérent, que j'admets parfaitement l'hésitation de ceux auxquels je demandais avec tant d'opiniâtreté de m'ouvrir les portes de ce petit cénacle. Les aveux faits précédemment vous donneront une idée effective de l'écolier, plutôt quelconque, malgré son inconscience, que j'étais alors.

Je parvins cependant à franchir les obstacles, et à me faire recevoir congréganiste, et j'en rends grâce au Ciel, ainsi qu'à la Vierge, ma bonne Mère. Je joins en cette action de grâce le nom de M. l'abbé Mabille à ceux des maîtres et des condisciples qui me donnèrent cette preuve de confiance et d'amitié ; car c'est surtout à lui que je dois mon agrégation.

La congrégation de Marie, section accréditée auprès de l'immense Congrégation romaine du même nom qui rayonne sur le monde catholique, recrute chaque année parmi les meilleurs élèves du pensionnat ses membres titulaires. Et ce n'est pas un mince honneur que cette réception parmi les bons sujets.

C'est une suprême consécration à Marie, qui exalte tous les pieux sentiments, et leur permet de lutter avec plus d'avantage dans les combats de la vie, retrempés et vivifiés qu'ils sont par la grâce divine et le secours de la très sainte Mère de Dieu.

M. l'abbé Mabille, président et aumônier-directeur de cette pieuse phalange, groupe ainsi autour de lui les sujets reconnus les meilleurs, par les maîtres et les anciens congréganistes. Tous les membres de cette société élisent leur comité supérieur, composé d'un préfet et de deux assistants. Et ce sont naturellement les meilleurs parmi les meilleurs qui arrivent à ces grades élevés. Ce sont nécessairement les chefs de file, ils doivent l'exemple en tout et pour tout ; grandeur oblige, et les honneurs ne viennent jamais sans les responsabilités : compensation relative, mais suffisante quelquefois, pour faire regretter les ambitions. Ils ne doivent jamais oublier que rien n'est puissant comme l'exemple. C'est un argument péremptoire, devant lequel s'inclinent respectueusement toutes les objections.

La sélection des aspirants congréganistes s'opère par les notes hebdomadaires. Nous avons constaté maintes fois, au cours de cette étude, qu'elles étaient un thermomètre absolument sincère et exact de l'existence journalière des enfants. Puis, il y a les devoirs du catéchisme de persévérance.

M. l'abbé Mabille faisait chaque semaine une conférence à tous les élèves qui avaient franchi les étapes des communions. Un devoir de religion était la résultante de ces cours.

Chose bizarre, et qui m'a toujours profondément étonné, je ne pus jamais, jamais, décrocher de récompense pour ces devoirs-là. Et, pourtant, j'étais coté en composition française. C'était une de mes forteresses scolaires, dont je ne fus délogé par personne pendant toutes mes études. J'écoutais avec une attention extrême, qui prenait naissance et de l'intérêt inhérent à l'enseignement du maître, et du désir très vif que j'avais de me voir attribuer un des glorieux lauriers. J'étais, ou du moins je me figurais être, un enfant bien religieux, bien fervent, ayant des croyances pures et des vues exactes des choses spirituelles, autant toutefois que la chose est permise à un enfant. Cependant, chaque proclamation des résultats me laissait dans le troisième dessous, ce qui m'humiliait beaucoup. Je n'y comprenais rien.

Mes notes suivaient des zigzags fantastiques, par exemple. Tantôt bien partagé : neuf partout. Tantôt sept, et même quelquefois six à « travail ». Mais la note « religion » n'était jamais mauvaise, et se maintenait toujours aux environs de neuf.

Enfin, je fus postulant pendant trois années, avant d'entrer dans la congrégation. Décidément, je ne présentais pas les garanties suffisantes de persévérance et de stabilité dans l'effort.

Le jour où je fus admis à suivre les exercices de mes

camarades congréganistes reste pour moi illuminé d'un radieux soleil.

Les réceptions s'effectuaient les jours des fêtes de la sainte Vierge, et avec une pompe toute spéciale.

La chapelle toute blanche, avec ses flambeaux enflammés, ses draperies brodées, ses splendeurs liliales, où les lumières accrochaient leurs langues de feu, comme des cœurs embrasés flottant en l'atmosphère aromatisée d'encens, me semblait, en ses proportions réduites,

comme un sanctuaire spécialement enfantin, en lequel la Vierge, plus rapprochée de nous, plus à portée de nos voix et de nos âmes, venait sourire à ses enfants respectueusement agenouillés. C'était comme une communion toute particulière que je faisais là, sous les regards de mes aînés, avec, à mes côtés, les quelques heureux condisciples reçus en même temps que moi.

Je prononçai l'acte de consécration avec une profonde sensation du don spirituel que je faisais de moi. Les cantiques à la gloire de Marie vibraient joyeux. La candeur pieuse et l'innocence simple de ce milieu intime me pénétraient jusqu'aux moelles. Réellement, je goûtai là, devant cet autel, des émotions douces et sereines d'une nature toute spéciale. C'était plus personnel, plus touchant, plus à moi. Il me semblait que la Vierge, qui me tendait ses bras d'albâtre au-dessus de l'autel, en souriant à la façon des anges, allait entr'ouvrir ses lèvres et me parler, me dire : « Viens, approche, ne crains pas, je suis véritablement une Mère !...» Et comme les mères, les tendres mères, se laissent embrasser par leurs enfants bien-aimés, je sentais le besoin d'embrasser ses douces mains blanches et bénissantes. Je reçus, avec une joie bien grande, le Manuel du congréganiste et la médaille d'argent, insignes précieux de mon grade, et souvenir de mon agrégation.

On ne saurait trop encourager les enfants à faire tous leurs efforts pour se voir agréer en cette pieuse société. En outre des bonheurs suaves qui sont le partage de tous, ils auront la satisfaction de se dire Enfants de Marie ; ils pourront, avec juste raison, être fiers du choix qui les prit parmi les meilleurs, pour leur faire connaître l'initiation pieuse.

Ce sera avec un orgueil permis qu'ils annonceront à leurs parents la distinction dont ils sont l'objet. Cette ratification de leurs bons sentiments, de leur conduite au pensionnat, sera le sceau consécrateur de la bonne renommée acquise. Et de quelle joie légitime ne se sentiront-ils pas pénétrés, quand ils sortiront grandis en leur estime, en celle de leurs camarades, de cette chapelle angélique où se respire la douce paix du ciel.

Pour ceux qui prisent les avantages temporels, tout en

goûtant les sensations d'intime cordialité et de pieuse contemplation que l'on puise surtout en la petite chapelle, la congrégation offre des faveurs très appréciables, et que je me garderai de laisser à l'état de souvenir. C'est encore une compensation à la sagesse exemplaire très difficile à obtenir des turbulents écoliers.

Lors des grandes fêtes de la Madone, ils forment un cortège spécial, ont des cérémonies en dehors, des agapes fraternelles séparées, des goûters en petit comité, et des promenades réservées. En un mot, on a fait tout ce qu'il était essentiel de faire pour rendre la récompense plus désirable, et le but plus difficile à atteindre. Il en résulte une émulation digne d'éloge, puisque le mieux qui découle de cette institution porte ses fruits dans les âmes, et forme des chrétiens plus armés que quiconque contre les embûches du siècle.

Je tiens, avant de clore ce sujet particulier, à remercier publiquement M. l'abbé Mabille d'avoir bien voulu permettre à un élève rempli de foi et de bonne volonté, mais dissipé et presque paresseux, parce que rêveur, l'entrée dans la congrégation des Enfants de Marie. Ma gratitude infinie se porte vers ce saint prêtre qui parvint, en une certaine mesure, en élevant barrières et obstacles, à me rendre meilleur, et à me faire apprécier davantage les douces joies de la tranquille sagesse, unies aux émotions bienfaisantes que donne au cœur la sereine pratique des vertus virginales de la sainte Mère de Jésus-Christ.

CHAPITRE IX

Les fêtes profanes. — Le carnaval. — Les pièces. — La tombola. — Fête du Supérieur général. — Le T. C. F. Eugène. — Les grandes promenades. — Réveil en fanfare. — Les apprêts. — Le départ. — La maison de M. Bourgeois. — Le château de M. de Suyrot. — Le vieux castel. — Le mica. — Le château de Colbert-Maulevrier. — Grande fête. — Mgr Freppel.

Au fur et à mesure que ces récits enfantins s'écrivent, que ces souvenirs chers s'égrènent, tels les fleurons d'une grappe d'acacia trop lourde, qui tombent à l'instant même où la main les touche, pour épandre une moisson blanche et parfumée devant celui qui les ravit à l'arbre embaumé, il me vient d'autres pensées.

Je me retrouve assez semblable à quelqu'un qui se rappelle vaguement la maison où retentirent ses premiers pas. En l'éloignement des années, il la revoit bien telle qu'elle était, telle qu'elle est encore aujourd'hui, avec la structure, le nombre de ses étages, ses portes, ses fenêtres, ses servitudes. Mais lorsqu'un hasard, ou le désir de contempler cette maison, le ramène en ce pays, qui n'existe qu'en ses nuageux souvenirs, s'il lui est donné d'ouvrir la porte, d'entrer dans ce bâtiment, de le parcourir à nouveau, guidé par le fil d'Ariane de sa mémoire, il se rendra immédiatement vers la chambre où il dormait jadis. Ce qui lui eût semblé tout à fait impossible l'instant d'avant, s'effectuera, comme sans y penser, tout naturellement. Tous les objets lui paraîtront familiers et quittés d'hier à peine. Tout lui parlera du passé, de ce passé qu'il croyait disparu et perdu dans l'ombre, parce qu'il a vieilli, lui, l'homme, plus vite que les choses. Il a déjà des rides, et se penche vers la terre, et la maison se dresse toujours droite au grand soleil, riant de toutes les dents de ses tuiles rouges, et regardant de tous les yeux de ses fenêtres largement ouvertes. Et son âme, surprise de retrouver le nid si peu semblable à lui-même, se prendra subitement à interroger mentalement toutes ces choses inertes et immuables, présentes alors et aujourd'hui; et les choses lui parleront.

Voici la grande salle en laquelle s'attablait toute la famille; avec, au fond, l'immense cheminée fumeuse, où il se blottit enfant pendant les veillées d'hiver, à côté d'un grand coffre à sel. Voici la vieille horloge comtoise, en son buffet verni, constellé de larges fleurs d'un vermillon cru et d'un jaune criard, avec son balancier de cuivre historié, représentant un enfant doré qui se balance sur une guirlande de fleurs dorées aussi, tintinnabulant son tic-tac bruyant de grande pendule lente à déclancher. Voici la grande table de chêne, la huche solide et trapue, l'escalier de pierre de la cave, entr'ouvrant son bâillement noir en un soubassement humide; la croisée, à laquelle il suspendait la cage d'osier bruissante des roucoulements de deux ramiers, pris, jadis, au nid, encore tout nus sous leur brun duvet. Voici le hangar où s'attachait le cheval du meunier, lors de ses visites au domaine; le puits grinçant, au fond duquel descendait dix fois le jour le tumulte des lourds seaux en chêne cerclés de fer, au bout du câble faisant gémir la poulie rouillée. Et le grenier, rempli de foin fleurant bon, qui retentit si souvent de ses éclats de rire, avec ses grandes toiles d'araignées grises, tombant en nappes des poutres de la charpente. Un voile soudain s'est déchiré devant ses yeux, il se retrouve petit enfant explorant la vieille maison amie, dont un exil l'a séparé, et dont toutes les pierres ont une voix.

Il en est de même aujourd'hui pour moi. L'évocation graduelle de ma vie d'écolier fait apparaître en foule maintes choses oubliées, ou présumées telles, en l'obscurité du temps écoulé, et aussi cachées derrière toute une partie de vie dissemblable, au cours de laquelle les faits, les gens, les affaires, les pensées, les actes, se sont entassés en montagne, entre l'enfance qui a fui et l'âge mûr qui vient. Mais aujourd'hui je déblaye. Après avoir remonté péniblement la pente abrupte de cette montagne, je me suis approché, avec un ravissement sans borne et toujours grandissant, du val ensoleillé où dormaient mes souvenirs. Comme en un nouveau palais enchanté, ils s'éveillent tous, frais et roses, à mon aspect ; chaque pas m'arrache un nouveau cri de joyeuse surprise ; ma lampe vacillante découvre à chaque instant quelque coin nouveau, en l'opacité duquel sommeille un sylphe qui tressaute ; et je vais, de plus en plus émerveillé, en rassemblant autour de moi tous ces gracieux et souriants fantômes. Mais ils parlent, ils vivent, ils sentent ; ou plutôt je parle, je vis, je sens pour eux ; et c'est tout un monde qui revient, tout un océan de délices, au milieu duquel je me complais ; car tous ces fantômes, tous ces souvenirs sont mes amis, mes chers amis.

Il résulte, de cet état mental tout particulier du rêveur éveillé qui s'absorbe dans la contemplation de ses réminiscences, les mêmes phénomènes de découvertes soudaines que je décrivais tout à l'heure. Et ce m'est une joie nouvelle, un intérêt ajouté au plaisir vraiment grand de revivre enfant, lorsque, au détour d'un chapitre, je m'aperçois que j'ai oublié un coin intéressant, une phase remarquable, un fait digne d'être noté, des incidents journaliers ou périodiques au milieu desquels dame Chronique trouve ample matière à récits et commentaires, et s'esjouit délicieusement.

Cependant, si, malgré mon souhait ardent de toucher à tout, de raconter mille choses, j'allais omettre quelques détails amusants, n'en accusez que la pauvreté de l'historien, et les lacunes forcées d'une absence de vingt années.

Si, au contraire, j'ai réussi à atteindre le but que je vise, c'est-à-dire être aussi complet que possible en mes aperçus, je vous dirai, en le travestissant légèrement, le fameux dernier mot de César Auguste à ses affranchis groupés autour de son lit de mort : « Ai-je été sincère et intéressant ?.... Applaudissez !... » Et ce sera ma suprême récompense, si vous daignez obtempérer à mon désir.

En glanant encore parmi les aventures notables, nous rassemblerons aisément une nouvelle gerbe que nous allons vous offrir.

Après avoir narré les solennités religieuses, nous allons vous entretenir des fêtes que nous nommerons profanes.

En première ligne, il faut citer le carnaval.

Non pas que nous nous livrions à des mascarades, et autres fariboles du genre grotesque. Cela ne serait pas même supposable. Nos ébats, remplis de gaîté franche et vraiment gauloise, gardent toujours le pur cachet de la bonne éducation, et nos réjouissances sont celles de la meilleure société. Les bons frères ne sont nullement ennemis des amusements; le bon comique, frappé au coin du vaillant et clair rire français, a droit de cité au pensionnat de Saint-Gabriel. Carnaval est donc fêté, et bien fêté.

Dans le grand réfectoire, les tables se sont resserrées, les élèves se tassent difficilement, mais avec la meilleure grâce du monde, pour laisser un vaste espace libre au fond de l'immense salle. Les menuisiers s'emparent incontinent de l'emplacement laissé disponible, et construisent en toute hâte un théâtre improvisé, avec rideau, portants, toile de fond, coulisses, etc. Les travaux avancent rapidement. Et bientôt, au milieu des coups de marteau et du grincement des scies, se déroulent les décors. Derrière le rideau évoluent, en un chuchotement mystérieux, les artistes *di primo cartello*, pris en général sur les bancs de la première classe, qui ont accepté, avec orgueil, la délicate mission de faire dilater les rates contemporaines.

Le programme de cette journée joyeuse est aussi varié que possible, et décrire minutieusement l'une de ces séances mémorables offrirait une difficulté trop grande pour moi.

Essayons cependant d'énumérer quelques-uns des attraits de cette fête.

De mon temps, en dehors d'une pièce en trois ou quatre actes, le plus généralement comédie ou vaudeville; soigneusement et habilement expurgée, quand elle n'a pas été prise parmi les œuvres spéciales aux institutions de jeunes gens, on nous donnait la représentation d'une opérette en un acte, ou d'un lever de rideau comique en prose.

Pendant les entr'actes, la musique remplissait des hurlements de ses cuivres la grande salle, en laquelle difficilement avaient pris place, sur chaises et bancs, tous les enfants, derrière les aumôniers, les sommités de l'Institut, de nombreux prêtres, et les parents d'élèves en visite ce jour-là. L'orphéon chantait également les chœurs préparés pour la circonstance, et quelques élèves bien doués racontaient ou chantaient monologues et chansonnettes, où claironnait le comique harmonieux et distingué des meilleurs auteurs.

La séance se terminait par une tombola. Et ce n'était pas une des moindres attractions de la journée. Les lots, et surtout leur attribution, firent souvent naître le fou rire par la bizarrerie des contrastes, ou le caractère humoristique de leur propre contexture.

Tel se voit fort embarrassé d'un beau lapin blanc aux yeux rouges. Un autre éprouve mille difficultés à retenir, sans les étouffer, deux beaux pigeons que le bruit effarouche, et qui roulent des yeux étonnés, les pauvres bestioles, en ce milieu trop tapageur. Un troisième se voit attribuer par le sort un énorme bocal de cornichons, qu'il transporte tout penaud, et avec la gravité d'un cuisinier sortant de son office !... X... a reçu une boîte dorée sur toutes les coutures, enluminée comme une image d'Épinal, sur le couvercle de laquelle se lisent ces mots troublants : « Mystère !!!... Le secret de la pythonisse de Cumes est enfermé sous ces frêles planches... Si, mortel audacieux, tu veux en pénétrer l'énigme, presse le bouton doré qui forme le cœur de la grande marguerite !... » .

X... pâlit, hésite, nous regarde avec des yeux peu rassurés, ne sachant s'il doit braver les vagues menaces encloses dans les paroles sibyllines. Il tourne et retourne le cube enjolivé avec un comique effarement qui nous fait rire aux larmes. On dirait un chat en présence d'un miroir de poche, miaulant d'effroi de se voir si près d'un de ses semblables, jusqu'alors invisible. Enfin, un voisin aventureux veut prouver sa vaillance. Il connaîtra l'énigme, et, nouvel Œdipe, interrogera l'oracle ! Il réclame la faveur de presser sur le bouton... X... lui passe la boîte. Et tous de se pencher, anxieux et perplexes, vers le crâne gaillard qui nargue les menaces. Son pouce nerveux presse le ressort qui déclanche !...

Poum !... Un pétard éclate, faisant sauter, épouvantés, le héros et tous ses voisins !... Du milieu de la boîte, violemment ouverte, émerge le buste grotesque et blafard d'une horrible sorcière !... Ses mèches blanches, échevelées, volent de toute part. Sa tête, sculptée comme en un marron d'Inde, porte des yeux flamboyants, une face tourmentée et livide. Son nez est atrocement bossu et pointu, ses dents rares, et longues d'un pouce. Elle exhibe un menton invraisemblable, où trois brins de crin blanc se hérissent comme en fureur... Et la frayeur irraisonnée se change en explosion joyeuse. On se repasse l'épouvantail, en éclatant de rire. X... est un peu vexé d'avoir eu peur, mais rit quand même. Il réclame enfin la gracieuse princesse, et lui fait réintégrer son domicile, au moyen d'une pression occipitale, qui la rend encore plus grotesque. Et tous de rire encore, et plus si c'est possible. Cette boîte eut un vrai succès.

Mais comment ne pas éclater à nouveau, lorsqu'un lapin en carton, qui joue du tambour, vient s'échouer sur les graves genoux de M. l'aumônier ; quand un pantin articulé devient la propriété du bon frère N... ; quand une paire de vases en porcelaine de Limoges vont à un petit de la huitième, qui ne sait qu'en faire, le pauvre !... Il les met un sous chaque bras, et ressemble alors vaguement à ces nageurs novices que l'on affuble de deux grosses vessies pour les empêcher de couler au fond de l'eau !... Vous voyez l'effet d'ici !...

Décrire les choses est encore relativement facile. Mais ce qui ne se traduit pas, ce sont les mille cris de joie, les lazzi qui se croisent, les rires qui fusent éclatants comme des pièces d'artifice. Et les figures éveillées, rieuses, heureuses des enfants, lorsque se déroulent sur la scène les péripéties de la pièce. Ils ne se trompent pas, allez, ils applaudissent ferme aux bons endroits; et les meilleurs déclamateurs cueillent là une ample moisson de bravos chaleureux et sincères.

Mais la journée s'écoule, le soir arrive. Rapidement le réfectoire se vide, et de nombreux ouvriers remettent tout en place pour le repas de sept heures.

Comme les rigueurs du Carême commencent dès le lendemain, pour être scrupuleusement observées par tout le monde, le souper est un véritable souper de gala, avec botterots, châtaignes, etc. Les plaisirs bruyants du carnaval, la variété et l'originalité des distractions hanteront longtemps les jeunes cerveaux. Les heureux spectateurs de la fête comptent une bonne journée de plus inscrite au livre d'or du souvenir.

Je vous ai déjà dit qu'une faveur très prisée à Saint-Gabriel, était la permission de bavarder à table. Aucune fête religieuse, aucun événement notable ne se produisait, sans que l'annonce, par un coup de sonnette, de la rupture du silence, ne fût donnée.

Du haut de l'estrade présidentielle, le C. F. directeur, aussitôt après le potage, dressait sa tête fine, et, plissant malicieusement sa lèvre, suspendait d'un guilleret tintement le branle-bas de combat des couverts dans la vaisselle. Toutes les figures attentives, éclairées d'un gai pressentiment, se tournaient ensemble vers la table centrale. Le sacramentel : « En l'honneur de..., vous pouvez causer ! » n'était pas entièrement prononcé que le brouhaha commen-

çait. Cependant, que pouvions-nous bien avoir à nous dire ?...
Nous étions toujours ensemble, groupés suivant les âges,
en classe et dans nos jeux.... Qu'importe, les causeries ne
languissaient jamais. Je me persuade aujourd'hui, sans
trop de peine, que les enfants causent par besoin de mouvement !...

Nous n'avons pas encore mis en scène le Supérieur général de la Congrégation. En un ouvrage entièrement consacré à Saint-Gabriel, cette lacune doit être comblée.

Nous devons dire tout d'abord que la haute personnalité de ce dignitaire se prête peu à une étude approfondie, que nous défendraient d'ailleurs l'absence de renseignements sur la vie ordinaire de ce religieux d'un ordre élevé, et la distance énorme qui nous sépare de lui en toutes choses. Nous n'en parlerons donc qu'en ce qui touche ses visites au pensionnat.

A l'époque que nous avons entrepris de reconstituer, le Très Cher Frère Eugène présidait aux destinées de la Congrégation de Saint-Gabriel. C'était un homme dans toute la force de l'âge, et dans la plénitude de ses moyens. De haute taille, d'assez forte corpulence, un peu grisonnant déjà, il portait simplement et dignement l'humble soutane et le joli rabat bleu liseré blanc que nous avons décrits. Sa voix était ferme, malgré une grande douceur ; son affabilité tempérait l'abord un peu froid du début ; son verbe était puissant et coloré, plein d'autorité ; ses yeux vifs. Une santé florissante, apanage des hommes sobres et bien constitués, éclairait sa physionomie empreinte d'une grave sérénité, en même temps que d'une dignité imposante. L'importance de ses fonctions et de sa mission lui laissait peu de loisirs. La nécessité, attachée à sa charge, de voyager presque continuellement, ne lui permettait que de trop rares visites au pensionnat modèle, cette perle de sa Congrégation. Aussi, lorsqu'il daignait nous honorer d'une courte entrevue, lui faisions-nous largement fête. Un léger accent méridional donnait comme une saveur de plus à son élégant langage, relevant en sonorités les paroles simples qu'il nous adressait. L'occasion, impatiem-

Le T. C. F. Eugène-Marie.

ment attendue par nous, de lui souhaiter sa fête, se présentait tout naturellement chaque année. Aussi, lorsque les circonstances le permettaient, ne nous en faisions-nous pas faute. Si malheureusement les voyages nous privaient de cette solennité, nous en étions navrés, comme d'un malheur public.

C'est que le Très Cher Frère Eugène était un véritable père ; et que ses mains se trouvaient toujours, comme par hasard, remplies de bonnes choses pour ses enfants. Il s'intéressait à tout ; et, dans la brève allocution qu'il nous adressait, nous lisions parfaitement que sa préoccupation constante, comme son affection paternelle, allaient vers notre pensionnat, et vers ses élèves.

Une promenade spéciale, avec grand dîner en guise d'appoint, étaient généralement les témoignages joyeux de sa satisfaction d'être parmi nous ; indépendamment, bien entendu, du plaisir, moins égoïste, que nous goûtions à célébrer son passage, toujours trop rare et trop court.

Passons maintenant aux grandes promenades, que nous appellerons les fêtes du plein air.

Pour les lecteurs non initiés, les grandes promenades sont exactement des excursions lointaines à pied, qui, en raison de leurs proportions, durent chacune une journée entière. La distance parcourue, au cours de ces excursions remarquables, varie entre quinze et vingt kilomètres. Il en est fait deux chaque année. La popularité la plus grande est attachée à ces fêtes. Maîtres, élèves et choses prennent un aspect tout autre. C'est un événement. Huit jours, que dis-je, quinze jours avant, la grande promenade fait les frais de toutes les conversations, de tous les projets, de toutes les préoccupations, de tous les préparatifs. Les questions se font anxieuses, intriguées, vers les maîtres narquois et muets ; car le but de la promenade est impitoyablement tenu secret, jusqu'au matin du grand jour. Depuis une huitaine, on a sorti les bouteilles clissées d'osier blanc, qui verseront au voyageur altéré la goutte de consolation sur la grande route mangée par le soleil. Plusieurs, qui se figurent réellement que c'est arrivé, ont des tendances marquées à rééditer Tartarin de Tarascon, de si joyeuse mémoire. Ils se harnachent comme pour une expédition au Sahara. La gourde est soigneusement mise de côté, un couvre-nuque bien blanc est adapté tant bien que mal à la coiffure, une large ceinture entoure les reins souples des modernes émigrants, une blouse spéciale, ample et bien plissée, a été réservée pour la circonstance. Si on ne les retenait, l'alpinstok, la guêtre et le chapeau de liège compléteraient rapidement le profil de ces petits escaladeurs de taupinières.

Les prières ferventes demandent au Ciel la faveur d'une belle journée sans pluie ; car, puisqu'on doit vivre quatorze heures sans autre abri que les arbres et la voûte d'azur, le mauvais temps serait fatal et entraverait tout. Les gens prévoyants ont fait réparer une paire de souliers pour ce jour-là. En un mot, tout est en l'air. Un vent d'émigration a passé sur toutes les têtes, les instincts nomades et curieux des enfants sont surexcités au plus haut point.

Enfin, comme tout arrive, même les choses les plus lentes à se produire, et les plus impatiemment attendues, l'aube du grand jour luit à l'orient riant, parmi les splendeurs nacrées des nuages resplendissants de lumière. Le canon tonne, le clairon sonne, le tambour bat, la cloche des cours carillonne à toute volée. C'est le réveil en fanfare !...

Un ouragan de bruit passe sur les jardins, grimpe les escaliers, pénètre dans les dortoirs, et, furibond, secoue dans leurs lits les écoliers qui dorment encore. Les faces rieuses, bien qu'encore légèrement ahuries, surgissent une minute plus tard dans l'encadrement blanc des rideaux tirés. Le gai bruissement de l'eau dans la cuvette, l'ébrouement guilleret de la toilette matinale, la tenue soignée pour la grande sortie, le ceinturon luisant bouclé aux reins, les cheveux bien lissés, tout ce travail s'effectue rapidement, en silence. La joie brille dans les regards qu'échangent les voisins ; on grille de communiquer sa jubilation. Patience !...

Électrisés par la chanson des cuivres et la voix du canon, les jeunes voyageurs s'empressent. C'est en hâte, tout à fait subjugués par la curiosité, que tous se rendent à la salle de réunion pour la prière matinale. Il n'est pas bien certain que les saintes oraisons soient dites, ce matin-là, avec la piété habituelle, tant la fièvre de l'inconnu les travaille. Mais chacun retient sa fougue, afin de ne pas commettre une intempestive boutade, dont la conséquence serait la privation de la promenade. Enfin, le but est connu, avoué. Une exclamation de plaisir retentit, et tout le monde se rend sur les cours pour les derniers préparatifs. On serre vigoureusement les lacets du brodequin de route, on emplit d'un breuvage pur les bouteilles clissées. Plusieurs charrettes ont pris le devant, portant les multiples provisions nécessaires à cette population dévorante, dont l'appétit s'aiguisera encore par la joie, la marche et le grand air. Deux ou trois voitures suivent pour recueillir les éclopés, emportant déjà sur leurs coussins, au milieu des huées des solides marcheurs, ceux qui ne peuvent franchir l'étape, les ordinaires invalides. Ceux-ci, stoïques, laissent dire les fanfarons et se prélassent : ce ne sont pas les plus à plaindre pour l'instant. Les musiciens emportent leurs instruments, pour les aubades et les marches triomphales qui se joueront en route. Et tout le monde part gaillardement.

Première halte, en un bourg voisin, pour la messe, qui est célébrée, pompeuse, avec chants, musique, etc. Cette messe est un événement pour les paisibles villageois, qui font la haie, en costume matinal et pittoresque, sur le passage des joyeux enfants marchant au pas, musique en tête, et se précipitent vers l'église pour ne pas en perdre une miette.

Deuxième halte, au lieu de rendez-vous, qui est toujours un château, ou une maison bourgeoise appartenant à un ami de nos bons frères et du pensionnat. Déjeuner en plein air, sur une vaste pelouse, où les régiments d'assiettes s'alignent, pour le combat gastronomique dont les munitions ont été apportées par les charrettes : pâtés, rôtis et autres victuailles froides, jalonnées en serre-file par les bouteilles ambrées. Un blanc clairet pétille bientôt dans les verres, et vient exciter l'enthousiasme, en apaisant la soif des voyageurs.

L'après-midi est généralement consacrée à une excursion intéressante.

La musique se rassemble encore pour l'aubade à nos hôtes, qui sont salués également par les vigoureux et sincères

Goûter sur l'herbe.

vivats des quatre cents gaillards massés au fond du tableau. Un goûter plantureux, qui servira de souper, est encore servi, toujours sur l'herbe ; et chacun prend des forces pour le retour, qui s'effectue bruyant, plus bruyant que l'aller. C'est alors qu'un sourire de convoitise s'envole de certaines lèvres vers les chars-à-bancs si dédaignés le matin !... Les voitures font une ample cueillette de petits ayant donné leur maximum, d'ampoulés, de boiteux, qui, honteux d'être obligés d'abandonner leurs camarades, cèdent aux objurgations des professeurs prudents et paternels. Il ne faut pas fatiguer les enfants outre mesure, et la prévoyance ne doit jamais se trouver en défaut.

Les clartés crépusculaires enveloppent l'occident de [leurs

merveilleuses incandescences, à l'heure tardive où nous regagnons Saint-Gabriel, fatigués, rompus, mais heureux, chantants, joyeux, de la délicieuse journée passée au grand air.

Toutes les grandes promenades se ressemblent, quant à la physionomie générale. Elles sont toutes diverses cependant, par les multiples aperçus du voyage, et les incidents qui les caractérisent. Les sites ne se ressemblent évidemment pas; et les lieux visités font naître des réflexions et des idées toutes différentes.

Je crois bien faire en décrivant deux des miennes qui me sont restées bien présentes. Leur intérêt me semble en effet plus spécial, et devoir être apprécié de mes aimables lecteurs.

Au delà de la Verrie, vers Chambretaud, je crois, se trouve situé le château de M. de Suyrot. Ce gentilhomme est un des grands amis, et l'un des plus fermes soutiens des frères de Saint-Gabriel. Il me revient aujourd'hui, par une petite et charmante publication trimestrielle, l'*Écho de Saint-Gabriel*, que M. de Suyrot est le président de la Société civile constituée à Saint-Gabriel pour la gestion matérielle de l'œuvre. Nul ne pouvait mieux que lui remplir cette haute mission de confiance. Il connaît les frères depuis son enfance, il a pu apprécier leurs efforts et la beauté de leur œuvre. Leur voisin, habitant constamment la Vendée, il connaît leurs besoins, leurs ressources, comme les siens propres. Sa sympathie et son dévouement de tous les instants leur sont acquis. On ne saurait donc trop le féliciter et lui être reconnaissant de son bienveillant concours. Son nom devait de toute nécessité trouver place en cette monographie de Saint-Gabriel. Que le simple, respectueux et sympathique hommage d'un ancien lui agrée...

A l'époque de mes études, M. de Suyrot n'avait pas encore assumé la charge dont je viens de parler. Il était simplement un très grand ami du pensionnat et des frères. Aussi ne fûmes-nous pas surpris d'apprendre, un matin de promenade générale, que nous nous rendions chez lui. Sa gracieuse invitation fut accueillie avec un véritable enthousiasme, et une reconnaissance marquée.

Nous voilà donc partis !...

Première halte à l'entrée du bourg de la Verrie, chez M. Bourgeois, le sympathique député vendéen, qui prodigue son temps, ses soins et sa science de docteur, à la grande blessée, la Patrie... Il se trouvait chez lui, en vacances. Nous ne pouvions passer ainsi, sans saluer, d'une chaleureuse aubade, cet ami dévoué de nos bons maîtres. On se pressa dans la petite cour oblongue, où s'alignaient des caisses d'orangers et de lauriers-roses, devant la maison ensevelie et encapuchonnée sous les clématites et les glycines, les vignes vierges et les chèvrefeuilles.

La musique joua un endiablé pas redoublé. M. Bourgeois, après avoir serré la main de nos maîtres, nous adressa une petite allocution, dont je n'entendis pas un mot, perdu que j'étais parmi les autres. Tout le monde applaudit, et une vigoureuse acclamation jaillit de toutes les poitrines : « Vive M. Bourgeois ! » Les musiciens, privilégiés, sablaient ensuite un vin blanc mousseux qui me sembla, toujours à distance, délectable et fort désirable... J'aurais bien voulu être musicien ce matin-là !... Je ne crains même pas d'ajouter que l'appât des multiples douceurs qui sont l'apanage des musiciens fut une des causes déterminantes de la vocation que je me découvris l'année suivante pour la musique !...

Un quart d'heure après, les voûtes de l'église de la Verrie se renvoyaient, étonnées, les accords cuivrés de notre fanfare. Toute la population, joyeusement mise en émoi par cette invasion insolite, sortait aux portes et se pressait pour nous voir. Alors, convaincus de notre importance, nous nous redressions fièrement, nous marchions crânes, tels des pompiers à l'exercice, marquant le pas, oubliant la fatigue. Ah! nous avions une vaillante allure.

Le saint office attira ce jour-là, en l'humble monument, bien des paroissiens, et surtout des paroissiennes, qui n'y seraient point venus sans nous. Malgré les distractions que durent leur donner nos morceaux de musique et nos cantiques, espérons que cette messe supplémentaire et imprévue portera pour eux des fruits dans l'éternité!...

Nous partîmes aussitôt après pour le château de Suyrot.

A l'extrémité d'une longue et large avenue de grands pins superbes, un château Louis XV, je crois, avec balcons à balustres de pierre, terrasses, escaliers tournants, perrons, etc., au milieu d'un jardin anglais fort bien dessiné et fleuri comme un parterre, telle est la charmante résidence vers laquelle nous allions, avec une curiosité admirative grandissante. Un parc ombreux l'environne. Tout ce paysage délicieux et frais est assis sur la croupe d'une colline au pied de laquelle serpente un ruisseau qui se perd sous les arbres.

Voilà ce que j'ai vu, et ce que, fermant les yeux, je revois encore, tout baigné d'un beau soleil d'été, resplendissant et rieur dans la chanson des choses. Une profusion de bosquets verdoyants et mystérieux, où les oiseaux en paix se chuchotaient leurs confidences, de larges allées sablées jaune, tournant autour de bassins, dont l'eau se gerbait en perles, pour retomber en pluie de cristal dans la vasque gazonnée où se poursuivaient des poissons rouges ; un parc haut boisé, avec des sentiers raides sur le ruisseau, côtoyant des tapis de mousse épais et moelleux comme des divans turcs, des saules, des troènes, des bouleaux frêles trempant leurs bras menus dans l'eau frissonnante, où la course des canards chinois, casqués de bronze comme des gladiateurs, traçait des triangles clapotant doucement sous la lumière miroitante du soleil. Tout cela est clair, gai, verdissant, printanier, rutilant, chantant et riant, au bout de cette avenue sombre et endeuillée de pins gigantesques; mélancolique entrée ressemblant à un purgatoire à l'extrémité duquel s'épanouirait un paradis.

Le dîner fut servi dans une prairie bordant le mince ruisseau, à l'ombre des arbres du parc. Nous étions assis sur l'herbe, à la mode arabe, en face de nos assiettes amplement garnies. On aurait dit un campement bizarre, toute une colonie d'enfants émigrant dans les meilleures conditions de confort et de satisfaction.

L'après-midi fut consacrée à la visite d'un ancien château des environs, dont il ne reste que des ruines. Un vieux donjon délabré, des tourelles massives, lézardées de tous côtés, avec, pendante, une chevelure profuse, sauvage et odorante de pariétaires, de giroflées, d'orties et de fenouil, un pont en pierre chevauchant les douves éboulées, à l'endroit, facilement reconnaissable, où s'appuyait jadis le pont-levis, pour permettre l'accès de greniers et d'écuries, établis dans les bâtiments moins éprouvés par la guerre et le temps. Voilà tout ce qui demeure de l'ancien manoir, trapu et noir comme un vieux fauve écroulé sur ses pattes raidies. Et telle était la puissance suggestive de ces murs colossaux, écrasés et menaçants encore, que je regardais, en frissonnant presque, si la gueule d'une arquebuse ou d'un tromblon n'allait pas surgir entre deux vieux créneaux, dans la coulée d'une meurtrière. J'épiais, curieux, l'apparition du guetteur morionné d'acier, hallebarde au poing, la trompe d'alarme en bandoulière, dans la logette de pierre du donjon. Je cherchais à l'entour quelque chevalier, bardé de fer, empanaché de blanc, franchissant d'un bond de son palefroi le pont croulant des douves verdies, ou la blanche haquenée d'une noble dame, portant le hennin brodé, qui devait passer en cavalcade, dans mon horizon rétréci par les vieux arbres contemporains, qui s'étaient plantés là, tout près, pour ne rien perdre du gracieux spectacle.

Mais non. Seuls de paisibles bœufs rentrant du labour, avec un grand garçon bruni par le hâle, malgré le parasol de son vaste chapeau de paille, l'aiguillon sur l'épaule, traversaient le paysage, comme une apparition tranquille, là où des bruits de bombardes et de mousquets avaient retenti autrefois, et s'étaient comme accrochés dans les coins sourcilleux.

Il me souvient que nous fîmes aux environs ample moisson de plaques brillantes et minces, limpides comme du cristal, et s'effritant sous le doigt. On nous apprit que c'était du mica. Nous n'étions guère versés en minéralogie, et nous écoutions attentivement la leçon du professeur. Il nous dit qu'autrefois, avant l'utilisation du verre pour clore les fenêtres, nos aïeux employaient ce silicate d'alumine à cet usage.

Car, dans les terrains de cristallisations, on rencontre assez fréquemment des plaques très grandes de mica, plus ou moins teintées, mais toujours translucides, dont certaines atteignent deux mètres de diamètre. De simples sections transversales suffisaient à produire une quantité de plaques minces qui formaient de très acceptables carreaux de vitre. Encore aujourd'hui, paraît-il, la marine russe se sert du mica pour clore les sabords de ses batteries ; car le mica ne se brise pas, comme le verre, sous les vibrations énormes résultant des détonations de leurs puissants engins. Très intéressés, nous regardions les lamelles ramassées, nous les tournions curieusement, les fendant, les rayant de l'ongle, les brisant même pour éprouver leur élasticité. Je me rappelle que j'en rapportai une plaque grande comme la main et très blanche, avec la résolution bien arrêtée de la conserver jusqu'aux vacances, et de l'emporter chez mes parents. Je bourrai mes poches d'autres échantillons moins remarquables, mais encore intéressants. Hélas ! seule, ma grande plaque parvint jusqu'à Saint-Gabriel, et même notablement écornée par le voyage !... Elle ne dura pas jusqu'aux vacances : le dédain, l'oubli, tout s'en mêla, elle disparut...

La promenade revint au château de Suyrot pour le repas du soir.

Mais avant de se mettre à table — ce qui est une manière de parler puisque l'installation était faite par terre — les musiciens eurent l'honneur de se faire entendre dans l'une des salles du joli castel. Un nectar mousseux leur fut versé pour les remercier de leurs symphonies. Tout le monde, même nous qui n'avions rien bu, cria : « Vive M. de Suyrot ! » Et la troupe enfantine s'en fut sous les arbres prendre la nourriture fortifiante qui lui donna des forces pour le retour.

Une autre grande promenade remarquable fut celle qui nous conduisit à Maulévrier, au château des comtes de Colbert.

J'ai plusieurs motifs de me la rappeler. Je vais les énumérer rapidement pour n'y plus revenir : 1° Elle me rapprochait de mon beau pays d'Anjou, à telle enseigne que mes parents firent le voyage de Maulévrier ce jour-là, et que je pus y embrasser mon bon père ;

2° J'y reçus, en un champ de blé fraîchement moissonné, et dont les chaumes drus égratignaient mes bottines, une algarade monstre du cher frère H..., en présence de mon père, ce qui en doublait la valeur. J'étais mou, paresseux. La nécessité d'un cinglant coup de fouet se faisait, paraît-il, impérieusement sentir. Ce fut ce jour-là que j'en fis la très cuisante emplette. Voilà deux incidents qui vous tiennent la mémoire en éveil pour le reste de vos jours, n'est-il pas vrai ?...

Indépendamment de ces deux raisons, il en est d'autres, que voici :

L'image de Stofflet, ce garde-chasse devenu général vendéen, et dont la grande trompe de chasse, offerte par le comte de Provence, repose en un château près de chez nous, hantait mon cerveau de bas-Angevin fier d'avoir un semblable compatriote. Nous allions fouler les terres du vieux garde. Nous allions entrer dans les halliers profonds, où il mit tant de fois ses gars à l'affût. Peut-être, un vieux chêne, un vétéran de la forêt, me dirait-il au passage: «Je l'ai vu!... Il a dormi sous mon ombrage. Mon tronc vide, hospitalier, l'a reçu et caché en une introuvable retraite!...» J'en rêvai longtemps... Et je vous donnerais tout un chapitre rien qu'avec les dérivés mentaux de cette raison-là !...

Autre chose plus importante, ou tout au moins plus d'actualité. Notre concours était demandé par M. de Colbert pour donner un éclat plus grand à une solennité religieuse. Il s'agissait de la consécration d'une chapelle à la sainte Vierge, dont une statuette miraculeuse avait été trouvée à Maulévrier, non loin d'un de ces cimetières de la grande guerre, dénommés dans le pays: Champs des Martyrs.

Peut-être était-ce une de ces petites figures de la Vierge que les gars portaient avec eux pendant la campagne, et qui, enterrée avec l'un d'eux, avait été trouvée par un laboureur quatre-vingts ans après ?... Je ne sais. Mais c'était bien pour une statuette miraculeuse que nous allions à Maulévrier.

La piété des fidèles ayant édifié le monument, il appartenait à l'autorité diocésaine, sous les traits de Mgr Freppel, l'éminent prélat, alors dans la plénitude de sa force, de son talent et de sa gloire, de venir y apporter la suprême bénédiction.

Il ne me reste aucun souvenir du voyage, aller et retour.

Aujourd'hui, il me semble que nous fûmes transportés d'un bond, en un instant, de Saint-Laurent à Maulévrier, *et vice versa*. Chose peu facile cependant, car il y a bien près de cinq lieues de pays d'un endroit à l'autre. Mais peu importe, la journée seule vaut la description. Et le château de Colbert également.

Cette splendide et hautaine demeure seigneuriale se dresse presque dans le bourg, en lequel s'ouvre sa grille monumentale. Au fond d'un vaste jardin anglais, profond comme un parc, et encadré de futaies qui commencent immédiatement les bois si étendus dépendant du castel, se présente une nouvelle grille plus adornée, moins imposante, clôturant la cour d'honneur. Le château est derrière. Une façade haute et large d'une belle allure, avec deux grandes ailes en retour d'équerre, ferme le pavé de cette cour intérieure. Cela possède le cachet si souverain et si personnel du grand siècle et du grand roi. Toute l'époque de Louis XIV est là. Tout le style de Versailles s'y retrouve, avec ses profusions de pilastres, de colonnes, de chapiteaux corinthiens, de frontons, de tympans creusés et historiés, où les armoiries déroulent leurs figures héraldiques et leurs banderoles à fières devises.

Cette masse sombre et imposante, en sa hautaine noblesse, n'offre aucunement l'aspect rébarbatif des vieux castels moyen-âgeux et du temps des guerres de religion. Plus de créneaux, de mâchicoulis, de douves, de ponts-levis grinçants, de donjons sourcilleux dans l'azur, de tourelles ventrues prêtes à cracher la mitraille par les yeux oblongs, ternes et gris de leurs meurtrières. Plus de rapières démesurées, à gardes et à coquille d'acier, battant les mollets bottés de cuir fauve, ou retroussant d'un coin provocateur le manteau jeté sur l'épaule à la mode castillane. Plus de cuirasse brillant sous la cape guerrière, plus d'éperons énormes aux talons des seigneurs. Le siècle s'est policé, les mœurs de la cour ont envahi la province, les douves se sont comblées et sont devenues des jardins splendides, les épées des jeunes gentilshommes ont des poignées de nacre ou sont incrustées de pierres précieuses, elles ne battent timidement qu'un mollet bien rond emprisonné dans un bas de soie bien blanc, les souliers à boucles d'or ou d'argent ont remplacé les bottes belliqueuses, le pourpoint et le justaucorps à crevés de satin ont supplanté la cotte de mailles et la cape sombre. Le style des châteaux a suivi le mouvement, et des habitations charmantes et princières ont été élevées sur les ruines des anciens châteaux-forts du temps de la Ligue. Colbert s'est ressenti de cette mode dont l'impulsion partait de Versailles. Une pompe majestueuse, une profusion de fenêtres, de balcons, de balustres et de sculptures, une vaste demeure digne d'une cour musquée, à talons rouges, grands panaches et longues traînes, voilà ce qui sortit des mains de l'architecte. Ce pavé n'était pas fait pour recevoir les roues des canons et des mortiers; seuls les piaffements des chevaux de chasse, ou des carrosses de gala, devaient émouvoir ces murs grisâtres, où toutes les fenêtres semblent autant de cadres naturels, prêts à recevoir entre leurs pilastres les portraits des belles dames et de leurs pages.

Ce petit palais, avec son luxe sévère, son profil régulier et rectiligne, donne assez bien l'impression du caractère net et tranché du plus célèbre et du plus grand des Colbert, le ministre du Roi-Soleil. C'est exact, carré, théorique comme un résumé de géométrie.

Je ne sais plus quel philosophe a dit que l'esprit et le caractère des hommes se fixent et se figent dans les monuments qu'ils fondent... Quel qu'il soit, ce philosophe avait raison, car nous voyons aujourd'hui reconstituer l'histoire des peuples disparus, par l'étude de leurs habitations, de leurs monuments, de leurs institutions. Le génie puissant et correct, analytique et précis du grand homme, se reflète tout entier en ce château. Il n'est pas jusqu'au cachet officiel, ministériel pour ainsi dire, dont l'empreinte grave et austère ne soit restée enclose en ces murs bien alignés et percés de larges baies, les yeux vides de l'édifice endormi après tant de gloire.

Une messe pontificale fut célébrée en plein air. L'autel dressé dans la cour d'honneur, sur une très haute estrade, resplendissait de fleurs, de dentelles et de lumières. En une chaire adossée à un arbre énorme, près de la grille du château, au coin du parc et de la cour, Mgr Freppel monta, après l'Évangile, pour distribuer au peuple assemblé la semence d'or de son verbe puissant et sacré. Il y avait là cinq mille chrétiens, pressés, entassés, pieusement découverts, et suspendus à ses lèvres éloquentes. Et telle était la conviction profonde, la majesté de cet ensemble, et la grandeur de cette cérémonie, que tout le monde écoutait respectueusement l'orateur auguste, le porte-parole d'en haut, comme au sein d'un temple immense. On n'entendait que le frémissement des feuilles dans les arbres, bruissant applaudissement au talent merveilleux, romance éternelle d'amour et de prière de la nature vers son Créateur. La voix magistrale et sonore, scandée lentement, parvenait jusqu'aux plus éloignés des auditeurs. On eût dit qu'il voulait, le grand évêque, faire entrer comme à coups de marteau ses idées dans les crânes solides qui oscillaient sous son verbe.

Que dit-il?... Je ne sais... Mais j'ai la vision nette de ce petit homme resplendissant sous l'aube blanche de dentelle, avec l'étole d'or lui donnant l'accolade royale, qui parlait, qui parlait là-bas. Et son organe sonore et chantant arrivait jusqu'à moi perdu tout au loin sur la lisière de la futaie murmurante. Et j'étais surpris qu'un volume de voix semblable pût s'émettre d'une enveloppe aussi restreinte.

Je le voyais pour la seconde fois. Il m'avait confirmé en 1871 dans ma paroisse angevine, et j'avais baisé alors, plein d'une respectueuse curiosité, la grande améthyste qui ornait son annulaire d'évêque.

Je ne le revis plus que bien longtemps après cette éclatante journée. Lorsque, vieillard déjà, il revenait des grandes luttes politiques, où la puissance de sa parole et l'ardeur de ses convictions lui firent remporter de si remarquables triomphes.

Aujourd'hui, le génial orateur s'est tu pour toujours. Et la chaire et la tribune retentissent encore des éclats géants de son tonnerre...

L'après-midi de cette journée se passa en une magnifique procession qui déroula ses pompes entre l'église paroissiale et la nouvelle chapelle. Notre musique et nos cantiques rehaussèrent l'éclat de cette belle cérémonie. Le cortège immense passa sous maints arcs de triomphe, au milieu des guirlandes et des fleurs effeuillées, odorante moisson fauchée et semée sous les pas du Roi des rois, et en l'honneur de sa Mère.

Monseigneur prononça un nouveau discours du seuil de la chapelle.

Et bientôt nous dûmes reprendre le chemin de Saint-Gabriel, notre maison bénie, encore émerveillés et doucement émus.

CHAPITRE X

Les cours spéciaux. — L'astronomie. — Taille des arbres. — Arpentage. — Nivelage. — Travaux d'exposition. — Le dessin. — La musique. — L'accordeur de pianos. — La physique et la chimie.

Si nous causions un peu des cours spéciaux, tels que : astronomie, taille des arbres, agriculture, arpentage, nivellement, physique, chimie, dessin et musique ?

C'étaient mes classes préférées, celles-là. Et je leur dois bien une petite mention pour les soupirs bienheureux qu'elles me firent pousser jadis.

Je dois vous dire immédiatement que ma préférence marquée pour les cours en question ne tenait pas du tout à la nature spéciale des divers sujets d'étude qu'ils nous offraient, à l'intérêt particulier qu'ils présentaient à nos esprits. Non. La seule perspective de changer de travail, et même de place, le besoin de mouvement, de déambulation au grand air, en une relâche forcée du règlement, agrémentait suffisamment les susdits cours d'attrait, d'inédit, d'une saveur inconnue, qui me les faisaient souhaiter de tous mes vœux, et trouver captivants.

Je n'y travaillais d'ailleurs pas plus qu'en classe. Mais, du moins, en me remuant beaucoup, avec un peu de bonne volonté, je parvenais à donner aux autres et à moi-même l'illusion d'un réel labeur. Cependant, malgré les distractions innombrables qui naissaient à chaque pas dehors, je profitais encore de toutes ces leçons. Malgré l'inattention en laquelle je me complaisais délicieusement, quelques bribes parvenaient de temps à autre à mes oreilles, et, si peu que ce fût, avec les quelques lueurs restées en mon esprit de la lecture rapide de la leçon, suffisaient à me sauver de l'ignorance complète. Je ressemblais assez aux Orientaux qui se contentent d'effleurer la terre richissime sur laquelle ils vivent, y sèment négligemment les grains de la semence, confient le tout à la bonté de Dieu, et s'endorment paresseusement dans leurs rêves jusqu'à la moisson. Ce qui échappe aux intempéries des saisons, à l'étouffement des parasites, ou à la dent des troupeaux nomades, leur suffit pour vivre, et se déclarer pleinement heureux.

J'étais donc un philosophe et savais me contenter de peu !...

J'aimais beaucoup suivre les cours d'astronomie. J'y prenais un goût véritable, et je piochais amoureusement mon planisphère céleste. L'étude du ciel !... Songez donc à la belle promenade spirituelle à faire dans les paysages lunaires, dans les espaces interstellaires, si propices aux folles chevauchées. Comme c'était drôle de partir en un voyage impossible et séculaire du côté de Sirius, la splendide étoile, ou vers Vénus, la planète du Berger. Se faufiler parmi les rayons resplendissants de la constellation d'Orion, ou s'oublier dans la contemplation de la superbe Aldébaran, dont les pointes scintillantes ruisselaient comme un joyau de purs diamants.

Lorsque, après la prière du soir, le C. F. C... groupait d'un signe, autour de sa robe noire, les gaillards de la première classe qui suivaient le cours de cosmographie et d'astronomie, un frisson de plaisir me parcourait tout l'être. Les autres allaient dormir, mais nous, les favorisés, nous allions épeler le muet langage de feu que Dieu, de sa dextre éternelle, a gravé pour sa gloire en la voûte resplendissante des cieux. Je saurais encore quelques-uns des noms dont les pâles humains, ces pygmées, étiquettent ces mondes, un million de fois plus gros que la terre, qui roulent dans l'immensité, sans un instant d'arrêt, mus qu'ils sont par le pouvoir suprême du Créateur. Je saurais reconnaître les points de repère des constellations, troupeau diamanté ponctuant de signes mystérieux le profond azur devenu noir. Comme tout cela était grandement beau, et combien nous étions petits et perdus dans cette explosion de lumières.

Nous escaladions le monticule de la Salette, point culminant d'où se découvrait une plus grande partie de l'horizon. Là, penchés sur un globe céleste éclairé par une lampe, nous nous montrions les sphères en mouvement dans l'espace illimité. Cela durait une heure. Une heure délicieuse, et dont je rêvais la nuit, le sommeil peuplé de visions paradisiaques.

C'était comme une fugue en plein ciel, où je pouvais enfin donner libre cours à ma fantaisie vagabonde, cette adorable fée volage à laquelle j'accordais quotidiennement audience. Trop souvent, au gré de ceux qui me voulaient du bien; jamais assez, selon moi. Au moins, le soir, était-ce avec la permission des autorités qu'elle évoluait sans trêve. Et, de cette latitude, elle profitait avec délice.

D'ailleurs, tout lui était prétexte à promenades occultes.

Ainsi le cours de taille des arbres, qui avait lieu l'hiver, se trouvait, par ordre chronologique, la première cause d'une fuite en l'azur, pourtant largement grisaillé par les nuages pluvieux et glacés.

Après la leçon théorique, en classe, sur les branches à fruits, les greffes, les marcottes, les provins, les boutures, etc., il était indispensable de se transporter au jardin pour étudier les arbres eux-mêmes, et reconnaître sans difficulté les bourgeons précieux à conserver pour la récolte future. Nous étions alors appelés à procéder nous-mêmes aux amputations et aux transports de greffes. C'était quelque chose comme la classe de vivisection pour les futurs docteurs en médecine, une étude *in anima vili*.

Naturellement, le sécateur ne nous semblait pas un outil vulgaire, et si l'on nous eût permis la chose, en un instant, brindilles et branches eussent jonché les allées. Heureusement le professeur ne nous quittait pas, et nous ne pouvions trancher et couper qu'après avis favorable. Chacun avait son arbuste ou son arbre. C'était à qui en abattrait le plus. Pour la bonne conservation du verger, on ne nous confiait, bien entendu, qu'un nombre restreint de cadavres.

Les pauvres arbres ! On pouvait dire, sans se tromper, qu'ils étaient livrés aux exactions des pirates.

Après la taille, c'était le tour des greffes.

Quelles belles opérations nous faisions, grand Dieu !... quel gâchis !... Je me revois auprès d'un poirier en pyramide que j'avais mission d'accommoder de mon mieux. Une fois les amputations faites, ce qui ne s'effectua pas sans peine, car je découvrais des promesses de fructification partout, je reçus l'autorisation de pratiquer sur l'innocent martyr toutes les greffes enseignées en classe. Il faut croire que le pauvre poirier avait été condamné à mort !... ce fut du joli !... Tailladant, plâtrant, ficelant, j'eus tôt fait de mon poirier un porteur de moignons invraisemblables, tous plus ridicules les uns que les autres. On aurait dit un homme couvert de blessures sortant de l'ambulance après le pansement. Ce n'était que cataplasmes, ligatures, emplâtres et ficelages. Si jamais il en réchappa, quelles belles poires il dut produire !...

Avec les beaux jours, survenaient les leçons d'arpentage.

Voilà qui était amusant !...

Au lieu de suivre régulièrement les routes et sentiers battus, où s'effaçaient les pas du vulgaire, nous escaladions les haies, nous enjambions les échaliers. Et alors, à grands pas dans la terre labourée, ou dans la prairie verdissante, nous exécutions un véritable steeple-chase pour la plantation des jalons, la pose des points de repère. Et le chainage, et la mire dans l'équerre plantée droite au milieu du guéret...

comme tous ces exercices valaient bien mieux et étaient plus amusants que ceux des classes, avec le fatras des leçons à apprendre, et les devoirs à gribouiller. Et puis, on pouvait bavarder tout son content, sans risquer cent lignes pendant ce temps-là !...

Mes instincts de rural invétéré se réveillaient et jetaient feu et flamme. J'étais partout, je voulais tout faire, porter l'équerre, mirer, chaîner, relever les fiches, etc. : la mouche du coche, quoi. En parcourant cette terre, qui n'était pourtant point mienne, je me faisais l'effet d'un gaillard qui foule sa propriété.

Comme ils devaient être heureux, les petits bergers qui nous regardaient passer bouche bée, pieds nus dans leurs sabots, nu-tête sous le soleil, le vent, la pluie, avec leurs tignasses brunes, raides comme des baguettes de tambour, suivant l'expression populaire, tombant éparses dans leurs yeux roux, couleur de la glèbe qu'ils foulaient, et leurs culottes de droguet rapiécées aux genoux !

Et, alors, je me souvenais d'une réponse typique et stupéfiante faite un jour à mon excellente mère, qui me gourmandait, tout gamin, sur mon incurable paresse :

« Si tu ne veux pas travailler, me disait-elle, outrée, nous te mettrons en place pour garder les oies !... »

— « Oh ! oui, maman, répliquai-je suppliant, je t'en prie, petite mère, gage-moi !... »

La foudre, tombant aux pieds de la digne femme, ne l'eût pas davantage pétrifiée. Et notez bien que j'étais sincère. Ce n'était pas une de ces réponses narquoises d'enfant insolent, voulant pousser son auteur au pied du mur, en le mettant au défi d'exécuter une menace redoutable autant qu'hypothétique. Non, je trouvais la situation du gardien d'oies tout à fait à mon goût, et fort propre à satisfaire mes appétits de *farniente* et de rêveur à la lune. Aussi la menace tombait à pic. Garder les oies! C'était mon envie perpétuelle, et combien choyée! Sitôt que la chose m'était possible, j'allais galoper dans les champs, vivre parmi les bêtes, grimper aux arbres, barboter dans les ruisseaux, dénicher les nids, les pauvres nids douillets, faire des colliers d'œufs diaprés de mille couleurs tendres, placer et lever des pièges et des collets. Car, pour moi, c'était le plus clair de leur besogne, à tous ces petits barbouillés qui déambulaient, en croquant des pommes vertes, derrière les moutons et les vaches laitières. J'ignorais le pain bis et souvent sec, le réveil à l'aube, les dures souffrances du froid, les mains et les pieds gercés, saignants, horribles et douloureux, les larmes ravalées, les privations de toute sorte, les fatigues innombrables, et hors de proportion avec la force de  ces êtres frêles qui poussent, les rigueurs de maîtres parfois inhumains, les vexations brutales et sottes de domestiques plus grands et plus forts.... Tout le calvaire enfin des petits vachers...

L'arpentage me rapprochait donc sensiblement, mais en beau, de mon idéal. Et puis, c'était vraiment intéressant, comme travail.

Relever un champ avec un piquet, au sommet duquel miroite et tourne un cube octogone en cuivre, lequel a des fenêtres très étroites, où l'on regarde, en quête d'un chiffon blanc, traîner une chaîne dans un guéret, prendre des chiffres, faire des calculs, et dessiner exactement ladite surface, en trois coups de crayon, sur une feuille de papier blanc : cela n'était pas banal du tout.

Nous établissions ainsi un cahier d'arpentage fort joli. Chaque page en était entourée d'un encadrement en deux ou trois couleurs. Au fur et à mesure des leçons accumulées, on faisait de la difficulté. Les filets grecs succédaient aux simples enjolivements du début. L'arpentage à l'équerre faisait place à la planchette, puis au nivellement. Car nous prenions des profils de routes, comme des conducteurs de ponts et chaussées.

Encore une besogne qui me plaisait beaucoup.

Pendant la station forcée du coup de niveau, alors que les trapus, les studieux, les bûcheurs, entouraient le maître affairé donnant leçon, j'avais le temps d'explorer la haie voisine avec quelques bons lapins aussi « fouinards » que moi. Nous passions un rapide examen des nids : c'est si intéressant les mœurs des oiseaux !... Faute de nids, nous cherchions les insectes qui s'esbattaient au revers des fossés. Quelle joie lorsque je pouvais attraper une rainette ou toute autre bestiole !... Je la dissimulais dans les plis de ma blouse, je la caressais du regard, je cueillais de l'herbe bien tendre, bien verte, bien fraîche, pour lui faire un nid moelleux, et lui donner à manger, je lui causais pendant toute la leçon. C'est si drôle, ces petites bêtes-là !... Les rainettes surtout.

Si j'avais osé, j'en aurais emporté une à Saint-Gabriel. J'avais entendu dire qu'avec ces petites grenouilles-là, on pouvait confectionner d'excellents baromètres. Et pas cher. Un bocal, trois verres d'eau, une petite échelle de bois, et un morceau de parchemin pour couvrir le tout. Mais, pas moyen, où l'aurais-je mise, ma rainette ?... Pas dans ma cuvette, bien sûr !... Alors, avec un soupir de regret, un regard désespéré, larmoyant presque, je lui rendais la liberté.

Les profils des routes et les arpentages divers, dont quelques-uns au lavis (oh ! les radieuses platées d'épinards !) permettaient l'établissement de planches assez grandes, pour la salle d'exposition de la distribution des prix. On relevait les chemins, les sentiers, les routes, les champs, les prés, les marécages, les bois ; et, de tout ce mélange, habilement distribué sur une immense feuille à dessin, on formait un tableau très intéressant, très varié, où tous les genres de travaux géométriques ou topographiques se trouvaient représentés. Les meilleurs tire-lignes, les pinceaux les plus sûrs et les plumes les plus expertes, étaient mis à contribution pour l'élaboration du chef-d'œuvre, qui devait naturellement dépasser en splendeurs celui de la classe voisine. C'est dire que ma collaboration n'était guère brillante, et se réduisait au strict nécessaire. Cela ne m'empêchait pas de conduire ma famille à la salle d'exposition, le jour des prix, et de lui tenir ce langage empreint d'un certain aplomb, et complètement dénué de modestie : « Voyez-vous, c'est nous qui avons fait cela ! » Dite avec un petit clignement d'œil important et rempli de suffisance, cette phrase insinuait que le « moi » du cicerone avait une importance réelle, dans le vague « nous » qu'il était forcé d'émettre par pudeur. Mais je n'entrais pas dans les détails : l'étude de l'infiniment petit ne pouvant intéresser que les esprits mesquins !...

La physique et la chimie, dont nous ânonnions péniblement les préliminaires et les nomenclatures, ne me séduisaient qu'à demi. La physique prenait encore, mais la chimie ne passait pas du tout.

Aussi bien, quelle rage prend donc l'homme de vouloir tout savoir, tout expliquer, tout connaitre, étudier tous les phénomènes, décomposer tous les corps, analyser tous les atomes, passer les choses et les êtres au microscope, les soumettre aux ébullitions, aux flammes des creusets, aux étincelles des machines électriques, les rendre victimes, en un mot, de sa manie destructive !... Alors que la nature est si belle, en son essor perpétuel vers l'immense beauté, pourquoi la torturer, pourquoi lui ravir ses intimes secrets? D'ailleurs, toute cette cuisine bizarre, d'où sortaient des flammes bleues, vertes, violettes, rouges, des éclairs artificiels, des clartés anémiées, ne disait rien à mon alerte fantaisie, qui n'aimait pas sentir le renfermé du laboratoire, et s'embrouillait dans les formules rébarbatives, fleurant le grimoire des sorciers, à ma rêverie fantasque qui ne se complaisait que dans la calme contemplation, dans l'admiration béate du grand, de l'im-

mense, de l'inconnu surtout, dans l'étonnement de l'incompréhensible.

Ayant toujours considéré comme une sorte de pudeur le besoin instinctif de me sentir inaccessible aux mains des autres, je trouvais qu'il y avait comme un sacrilège à pétrir, à étreindre, à fouiller du scalpel la nature, pour lire en ses entrailles les mystères qu'elle y cache avec un soin si jaloux.

Évidemment, c'était utile, indispensable même. Mais mon amour, mon affection irraisonnée et naïve pour tout ce qui était naturel, inviolé ; mon admiration des choses telles que le bon Dieu les avait faites, s'accommodaient très mal de ces chiffres, de ces éprouvettes, de ces décompositions bizarres, de ces désarticulations barbares. Pourquoi disséquer l'œuvre divine, alors qu'elle est si resplendissante en sa virginale beauté ?

Je dois vous sembler un tant soit peu anarchiste, puisque je m'insurge, ou semble m'insurger contre les sciences expérimentales. Rassurez-vous, il n'est pas d'être moins porté à démolir. Au contraire, je voudrais que l'on n'abattît jamais un arbre, que les fleurs ne fussent jamais cueillies, que tout ce que Dieu crée pour vivre vécût sa vie entière sans peur, sans crainte, sans alarmes. Je voudrais qu'il n'y eût pas d'êtres souffrants sur la terre, pas de pauvres, pas de malheureux, pas de douleurs, pas de larmes. Que toute la création n'eût qu'une pensée, qu'un désir, qu'une aspiration, qu'un but, qu'une fin : la gloire ou la proclamation de Dieu, son Créateur et son Père. Cela nous ramènerait tout droit au paradis terrestre, hélas perdu !... Vous voyez que je retarde, et même d'un nombre respectable d'années !...

Toujours est-il que mes études en physique et en chimie furent maigres. Vous avez pu vous en douter après l'explication de mon état d'âme. Je n'aimais de ces sciences-là que leurs résultats, leurs manifestations extérieures. N'ayant pas assisté à la cuisine préparatoire, je me laissais aller à admirer l'œuvre, quand elle en valait la peine. Peu m'importait comment s'effectuait l'expérience, pourvu qu'elle réussît, et nous montrât quelque chose de prodigieux, d'extraordinaire. Les phénomènes électriques, en cet ordre d'idées, me ravissaient par leur fantastique, leurs acrobaties, dirai-je même. Lorsqu'on nous annonçait la déflagration d'un mélange détonant quelconque, vous croyez peut-être que je demandais au professeur de quels gaz il était composé ?... Allons donc !...

« Ça va-t-il faire beaucoup de bruit, cher frère ? »

Cela seul était important... Et ainsi de suite.

Je vous en ai assez raconté pour vous démontrer péremptoirement que j'étais un cancre... N'insistons pas...

Je ne puis cependant laisser passer cette nouvelle occasion de mettre en garde mes jeunes lecteurs (si j'en ai, et... j'en aurai !), contre toutes les billevesées qui avaient élu domicile en mon cerveau d'enfant ; contre les théories, peut-être séduisantes mais surtout fausses, au moyen desquelles j'éludais tout nouveau travail, surtout si ledit travail était aride, ingrat, difficultueux, et sans pratiques amusantes.

On ne vit pas de rêves, malheureusement.

J'en fis la dure expérience par la suite. Et c'est cette suite qu'il importe de vous conter.

Lorsqu'il me fallut choir dans la prosaïque réalité, quand il fallut passer les examens dont mon avenir, et même mon pain quotidien, étaient l'enjeu, ce fut terrible.

Toutes ces choses dédaignées, méprisées comme absurdes et ennuyeuses, il devint nécessaire, obligatoire de les apprendre, de les acquérir, de se les assimiler. Et cela à l'instant même, tout d'un coup, coûte que coûte. On ne rêvassait plus là. C'était la lutte pour la vie qui commençait. Il fallait être reçu pour manger comme les autres, puisque, infirme, je me trouvais en partie désarmé.

En trois mois, tout seul, sans professeur, j'appris ma physique et ma chimie. Le travail de deux ans de classe. Je faisais devoirs sur devoirs, croquis, esquisses, résumés, tableaux, qu'un bon prêtre de mes amis voulait bien corriger à ses moments perdus. Je réussis tant bien que mal à m'introduire tout cela dans la tête, servi par ma mémoire, qui était bonne, et une facilité d'assimilation assez grande. Dire que c'était bien acquis, bien digéré, incorporé suffisamment, pour ne pas s'envoler à la première alerte, serait trop osé, et vous ne me croiriez pas. Mais j'eus le bonheur de passer des examens convenables, et mon sort se trouva décidé. Je dois dire ici que les prières adressées au Ciel, par toute ma famille, à ce moment-là, durent influer sur le résultat, autant et même plus que mes études surchauffées et hâtives, donc mal venues.

La leçon me profita cependant. Jamais plus, lorsque l'occasion se présenta pour moi d'apprendre une chose nouvelle, fût-elle présumée inutile pour l'avenir (ce qui n'est pas, toute chose étant toujours utile), jamais plus je ne restai inerte et inactif, en mon amour déraisonné des rêves bleus et de la nonchalante fantaisie.

Enfants qui me lirez, profitez de mon expérience. Je l'ai payée assez cher pour vous en faire ample distribution. Et c'est de grand cœur que je le fais...

Mais continuons nos études.

J'aimais beaucoup le dessin, et j'adorais la musique.

Ces deux arts d'agrément m'ont donné quantité d'heures bien agréables qu'il serait injuste d'oublier.

Les artistiques travaux de ces deux branches d'étude s'effectuaient en un pavillon séparé, au fond de la cour des petits. L'immeuble était gaîment précédé d'un gracieux parterre, Flore s'étant plue à embellir les abords du temple où Apollon régnait en maître.

J'étudiai le dessin pendant les cinq années de mon séjour à Saint-Gabriel. Notre professeur, le C. F. O..., était, je l'ai déjà dit, un laborieux, un consciencieux, un maître habile. La sûreté de sa main était surprenante, et les qualités de sa méthode d'enseignement réellement remarquables.

Suivant les goûts ou les aptitudes, plus souvent suivant le désir exprimé par les familles, les enfants étaient initiés, par ses soins, aux beautés du dessin d'imitation, de la bosse d'après l'antique, ou aux arides et nombreux détails du dessin linéaire.

Le lavis, le pastel, l'aquarelle et la gouache ne venaient qu'en tout dernier ressort, parfaire l'instruction laborieusement ébauchée. La classe de dessin occupait le premier étage de l'immeuble précité. Des échantillons de stéréotomie, de coupes de bois, des plâtres nombreux représentant des ponts, des niches, des portes, alternaient avec des escaliers en bois, des rampes difficultueuses, des assemblages curieux, des fermes de charpente d'un travail délicat et soigné. Tous ces modèles étaient sortis des mains d'anciens élèves, des gaillards solides, dont nous cherchions, vainement pour la plupart, à acquérir les qualités, la science même.

La leçon durait une heure et demie, et se renouvelait, je crois, trois fois par semaine. Le passage du professeur dans les couloirs des classes était toujours impatiemment attendu par votre serviteur, que cette interruption dans les leçons d'histoire ou de mathématique trouvait toujours parfaitement joyeux.

Les divers travaux d'architecture et de construction me passèrent d'abord sous les yeux et par les mains. Les coupes de bois, les assemblages, la stéréotomie suivirent. Puis vint le lavis avec ses barbotages de couleurs voyantes qui ensanglantaient les godets, ou marquaient de bleu de prusse les doigts rebelles.

En ai-je gâché du papier !... Combien de châssis furent tués sous moi !... Je pâlis sur la volute ionique pendant un mois, et les triglyphes de maintes frises n'atteignirent jamais la régularité de ceux du Parthénon. Aussi, combien de feuilles de bristol furent maculées par le triste dessinateur que j'étais. J'y mettais pourtant toute la bonne volonté possible ; et le maître prodiguait sa patience pour qu'une œuvre, au moins peu vulgaire, fût le fruit de mon talent. Il nous donna, en cinquième année, quelques leçons de blason. Cela me plut beaucoup. J'essayai de reproduire au lavis un ou deux écussons tout chamarrés d'émaux superbes. Peine perdue : le sable bavait sur l'azur, lequel empiétait sur le gueule ; les quartiers étaient informes, les merlettes ressemblaient à des grenouilles, les lions passants à des chats de gouttière, etc., etc. ; il fallut y renoncer. C'était à briser ses pinceaux.

J'ai ici, chez mon père, un échantillon (le seul, hélas!) sauvé de ce naufrage. C'est une aquarelle baroque en laquelle une rose énorme, avec une auréole de rayons à l'encre de chine (des rayons noirs!), resplendit comme une pivoine et symbolise l'amour filial. Afin que nul n'en ignore, ces deux mots : « l'Amour filial », encadrent la pauvre rose qui pleure son carmin sur les verdures d'alentour. De chaque côté, deux guirlandes de fleurs garnissent le fond du tableau, dont le bas cherche à représenter une corbeille d'osier, d'où jaillissent d'autres fleurs coupées. Ce chef-d'œuvre me demanda trois mois de travail au moins. J'eus l'extrême audace de l'exposer signé de mon nom. Oh! la jolie page, que je voudrais bien n'avoir jamais commise!... Encore aujourd'hui, mon père y tient. Il lui trouve des beautés que seuls les yeux d'un papa savent sans doute y découvrir. Les parents sont si indulgents!...

Et, je vous le répète avec intention, ce n'était pas la faute du maître. J'étais tellement inapte en cet art délicat du pinceau qui se joue des difficultés! Fondre d'une touche légère et fine le duvet d'un pétale, ou rendre la fraîcheur laiteuse et nacrée d'un beau lys, voilà ce que mes condisciples produisaient sans effort, et ce qui m'était absolument impossible.

Louis P..., dont je vous ai parlé comme d'un élève doué en tout, était un véritable artiste en dessin : il est resté au pensionnat des pages vraiment magnifiques dues à son crayon prestigieux. Lui-même me disait plus tard être encore stupéfait quand il revoit chez lui ses morceaux d'élève qui faisaient notre admiration et notre envie.

Pour la musique, je montrais davantage de dispositions.

Mais cela coûtait cher. Un instrument était indispensable.

Vaincre les résistances trop molles de ma famille devint donc le but chéri de mes préoccupations, et le sujet rebattu de toutes mes lettres.

Je parvins enfin à décrocher cette timbale !...

Depuis le commencement de mes classes, je faisais partie de la chorale. Restait l'instrument à apprendre.

Le jour où je reçus ma clarinette en palissandre, avec ses clefs en brillant maillechort, fut un des plus beaux de ma vie.

De vagues notions de solfège, une oreille assez fine, le sens de la mesure, du rythme, et un travail acharné, me placèrent rapidement au point nécessaire, pour moduler, sur ma clarinette, les quelques ariettes d'exercices éparses aux pages de ma méthode.

J'en étais très fier. Le C. F. G..., un vrai musicien, était content de moi, et trouvait que mes progrès méritaient une récompense. Elle dépassa les moyens de l'élève. Je fus subitement bombardé première clarinette de la musique !... Après six mois de leçons, c'était un avancement un peu bien rapide. Mais vous connaissez le distique :

> Mes pareils à deux fois ne se font pas connaître,
> Et pour leurs coups d'essais veulent des coups de maître...

et je ne trouvai pas l'honneur trop grand, ni la charge trop lourde pour mon naissant talent.

A cette époque, je ne doutais de rien, j'avais ce qu'on appelle un toupet d'enfer. Avec cela, on va plus loin qu'on ne croit. Le C. F. G..., qui était un malin, savait bien que je n'étais pas de force, mais il avait besoin d'une première clarinette : je bûchais ferme, et j'étais le seul pouvant figurer honnêtement cet indispensable exécutant.

Pendant toutes les leçons de la semaine, je m'époumonnais à souffler les morceaux que j'aurais à interpréter le dimanche. J'y mettais un entêtement digne d'éloges. Pensez donc, il fallait, sous peine de déchoir, jouer à tout prix sa partie. A force de routine, de répétitions, j'arrivais à expectorer, sans trop de couacs, toutes les notes de ma partition. Peut-être, de temps à autre, n'observais-je pas absolument les syncopes, les crescendo, les nuances délicates qui mettent en valeur les beautés de la mélodie ; peut-être des bécarres furent-ils parfois oubliés dans la précipitation ; peut-être les doubles-croches bafouillaient-elles un tant soit peu dans le pavillon de mon instrument, gênées qu'elles étaient en leur hâte de s'enfuir.

Imperturbable, je marquais la mesure du pied droit, en dodelinant de la tête, tel un jeune ours bien dressé. Et je soufflais, gonflant mes joues, gymnastiquant des doigts, convaincu que le bruit que je faisais charmait les auditeurs !

Pauvre de moi !....

Ah ! le chef de musique n'était pas aussi persuadé que je l'étais moi-même de mon importance ! Aussi, voyais-je souvent son petit œil gris se faire sombre, sous le sourcil froncé, lorsque, manquant un contre-temps, ou comptant mal mes mesures, je partais avant les autres. Pour avoir fini plus vite sans doute !...

C'était bien drôle, allez. Mais c'est seulement plus tard que j'ai compris le côté comique de ma situation. A cette époque-là, j'étais absolument entré dans la peau de mon personnage ; et l'on m'eût bien surpris en ne me considérant pas comme un des piliers de la musique, une des clefs de voûte de l'édifice.

Première clarinette ! songez donc. Ce n'était pas le premier venu qui pouvait remplir cette partie. Le premier moutardier du pape, ou quelque autre dignitaire de cette importance, pouvait seul rêver un poste aussi remarquable dans la phalange harmonieuse de Saint-Gabriel !...

Un jour, cependant, je doutai de ma valeur !...

Il fallait, je vous assure, une circonstance d'un ordre bien élevé. Jugez-en : je devais jouer devant l'accordeur de pianos du pensionnat.

Naturellement, vous vous écroulez en un grandissime éclat de rire, qui succède à un ahurissement énorme, en m'entendant émettre cette proposition saugrenue : jouer de la clarinette devant un accordeur de pianos est un événement qui paralyse les doigts les plus agiles.

Veuillez me continuer votre bienveillante attention, et ce qui vous semble actuellement étrange vous paraîtra tout naturel.

En effet, la connaissance de l'état d'esprit, de la psychologie d'un homme, ou d'un enfant, permet seule d'apprécier, avec toutes les garanties d'impartialité dont doit toujours s'entourer l'observateur, certains actes ou certaines opinions jusque-là présumés absurdes, ou simplement bizarres, de par leurs résultats, leurs mobiles apparents.

De l'étude des causes, et de la succession des phénomènes cérébraux qui ont précédé certains faits, découle souvent un jugement tout autre que celui résultant d'un examen superficiel.

Il importe donc que l'observateur et le juge fassent abstraction complète de leur personnalité, de leur caractère particulier, de leur tempérament, qu'ils s'extériorisent, en un mot, pour se placer sous l'angle spécial d'évolution du sujet observé.

Du petit au grand, ceci est vrai, et réellement rationnel ; autant que peut être vrai et rationnel tout ce qui est humain.

Pour étudier, et surtout pour juger autrui, il faut se faire un état d'âme semblable à autrui, après s'être placé d'abord dans l'atmosphère supérieure, où plane la haute morale intangible et intransigeante, source éternelle de rayons et foyer de la divine lumière.

Mais n'oublions pas, pour philosopher, notre accordeur de pianos, et son influence mystérieuse sur mes facultés musicales. Revenons-y par le plus court chemin. Sans toutefois perdre de vue que les explications, ci-dessus données, de mes idées à ce sujet permettront de comprendre l'étrangeté de mon état vis-à-vis de cet homme.

Certain jour donc, nous vîmes arriver, accompagné du frère G..., qui nous semblait d'ailleurs assez empressé, et paraissait se mettre en frais, un individu d'aspect assez hétéroclite, un type extraordinaire de tenue et d'allure.

Il faut dire que, les étrangers pénétrant peu au pensionnat, la venue de l'un d'eux se remarquait davantage. Ils se trouvaient ainsi, sans s'en douter le moins du monde, l'objet d'une inspection générale, qui leur aurait paru fort gênante s'ils avaient pu s'en apercevoir.

A nos questions curieuses concernant l'étranger, il fut répondu tout simplement : C'est l'accordeur de pianos et d'orgues.

Jamais, au fond de ma campagne, je n'avais ouï dire qu'il existât des industriels ainsi dénommés. L'ignorance la plus complète et la plus profonde enveloppait donc mon cerveau d'un triple airain sur ce sujet spécial. Ma curiosité redoubla. L'énoncé de la profession ne m'ayant rien appris sur son titulaire, je résolus, à force de déductions, d'approfondir seul le mystère dont s'entourait son individualité.

Et, tout d'abord, faisons le portrait physique de l'accordeur.

C'était un grand garçon, maigre et long comme un jour de carême ; que dis-je, comme un carême tout entier !... Il était jeune, avec une belle tête brune, parée de cheveux épars et très longs, qu'il rejetait en arrière d'un mouvement fier et brusque du col, tel un lion agitant sa crinière, pensais-je. Sa barbe, qu'il portait entière, était peu fournie et frisée, très noire. Cette végétation capillaire et piliforme, assez inculte du reste, et croissant en un beau désordre, encadrait à ravir sa longue et pensive figure. Un front très vaste, au-dessous duquel flambaient deux grands yeux noirs très vifs et très doux, donnait à son visage pâle une expression méditative et ascétique assez prononcée. Ses yeux profonds et comme rêveurs, presque souffrants, faisaient, avec sa bouche petite et empreinte de bonté, un appel à la pitié de qui les contemplait. On pressentait comme une douleur intime au fond de cette pensée qui se dérobait, mélancolique. Il était décemment, mais presque pauvrement vêtu d'une grande redingote plutôt âgée, et lustrée aux coudes. Son chapeau haut de forme était propre, mais sa mise générale sentait la gêne. Il flottait au milieu de ses vêtements, comme un mât, qu'un lambeau de voile enveloppe sans le toucher. Sobre de gestes et de paroles, le regard errant comme étonné, accompagné d'un vague et doux sourire, il marchait comme en un rêve permanent. Sa voix était douce, basse et craintive, avec des murmures de prière. On aurait dit un exilé, ou un pauvre honteux. L'ensemble faisait naître, en même temps qu'un respectueux intérêt, une pénible impression. Il inquiétait ; car on sentait en lui quelqu'un, sans pouvoir définir d'où venait cette influence, et pourquoi elle vous saisissait.

Le peuple, qui comprend si bien certaines douleurs cachées et muettes, parce qu'elles sont siennes, possède, dans sa langue, si vigoureuse et si expressive parfois, un mot tout fait, et qui dit tout, pour dépeindre ces gens-là : Il avait l'air « malheureux » du haut en bas !...

Je vous le dépeins, tel qu'il m'apparut alors, et tel surtout que mon souvenir très précis me le rappelle. Peut-être mon esprit, mes yeux d'enfant, grossissaient-ils certains traits, faisant ainsi, d'un personnage très prosaïque, une sorte de héros romanesque, sorti de pied en cap des contes d'Hoffmann, ou du chanoine Schmitt.

Quoi qu'il en soit, je me forgeai incontinent une petite histoire très amusante (pour moi), que je plaçai immédiatement dans le crâne et dans la vie de mon individu. Je lui confectionnai, en un rien de temps, une personnalité à part. Je décrétai soudainement, au tribunal sans appel de ma folle imagination, que ce garçon avait eu des malheurs, parce que c'était un génie incompris.

J'avais appris que, sous ses doigts, par son travail, aidé seulement de l'oreille et du diapason, il réglait les cordes des instruments, et leur redonnait, avec la rigidité perdue, la sonorité voilée, et la plénitude de leurs qualités harmoniques. Mon héros grandit de cent coudées.

C'était bien un musicien de génie, un très grand artiste

condamné par les vicissitudes, qui ne s'attaquent qu'au talent transcendant, à travailler pour vivre. Et cela se trouvait tout naturellement déduit de ceci : le bon frère G... possédait à mes yeux, et aux yeux de tous, un réel et grand talent musical : pour qu'un homme aussi fort eût besoin de la collaboration d'un autre pour accorder ses instruments, il fallait que cet autre lui fût supérieur, et de combien !...

J'ignorais alors qu'il suffit d'un tour de main spécial, d'un toucher délicat, pour faire un accordeur ; et que la science musicale n'a rien ou peu de chose à voir dans la construction ou la réparation mécanique des instruments d'harmonie. La différence essentielle, qui distingue le compositeur du constructeur, ne m'étant pas expliquée, je concluais naïvement mais rationnellement à la prépondérance artistique et scientifique de l'ouvrier sur le professeur.

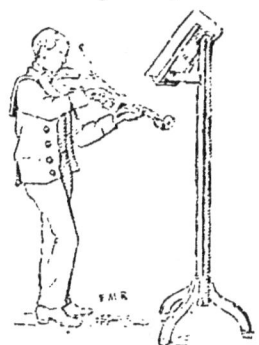

D'ailleurs, cet homme avait le physique de l'emploi, comme on dit. Ses dehors cadraient si bien avec l'image que je m'étais faite de ces artistes géniaux, créateurs de ces morceaux, que nous éprouvions tant de difficultés à jouer, que je le déclarai, de ma propre autorité, compositeur émérite, sans comprendre combien ma conviction était fausse, et pourquoi elle l'était.

Concevez-vous, maintenant, en quel état d'esprit je me trouvai le dimanche suivant, lorsque le C. F. G... nous fit former le cercle pour exécuter, devant l'artiste étranger, une de nos fantaisies les plus difficiles ?

Vous ne vous figurerez pourtant pas la stupeur où me plongea la perspective de jouer, moi, indigne, moi, ignorant gamin, hier sorti des gammes chromatiques, devant le génial producteur d'œuvres symphoniques qui ne devaient attendre, selon moi, que sa mort pour devenir immortelles, et passer à la postérité !...

Le professeur semblait priser hautement le jugement de notre hôte. C'était bien cela !... Moi, j'étais pétrifié...

13

Précisément, par le plus grand des hasards, il se plaça juste en face de moi. Pour comble de malheur, à tort ou à raison, je crus remarquer qu'il avait un faible pour la clarinette, et ne me quittait pas des yeux. Une peur folle me gagna, la paralysie tremblante m'envahit, et, de peur de faire envoler un couac de mon tube en bois noirci, je m'empressai de ne pas souffler dedans!...

Le professeur, étonné à juste titre du silence de ma partie si importante, m'interpella, impatienté! Ce fut le comble!...

Je rougis jusqu'aux cheveux, j'étais honteux, perdu, tout à fait supprimé des mortels. La terre, s'entr'ouvrant sous mes pieds, m'eût englouti, que j'aurais remercié le bon Dieu de ma disparition, comme d'une grâce extrême!

Et plus que jamais l'accordeur me regardait!...

J'étais devenu le centre des sourires narquois de tous les musiciens. Ma nullité flagrante s'accusait énorme. Il me semblait voir les lèvres pâles de l'artiste se détendre en un vague sourire dédaigneux. Il semblait dire, ce sourire : Laissez-le donc, c'est un cancre fieffé, cet enfant-là. Pourquoi diable confiez-vous une partie de première clarinette à un empoté de cette encolure!...

J'étais bête, stupide, idiot, d'orgueil froissé, d'amour-propre mis à nu. J'aurais donné tout au monde pour être comme les autres, en possession de mes moyens habituels, que je trouvais si remarquables. Je passai ce jour-là une heure bien douloureuse...

Eh bien! êtes-vous convaincus? Comprenez-vous comment la présence d'un accordeur de pianos paralysa mes doigts et me fit tant souffrir?...

De ce jour naquit en moi une méfiance bizarre au sujet de mes dispositions artistiques. J'étais « fûté », comme on dit en Anjou. Je perdis ma belle et tranquille assurance, mon aplomb se fondit au creuset de l'affront reçu en public. Je pris presque en dégoût ma clarinette qui n'en pouvait mais. Je n'osais plus m'embarquer dans les trilles échevelés ; car toujours, devant mes yeux, se dressait le spectre blafard et ricanant de l'accordeur de pianos. J'avais un point vulnérable, ma superbe s'envola. Je redevins le simple bredouilleur que, somme toute, je n'avais jamais cessé d'être.

Je continuai pourtant à faire ma partie de première clarinette, et à profiter des privautés inséparables de la situation d'instrumentiste au pensionnat.

Je n'entrerai pas dans le détail des faveurs et des soins dont ils sont l'objet lors des fêtes et des grandes sorties. Tout le monde les connait; et les musiciens actuels les apprécient, et s'en vantent.

En dépit donc des humiliations, et des accordeurs de pianos...

Vive la musique! n'est-il pas vrai!

CHAPITRE XI

Plaisirs intimes. — Visite des parents. — Promenade en famille dans l'enclos et le bourg. — Les lectures au réfectoire. — Le lecteur. — Les douceurs du réfectoire. — Les livres. — Jean Grange. — Crétineau-Joly. — La Vendée militaire.

Il nous reste encore à vous entretenir de plusieurs incidents d'ordre divers, et de sources plus ou moins en dehors de l'existence scolaire et générale si bien ordonnée de la maison. Ce sont comme les variations s'accrochant au thème principal de la vie du gabriéliste, les repos délassants, au milieu de l'étape de dix mois, parcourue tout d'une traite, pour le plus grand bien des études, qui ne se soutiennent et ne se soudent les unes aux autres que grâce à cette continuité presque parfaite.

Parmi ces incidents heureux, les visites des parents brillaient au premier rang.

Les élèves proches voisins de Saint-Laurent-sur-Sèvre étaient réellement gâtés sous ce rapport. J'oserai même dire trop gâtés; car il ne faut pas abuser même des meilleures choses. Les visites fréquentes, loin d'être un bien pour les enfants, les maintenaient trop en une sorte de mélancolie qui s'accommodait mal de l'existence active que nous menions pour la plupart, tout à nos classes, et longuement séparés de la famille.

Non pas que cet exil empiétât sur les sentiments affectueux et reconnaissants que nous avions pour nos chers parents. Les plus nonchalants à rendre ces devoirs si doux, que nous devons à nos père et mère, recevaient, de l'éducation des bons frères, comme un regain de force qui leur permettait de garder cette gratitude infinie, cet amour filial qui distinguent les bons enfants. Mais ceux qui étaient trop souvent visités subissaient trop l'influence du milieu familial voisin, plus câlin, plus maternel, et s'assimilaient moins rapidement et moins entièrement l'existence virile sur laquelle tablaient nos maîtres dans leur système d'éducation.

L'annonce d'un prochain voyage de la mère, ou même du père, transportait l'esprit dans une atmosphère de joie sincère et profonde où les devoirs et les leçons couraient grand risque d'être oubliés. Huit jours avant, on en rêvait. On échafaudait tous ses petits plans : « Je leur demanderai ceci ; ils m'apporteront cela ; nous irons voir telle ou telle chose. » Ah ! les projets ne manquaient pas.

Le jour tant désiré arrivait enfin. Ce jour-là, l'enfant n'était plus en classe, son corps était présent, mais son esprit et son cœur étaient en voyage. Et qui aurait pu le blâmer ?... L'attente de l'heure probable de l'arrivée brûlait son sang comme une fièvre. Enfin, la porte de la classe s'entr'ouvrait, la vénérable et joviale tête du frère portier apparaissait dans l'embrasure, et le nom  de l'élève résonnait délicieusement dans la classe en éveil. Le professeur, souriant, acquiesçait de la tête, l'enfant abandonnait précipitamment livres et cahiers, dégringolait les escaliers, traversait les cours, en pressant de ses vœux les pas lourds de son vieux guide, le devançait dans la cour d'honneur, franchissait la porte du parloir, et tombait haletant, joyeux, pleurant, riant, essoufflé, ému, dans les bras tendus des siens qui l'attendaient. Quel concert de baisers, de rires, d'exclamations, de larmes douces et précieuses ! Quel brouhaha de questions, de réponses, d'allées, de venues en un grand frou-frou de robes soyeuses des dimanches. On se chuchotait, pour être plus intimement compris, entendu, une foule de phrases charmantes en leur naïve tendresse : « Comme tu es grandi, mon cher enfant ! » dit la mère, en toisant d'un œil ravi la taille de l'enfant. « Es-tu bien accoutumé ?... » murmure une jeune sœur qui a contemplé avec un effroi véritable les murs gris et froids qui enserrent la cour.

« Quelle bonne journée nous allons passer ensemble ! » pensent tous les acteurs de cette petite scène familiale.

Alors commence la pérégrination obligatoire et traditionnelle dans l'établissement. La mère ou le père va savoir du C. F, directeur des renseignements circonstanciés sur les faits et gestes de l'enfant. Une essentielle visite a lieu ensuite. Il faut se rendre compte de l'état du trousseau, savoir où en sont les fonds de pantalons, les gilets et les blouses, les paletots et les chemises.

Lorsque toutes ces choses importantes ont reçu la solution conforme et nécessaire, tout le monde sort (avec permission de l'autorité) dans le bourg, pour déjeuner à l'hôtel, en famille.

Dans un coin, en petit comité, coude à coude, pour pouvoir s'embrasser et se parler à l'aise, le petit groupe s'installe. Et les questions d'aller leur train, les récits coupés fréquemment d'exclamations joyeuses de dévider leurs écheveaux. On ne se presse pas, on prend bien son temps, on boit le café, puis la petite goutte d'eau-de-vie, ou le canard permis aux tout petits enfants ; c'est très amusant, très intime, très réconfortant, très « familial », en un mot qui renferme tout.

Les choses et les gens que l'on rencontre semblent gais, en fête, comme on l'est soi-même. Le soleil qui brille paraît plus radieux, on exulte, et tout s'en ressent. Tout est plaisant, beau, intéressant, magnifique, pendant la promenade que l'on va faire dans le bourg. C'est alors que se fait la visite des communautés, quand on peut en obtenir la permission. Il me semble bien que les jeudis et les dimanches sont plus spécialement jours de visite. Je vous ai promenés dans l'enclos des sœurs de la Sagesse et dans la petite propriété des missionnaires, je n'y reviendrai pas.

Mais nous n'avons pas encore parlé du tombeau du Bien-

Une rue à Saint-Laurent.

heureux Père de Montfort, le célèbre thaumaturge vendéen du commencement du dix-huitième siècle. La sépulture de ce saint prêtre se trouve dans l'une des chapelles de l'église paroissiale.

Je dis : se trouve. Je devrais dire: se trouvait; car je crois qu'un sanctuaire a été construit récemment spécialement en son honneur (1). Ce tombeau est un but de pèlerinages nombreux partant de tous pays environnants, où la mémoire du missionnaire éminent, du prêtre vertueux que fut le Vénérable de Montfort est restée gravée dans tous les cœurs chrétiens.

(1) En effet, lorsque l'Église eut conféré au Père de Montfort le grade de Vénérable, qui précède la canonisation, et plaça le saint missionnaire sur ses autels, tous les efforts des Saint-Laurentais tendirent à la construction d'une basilique au Père de Montfort. Cette basilique est déjà construite en grande partie.

De mon temps, l'église paroissiale renfermant le saint tombeau était un pauvre vieil édifice menaçant ruine, et ne tenant plus que par un miracle d'équilibre. Le sépulcre se trouvait à l'entrée à gauche dans la chapelle de la sainte Vierge. Les pierres servant à ce tombeau, d'une simplicité ascétique et presque pauvre, étaient presque désagrégées par de pieux grattages, ou des rapts audacieux. On aurait dit un très antique sarcophage ayant subi les atteintes du temps pendant une longue suite de siècles.

Après une prière dans l'ombre de la chapelle, où flambaient perpétuellement les cierges apportés par les fidèles, étoiles d'or vacillantes au vent froid des nefs, telles des fleurs d'âmes, écloses en l'exaltation des piétés ferventes, on visitait la chapelle spéciale du Rosaire adossée au chevet de l'église.

Cette chapelle, qui datait du Père de Montfort, et servait aux réunions d'une pieuse institution du saint homme, était très curieuse et mérite une courte description. En contournant la vieille église à droite, par un chemin étroit bordé de murs sombres en granit, on rencontrait bientôt une porte basse, ouvrant sur une cour oblongue sur les murs de laquelle étaient plantées, de distance en distance, des croix de bois surmontant les stations du chemin de la croix. Puis, serpentant d'une croix à l'autre, une chaînette portant des grains de chapelet gros comme le poing. Tout le chapelet y était ainsi distribué. Au fond de la cour, sous le mur surplombant de l'église, une étroite chapelle toute blanche, dédiée à la Vierge, dont le panneau du fond, et une grande partie des parois latérales, disparaissaient sous d'innombrables cœurs en vermeil ou en cuivre doré ! C'étaient les ex-voto apportés là par les fidèles reconnaissants des grâces obtenues par l'entremise du Vénérable Père, qui professait une piété spéciale pour la Vierge et le rosaire.

Après ces stations d'un caractère plutôt religieux, on reprenait le cours de promenades moins graves au milieu de l'enclos des frères ou dans le bourg saint-laurentais.

Mais l'heure arrivait bientôt, trop tôt même, de la séparation douloureuse. Il y avait des pleurs et des baisers éperdus comme au jour de la rentrée. Enfin l'élève réintégrait les rangs, pensif, triste : cette reprise du mouvement et de la vie de famille apportant toujours un instant de désorientation dont pâtissaient les études.

Malgré cela, ces visites nous faisaient beaucoup de bien. On renouvelait les promesses de bien faire, de corriger les défauts mis en lumière crue pendant la conversation des parents avec les maîtres. On se retrempait pour de nouveaux assauts, puisant, dans les encouragements reçus et dans les observations faites, une nouvelle énergie pour arriver à mieux agir. Et puis, la perspective de la visite prochaine, jointe au « garde à vous » de l'inspection présente, amenait une tension, une plus grande surveillance individuelle, en vue de bons résultats à offrir aux parents. Quelle gloire, lorsqu'on pouvait montrer son nom affiché aux tableaux d'honneur du parloir; ou bien arborer, sur le côté gauche du veston des dimanches, la bijouterie de plusieurs croix suspendue à des rubans incarnat ou bleu ciel !

Lorsque les parents étaient venus, le premier moment de douloureuse solitude passé, et combien vite ! avec les nombreuses sympathies environnantes, on reprenait le collier avec une plus grande résolution de satisfaire et de récompenser la famille.

Les visiteurs chéris ne partaient jamais sans laisser quelques souvenirs friands. C'était une boîte de dragées par ci, un pot de confiture par là, un gâteau délicat que la maman avait amoureusement pétri pour l'enfant, l'assaisonnant parfois du sel humide de ses larmes, quelque tarte que le papa avait offerte chez le pâtissier du bourg. Et alors, fier comme Artaban, on partait faire part de la bonne aubaine à ses amis et connaissances. C'était un des usages de politesse courante à Saint-Gabriel.

Il ne pouvait être admis qu'on mangeât seul, comme un goinfre et un mal appris, les friandises et les desserts apportés par les parents.

L'heureux bénéficiaire de la gâterie en question se dépéchait donc d'expédier son repas, et partait en expédition autour du réfectoire avec son assiette couverte de l'objet délicat. Les prémices en revenaient de droit au C. F. directeur, et au sous-directeur, son voisin de table. Puis venait le tour des professeurs de l'enfant, et celui de ses amis et condisciples.

Un quidam qui se respecte doit être bien avec tous ses camarades de cour. Un morceau de gâteau, offert opportunément, ménageait souvent les mollets et les côtes des fréquentations cuisantes du ratatoire redoutable, et servait de lien à des camaraderies demi-désintéressées et recherchées parmi les gaillards réputés pour leurs biceps ou l'agrément de leur société.

Il résultait de cet usage, et des petits calculs du propriétaire, une promenade assez longue, au cours de laquelle chaque convive entamait, d'un léger coup de son couteau, la tarte ou le pain de savoie, aussi gentiment offert et présenté. De là une quantité de brèches minuscules faites à l'infortuné gâteau. On aurait dit une pièce de pâtisserie grignotée tout autour par un régiment de souris.

Les mieux partagés en ces gourmandes occurrences étaient les voisins immédiats du fortuné propriétaire, ceux du « plat », comme on disait. Aussi le voisinage de certains enfants gâtés, friandement pourvus de quantité de bonnes choses, par des mamans trop bonnes et fréquemment en visite, était-il particulièrement envié, jalousé et recommandé. Tant il est vrai que malgré tout, malgré l'éducation stoïque prêchée dans les classiques anciens, malgré les sages principes et apophthegmes des hygiénistes ou des sociétés de tempérance, l'enfant, et même l'homme, se laissent généralement guider, dans leurs fréquentations et leurs amitiés, par un intérêt quelconque.

C'est là un sentiment bien humain, et d'observation courante.

« Ce que c'est que de nous ! » disent les gens de la campagne en leur profonde et simple logique, avec un petit haussement d'épaules, qui en dit encore davantage...

Puisque nous sommes au réfectoire, restons-y. Nous allons y voir, dans l'exercice de ses fonctions, un personnage intéressant.

Nous prendrons connaissance de ses attributions, et nous nous rendrons compte des faveurs dont il est l'objet.

Ce personnage, c'est le lecteur du réfectoire.

Vous savez déjà que la lecture était, chaque jour et à chaque repas, faite à haute voix par des élèves bien doués sous le rapport de la lecture et des organes vocaux.

Les lecteurs (il y en avait un pour chaque repas) restaient en fonction toute la semaine. Ils étaient désignés par le C. F. directeur, qui se guidait en ces choix sur les places obtenues en classe et proclamées par lui le samedi soir.

Le potage une fois absorbé, le lecteur entrait en service.

Vous savez en quoi cela consiste ? Il faut se faire entendre de tout le monde, malgré le tapage des cuillères et des fourchettes. Pour cela, deux choses sont nécessaires, en dehors même de la virtuosité en lecture : un organe perçant et sonore, un toupet, un aplomb imperturbable. Avec moi, le C. F. directeur était servi à souhait ; aussi ne se faisait-il pas faute de me désigner fréquemment, à mon très grand contentement d'ailleurs. J'ai toujours aimé la lecture, et... on était si bien soigné après !... J'adorais les gâteries consécutives !...

Le C. F. « réfectorier » mettait de côté quelques bons morceaux, il y ajoutait une demi-bouteille de vin pur et un peu de dessert.

Il n'en fallait pas davantage pour me gagner entièrement à la cause, et me pousser à désirer ardemment la fonction que d'aucuns ne pouvaient pas, ou n'osaient pas aborder : Des goûts et des couleurs, il ne faut pas discuter, dit le proverbe. Ce qui navrait profondément plusieurs de mes camarades me satisfaisait pleinement. Inutile d'ajouter que la gourmandise entrait pour beaucoup dans mon amour de la lecture au réfectoire. Cela se devine de reste. Mais, réellement, en dehors de ce côté un tantinet vulgaire et prosaïque, j'aimais mieux lire moi-même qu'entendre lire les autres. Je comprenais mieux, j'étais moins distrait par le bruit, je n'en perdais pas une ligne.

Car il faut vous dire que nous lisions des livres extrêmement intéressants, captivants même. J'en attendais la suite avec une impatience vraie, un attachement progressif, au fur et à mesure du développement des événements racontés ou de l'action mise en scène.

Ces livres étaient toujours remarquablement choisis, et ce n'était pas une sélection facile que celle-là. Nous jouissions d'une bibliothèque variée dont les meilleures pages me sont encore présentes.

Citons d'abord l'*Histoire de France anecdotique*. Livre d'un charme puissant et substantiel, qui ajoutait ses mille broderies étincelantes aux résumés scolaires, arides procès-verbaux épinglés de dates sèches, dont nous bourrions nos petites cervelles. Cela ouvrait des horizons immenses sur la vitalité incomparable, et la vertu rénovatrice et rédemptrice de cette terre de France, si féconde en héros de tout ordre, pris à tous les étages de l'échelle sociale. Je serais fort embarrassé de vous dire aujourd'hui de qui était l'ouvrage ; mais ce devait être une traduction compilée de nos vieux chroniqueurs, tous si attachants, et si riches en aventures émouvantes. Un grand souffle français et chrétien passait en ces pages, qui vibraient comme autant d'hymnes, autant de chants glorieux, écrits en mémoire de nos aïeux si vaillants, si fidèles, si profondément pénétrés de trois amours, pivots de la vie française d'alors : Dieu, la France, le Roi. Ce livre aurait pu porter pour titre ou pour épigraphe glorieuse cette phrase latine sortie étincelante des premiers âges de notre histoire : *Gesta Dei per Francos*.

Ce nous était un régal, en même temps qu'une savoureuse nourriture intellectuelle, que la lecture passionnante de ces pages toutes chaudes du plus pur patriotisme, où l'on voyait aux prises les altiers fondateurs de notre belle France avec tous les ennemis conjurés pour sa perte.

Aussi dépêchait-on le repas, pour écouter dans le plus grand silence, toutes les têtes penchées vers l'estrade du lecteur, les hauts faits de Duguesclin, de Bayard, de saint Louis, de Charlemagne, de Rolland, de l'archevêque Turpin, de tous ces géants entrés vivants dans l'immortalité. Les coups d'épée énormes de ces grands preux, qui maniaient des lames de cinq pieds de long, comme si c'eût été des épées de parade, nous ravissaient d'aise et nous transportaient d'une virile allégresse. L'épopée de Jeanne d'Arc, la plus sublime page de notre histoire, nous faisait tressaillir d'une fièvre magnifique. Nous aurions mangé de l'Anglais, nous aussi. Elle nous enflammait pour la sainte cause de Dieu et de la France, dont la sainte Pucelle fut la véritable fondatrice, car elle personnifia plus que tout autre l'idée de la Patrie.

Et cela encore était bon et beau...

Pour varier les plaisirs, et nous reposer des récits historiques, dont nous absorbions trop le vigoureux enthousiasme, nous avions en intermèdes les livres si bien écrits et si humoristiques d'un auteur catholique bien connu sous le pseudonyme de Jean Grange.

Un certain « Robinson d'eau douce » me revient en mémoire ; et je souris encore aux aventures extraordinaires du bambin qui s'était transporté dans une île voisine du logis paternel, avec la ferme intention d'y rééditer des faits et gestes de Robinson Crusoé.

Jean Grange n'engendrait pas la mélancolie, je vous assure ; et nous avons ri maintes fois de ses récits remplis d'humour et de gaîté bien françaises. Il avait un style alerte, coulant, prime-sautier, joyeux, plein d'un esprit pétillant et de bon aloi, savoureux au possible. Les amateurs de franc et bon comique trouvaient en lui à qui parler.

On nous donna lecture également de *la Vendée militaire* de Crétineau-Joly. L'ouvrage le plus complet et le plus beau qui ait été jamais écrit sur cette époque troublée et sanglante qui termina le dix-huitième siècle et commença celui-ci ; comme si la grandeur de cette geste se fût trouvée trop à l'étroit dans un moule de cent ans, et voulût remplir de ses éclairs fulgurants une période double.

C'était comme une évocation surhumaine des lieux, des gens, des faits. On vivait la vie des acteurs sublimes de ce drame, où vainqueurs et vaincus commirent des fautes et firent des prodiges.

Nous suivions pas à pas nos arrière-grands-pères dans cette lutte émouvante et mortelle pour leur foi. Tous les lieux nous étant connus ou familiers, nous les voyions pour ainsi dire combattre. Nous entendions leurs cris de guerre. Et aussi l'écho de leurs prières avant la bataille passait comme un murmure de bénédictions sur nos têtes attentives.

L'image si haute et si pure de M. Henri, la rude silhouette courbée et guêtrée du vaillant Stofflet, la bonne et douce figure de Bonchamps avec son geste, pétrifié à Saint-Florent, de sublime pardon, les vertus stoïques et populaires de Cathelineau, la fine et aristocratique tête de Charrette, tout cela vivait, se mouvait, priait, se battait, sortait du cadre.

Lorsque l'un de nous entendait son nom prononcé par le lecteur, il ne doutait pas un instant qu'un de ses ancêtres n'eût coopéré à la grande œuvre, et la fierté sereine envahissait son front, comme s'il se fût senti l'étoffe d'un héros, en tous points semblable à celui dont l'auteur narrait les hauts faits.

Quiconque m'eût dit que ce n'était pas mon grand-père qui commandait les gars de Saint-Aubin, lors du siège de la Durbellière, le château des La Rochejaquelein, eût passé un mauvais quart d'heure. Et j'étais bien persuadé que j'aurais, aussi moi, accompli ce fait d'armes inouï de défendre les ruines fumantes du château avec douze paysans contre une compagnie de grenadiers mayençais, ces grognards invincibles en Europe.

Crétineau-Joly a écrit là une œuvre qui restera. C'est bien l'histoire définitive de l'Épopée Vendéenne, documentée fortement et étayée de témoignages, recueillis des lèvres mêmes des héros, spectateurs et acteurs de ces luttes surhumaines.

Aujourd'hui, après un siècle, il est des gens qui jugent sévèrement la levée des fourches et des faulx vendéennes, angevines et bretonnes. L'affreux nom de guerre fratricide prend dans leur bouche une sonorité remplie de haineux reproches et de conventionnelles amertumes, voire même de basses invectives. Que l'on veuille bien se reporter à l'époque de l'explosion, étudier l'état des âmes et des esprits, se rendre compte de l'effet produit sur ces populations, pieuses et dévouées, qui ne connaissaient que leur foi et leur roi, et à qui l'on ravissait brutalement, pour les noyer dans le sang, ces deux astres de leur nuit intellectuelle. Sans dire, comme certains l'ont fait, aux applaudissements de coteries politiques détestables, que l'insurrection est le plus saint des devoirs, il convient de faire la part des choses, dans les événements qui se déroulèrent alors en Anjou, en Poitou, en Vendée et en Bretagne.

Lorsque la guillotine fauchait en permanence, sur la place de la Nation, des têtes, françoises s'il en fut, lorsque sur l'autel, infâmement souillé, de Notre-Dame, ce temple de toutes les gloires et de toutes les grandeurs, une ribaude assise personnifiait la déesse Raison, les Vendéens pouvaient se croire permise la résistance désespérée qu'ils firent aux lois votées par la Convention sanguinaire, qui, somme toute, ne les avait pas consultés pour démolir l'ancien régime qu'ils aimaient.

.Et l'on ne saurait mieux faire que s'incliner respectueusement devant ces braves qui scellèrent de leur sang la grandeur et la puissance de leurs convictions. Lorsqu'on meurt pour une idée, on ne doit provoquer que l'hommage et le respect. Et quand on regarde de près l'œuvre de nos pères si vaillants et si hautement fidèles, on ne peut qu'entourer leur mémoire de tous les sentiments pieux dont on honore les héros français et chrétiens.

Les quatre volumes de *la Vendée militaire* furent dévorés, c'est le cas de le dire, au réfectoire des grands à Saint-Gabriel. Et notre foi, notre ferveur, notre respect grandirent à cette noble lecture. Nous rendions, avec plus de piété, les honneurs à toutes ces tombes, à tous ces calvaires gravés, que nous rencontrions dans les bois et au bord des routes, en nos promenades hebdomadaires.

C'étaient les mânes de nos aïeux que nous saluions avec cette piété recueillie.

Voilà quelles saines et réconfortantes lectures nous faisions.

Vous jugez, d'après les quelques titres cités, que nous ne perdions jamais notre temps, et que toutes les occasions étaient saisies de développer en nos esprits et en nos cœurs l'amour de la Patrie, et notre admiration pour tout ce qui est vraiment beau et grand.

CHAPITRE XII

Le théâtre au pensionnat. — Les ouvrages. — Les auteurs. — Les acteurs. — Quelques souvenirs dramatiques.

Nous avons vu qu'à l'occasion de la fête du carnaval, la représentation théâtrale formait une des grandes attractions de la journée. Intentionnellement, et avec l'idée préconçue d'y revenir, j'ai glissé sur le récit de la fête, sans approfondir cette question du théâtre, que je me réservais d'aborder plus complètement, afin d'en faire ressortir l'importance au point de vue littéraire et artistique. Je veux aussi raconter à mes jeunes amis avec quels soins les œuvres sont étudiées d'abord, et au milieu de quelles péripéties les études et l'exécution s'effectuent ensuite.

Ces représentations se trouvent, au pensionnat, former comme l'essentiel complément des cours de littérature suivis par les classes supérieures. Elles sont, en effet, la plus sensible expression de cet art dramatique, si puissant en ses manifestations, et dans son influence sur les masses. Elles montrent aussi le degré, le niveau des études littéraires : car il est prouvé que l'acteur, pour bien remplir son rôle, doit être un homme de goût, un intuitif, doublé d'un lettré.

Alors que les beautés de la poésie et du style demeurent lettre morte pour le commun des mortels, ne disent rien à sa conception, toujours simpliste, de la propagation du verbe, la lutte des sentiments humains sur une scène, l'image vécue des mœurs, des habitudes, des attitudes, des vertus, des travers, des vices coudoyés journellement, frappent ses sens d'une vive lueur. Le peuple et l'enfant préféreront toujours un beau tableau à une description ; mais ils aimeront encore davantage l'action scénique, le mouvement de la vie animant les personnages mis en lumière.

Dans l'émerveillement des splendeurs théâtrales, chacun se voit évoluer en chair et en os, en la personne des acteurs, et s'imprègne, pour ainsi dire, de l'atmosphère factice créée par l'auteur autour de ses héros. Les idées grandes et nobles, en empruntant cette forme expressive du verbe parlé, clamé, comme dans la vie réelle, ont plus de chance de pénétrer au fond des cœurs que par la voie, toujours moins brillante, extérieurement du moins, du verbe écrit.

Ce dernier, en effet, lorsqu'il emploie certaines formes plus abstraites ou moins connues, se trouve gêné dans son travail de pénétration par la richesse même de ses atours. Sa rapidité est moindre, son cours plus paisible, comme sa nature elle-même. Il n'emporte pas les places d'assaut ; il les tourne longuement, ou les mine sourdement, ne s'adressant la plupart du temps qu'à une élite intellectuelle qui ne vit pas de sensations, mais de sentiments. Au contraire, le torrent dramatique, par sa brutalité même, par la vérité autant que possible restituée du costume et du cadre, entre et pénètre d'un seul coup, alors que l'autre frappe encore timidement à la porte. L'auditeur du drame s'écrie : « Ah ! comme c'est vrai ! ». Il est conquis. Le lecteur d'une dissertation se demande : « Que me veut donc cet importun qui me dérange ainsi dans mes idées et dans mes conceptions ordinaires ? Peste soit du gêneur ! » Et le livre est mis de côté.

La littérature dramatique, même ordinaire, a donc toujours eu une supériorité, pour ainsi dire matérielle, sur la littérature lyrique, sur la poésie, sur la prose. L'une s'adresse aux masses et les enlève en un seul effort vigoureux et conquérant, l'autre ne courtise que les initiés qui, en cette qualité, discutent, ergotent, épluchent, font une petite moue dédaigneuse, et rejettent, presque méprisants. Je ne veux point rechercher si c'est à tort ou à raison qu'un tel état de choses existe, je constate simplement un fait indéniable.

Toutes ces considérations, et bien d'autres encore, en dehors même de la nécessité de distraire, qui est la source première de toute fête quelle qu'elle soit, font pénétrer de vive force le théâtre dans la vie des peuples, à tous les âges, et à toutes les époques. Toutes les agglomérations se sont ainsi vu envahir par la scène et les acteurs.

La variété infinie des genres permet toutes les applications, tous les emplois de cette formule si précieuse de l'art littéraire, de même qu'elle offre à toutes les intelligences, et à tous les goûts, le délassement qui leur convient le mieux, et l'étude vers laquelle leur nature les prédispose. Au pensionnat, le vaudeville, la comédie, l'opérette, le monologue, formaient le contingent des fêtes du carnaval; le drame, la tragédie, le vieux mélodrame et les ouvrages historiques, formaient la base de la représentation solennelle pour la grande journée des prix.

La recherche des œuvres spéciales, destinées aux scènes des institutions religieuses, devait offrir une difficulté très grande.

Peu d'auteurs se sont attelés à ce labeur ingrat de ne mettre en jeu que des personnages du sexe fort, en des scènes dont la femme (et tout ce qui s'y rattache) se trouve impitoyablement exclue. Après avoir épuisé les sujets historiques, fort nombreux du reste, mais pas tous exploités, — ni exploitables, — dans lesquels les héros masculins, seuls, ont leur raison d'être, et leur place au soleil, tels les drames guerriers, les conspirations, les péripéties d'un siège, il faut parfois en venir à expurger soigneusement, à démarquer les œuvres où la femme joue un rôle.

Cette dernière besogne présente des difficultés, de plus d'un genre, qui ne sont pas toujours surmontées.

Rester dans le ton général d'un ouvrage, dont on n'est pas l'ouvrier, est chose extrêmement délicate et difficile. Garder tout son intérêt à un drame dont on a supprimé plusieurs scènes, quelquefois maîtresses, est un écueil redoutable. Enchaîner, après amputation, est un labeur qui demande une légèreté de main et de plume très difficile à acquérir. Telle pièce, qui passe à juste titre pour un chef-d'œuvre, deviendra un monstre mort-né après l'opération cruelle des ciseaux.

Je préfère de beaucoup les œuvres sorties tout d'un jet, même moins puissant, à celles qui sont le résultat de coupures, d'arrangements, dont elles sortent défigurées. Il vaut donc mieux, selon moi, s'adresser aux écrivains spéciaux, dont quelques-uns d'ailleurs d'une valeur réelle, qui travaillent à des créations scéniques d'où la femme peut être supprimée. Il n'y a que plus de mérite pour l'auteur, quand il réussit à vaincre cet obstacle redoutable; car il se prive volontairement d'une quantité prodigieuse de moyens dramatiques et de scènes à grand effet. Mais il s'en prive avec connaissance de cause, et, son œuvre ayant été conçue ainsi, élaborée dans cet ordre d'idées, garde son unité, sa couleur personnelle, sa valeur propre et spéciale, quand elle n'y joint pas une originalité que les maîtres atteignent, et qui leur est un attrait de plus.

J'ai ouï dire qu'un père jésuite, le Père Longhaye, très fin lettré, écrivain de race et de qualité supérieure, était arrivé à des résultats extraordinaires en ce genre de travaux littéraires. Je crois bien me souvenir que plusieurs des grandes œuvres, qui firent l'admiration des milliers de spectateurs accourus à nos distributions de prix, sortaient de sa plume experte, élégante, vigoureuse, et classique à plus d'un titre. Mais je n'ose pousser trop loin mon affirmation.

Ce manque de précision dans mes souvenirs n'existe plus, du moins, pour tels grands drames fameux qui m'éblouirent jadis, et dont je revois aujourd'hui passer tour à tour les titres enchanteurs.

C'est *Louis XVII*. Un mélodrame palpitant, avec la plainte navrante, sanglotante, du pauvre Dauphin martyr. Il répétait, le pauvre petit, dans le taudis de Simon, le savetier féroce, une berceuse que sa mère chantait pour l'endormir, et cette berceuse disait :

> Veillez, veillez, sainte phalange,
> Veillez, veillez sur mon fils, avec moi.
> Et toi, dors, dors, mon petit ange,
> Dors, dors, dors, dors, mon petit roi !

Ce n'était peut-être pas très fort comme vers, mais l'émotion communicative, l'expression maternelle et cordiale que l'on y sentait, jointes à la musique tout à fait touchante, et dont je chantonne encore l'air en écrivant la strophe, cet air qui pleure en berçant, et que j'entends encore sourdre au milieu des sanglots de l'enfant qui jouait le Dauphin, tout cela en une scène bien rendue, bien mise au point, réelle au possible, arrachait les larmes des mères, et serrait le cœur de tous, comme la vision sanglante d'un massacre de jeunes agneaux. Puis, c'était l'ivresse d'Hébert dans le corps de garde du Temple, avec les jacobins et les soudards avinés ; leurs chants hideux de triomphe, leurs toasts à la République une et indivisible, les hurlements de la foule, les cris de mort des égorgeurs, les brutalités de Simon, tout le martyre de ce pauvre enfant si doux, si plaintif, si beau, dont le seul crime était d'être le fils de son père !... Un frisson me passe encore dans les moelles en songeant à l'angoissante pitié, à la tristesse infinie, qui jaillissaient, si hautement humaines, de cette tragique page vécue...

Une autre année, on nous donna *Jean de Lavalette*, du R. P. Longhaye.

L'auteur nous transportait à Malte, chez ces puissants et chevaleresques héros qui furent les soutiens de la chrétienté, à l'époque troublée du moyen âge ; au moment où les seigneurs, jaloux les uns des autres, oubliaient le Saint-Sépulcre, assiégé par les infidèles, pour se battre entre eux, et s'épuiser dans de basses et viles intrigues, indignes du sang vaillant qui coulait dans leurs veines. Les compétitions et les luttes pour la suprématie s'étaient glissées jusque dans le sein de la grande forteresse chrétienne de Malte, rempart suprême, sentinelle avancée de la Croix, dressée superbe en face du Croissant. Et nous assistions, je crois, aux péripéties d'une de ces conspirations intestines dont la grand'maitrise de l'Ordre était le but et l'enjeu. Nous voyions alors la vertu, la foi, la grandeur d'âme, l'humilité, le courage viril et le génie militaire de Jean de Lavalette aux prises avec les ennemis du dedans et du dehors, lutter, au milieu des dangers d'un siège, avec les calomnies de la basse intrigue, les menées tortueuses d'ambitieux pleins d'envie, auxquels Satan soufflait les plus odieux desseins et les plus noires infamies, pour saper l'Ordre qui combattait si vaillamment contre sa puissance infernale.

Charles VI, de Casimir Delavigne, était une autre fois mis sur nos planches. Nous y puisions une haute leçon de patriotisme et d'histoire, au cours de laquelle nous tressaillions profondément de la « grande pitié qui était au royaume de France », suivant l'adorable mot, si dolent et si plaintif, que devait puiser en son cœur inspiré, quelques années après, notre Jeanne d'Arc. Le fameux chœur « Guerre aux tyrans » vibrait puissant et grandiose. Une flamme bondissait du cœur à la gorge, glissait un cri belliqueux dans la voix, et trouvait encore des étincelles pour en allumer les regards des jeunes patriotes. Puis, la haine, oui, la haine sainte, celle de l'odieux étranger, venait faire grincer nos dents au spectacle des infamies de Bedfort l'Anglais, ou au récit des trahisons et des turpitudes de la trop fameuse Isabeau de Bavière. Nous réunissions ainsi, en une exécration commune, les deux envahisseurs maudits de notre belle Patrie.

Ah ! mes chers amis, quelles poignantes heures j'ai passées pendant tous ces spectacles ! Et vous me croirez facilement en me voyant vous raconter succinctement, mais suffisamment, ces belles pages qui m'entrèrent toutes vibrantes, toutes vives, dans le cerveau et dans le cœur, et y restèrent à jamais gravées.

Le degré de vigueur, d'enthousiasme patriotique, de virilité française et de puissance religieuse, le souffle, en un mot, qui se rencontrait dans ces pages, et ressortait de ces œuvres, me transporte encore d'admiration. Je voudrais les avoir sous les yeux pour vous citer telles phrases, telles apostrophes, telles répliques qui atteignent les sommets de l'art et de la beauté dramatique.

Aussi, ne serez-vous pas surpris d'apprendre quel effet produisait, sur nos esprits, la contemplation de ces belles choses, que je qualifierais bien de chefs-d'œuvre, si j'osais. Mais on pourrait me taxer de pédantisme, ce qui m'ennuierait fort ; ou de vaine flagornerie, ce qui ne me contrarierait pas moins. Quoi qu'il en soit, à l'époque dont je parle, les productions théâtrales que je vis jouer à Saint-Gabriel me semblaient les égales de celles de Corneille, de Racine et des plus grands dramaturges et auteurs tragiques.

Après avoir parlé du théâtre et des « pièces », suivant le terme consacré à Saint-Gabriel, mettons en scène les acteurs. Non pas pour les voir jouer ; mais pour étudier leur petite existence, et leur manière d'être au milieu de leurs camarades.

Ce n'était pas un mince honneur, et une mission peu enviée que celle de personnifier les héros sur les planches au pensionnat. Songez donc ! Des gaillards à qui le C. F. directeur faisait risette ; qui avaient des allures un peu plus libres que nous, le menu fretin ; qui jouissaient d'immunités extraordinaires, lesquelles étonnaient toujours prodigieusement le commun des mortels.

Promus momentanément à la dignité de confidents des projets d'en haut, toujours tenus si secrets, ils acquéraient une importance semi-officielle, qui les rehaussait à nos yeux de toute la distance qui sépare les hautaines plates-formes théâtrales, et les splendeurs décoratives du cadre scénique, des bancs de bois rudimentaires, sièges un peu durs, où se groupaient les ordinaires auditeurs du parterre.

Être le point de mire de quatre ou cinq mille spectateurs,  débiter en public ces belles tirades, au milieu desquelles on se mettait la main sur le cœur, pour lancer un acte de foi, en levant les yeux au ciel, se revêtir de brocarts plus ou moins dorés, se casquer d'acier, ceindre une vaillante épée (les épées sont toujours vaillantes là-dedans), enserrer ses reins en une cotte de mailles ruisselante de paillettes, chausser les hautes bottes à créneaux, ou le brodequin fauve, et tendre le jarret dans les passes d'armes, parmi les crissements du fer, les éclats de la mousqueterie et les clameurs des combattants ; voilà, n'est-il pas vrai, qui vous donnait une allure héroïque, romanesque, en dehors, et vous désignait immédiatement à l'attention des foules !...

Les acteurs étaient naturellement choisis parmi les plus grands, les mieux pris et les mieux doués des élèves des classes supérieures.

La préparation durait longtemps. Les rôles devaient toujours être impeccablement sus, car il n'y avait pas de souffleur. Et comme le temps seul des récréations et des promenades était employé à ce travail supplémentaire, sans toutefois l'accaparer en entier, ce qui eût constitué une imprudence pour la santé des enfants, il est évident que les études étaient longues et difficiles. Les répétitions se faisaient ensuite, toujours dans le secret le plus absolu, et dans l'éloignement des profanes. Ah ! les arbres de l'enclos devaient en radoter entre eux, et se raconter à la nuit tombante, dans le grand calme du soir, les tirades échevelées, et les bras pointés vers le vide, trouant un ennemi imaginaire, qu'expectoraient et que brandissaient les futurs artistes, les grands déclamateurs en herbe !

De quel regard d'envie ne les voyais-je pas partir, les favorisés, en compagnie du C. F. H..., régisseur et metteur en scène de toutes les pièces. Ils allaient, gambadant, sautant, riant, importants et goguenards, sous les ombrages des murmurantes charmilles, sur les bords de la Sèvre poétique et gazouillante. Ils avaient des goûters spéciaux, des privautés inconnues des autres. Et, au moment où la chose se corsait, en la proximité du grand jour, dans le raccourci du temps de plus en plus restreint, ils abandonnaient tout, et vivaient étrangement à part, en leur existence semi-héroïque et seigneuriale, déjà entrés dans la peau de leurs personnages, déjà pénétrés de leur rôle, ayant acquis l'allure conventionnelle, et la marche à grands pas lents, qui caractérisent les acteurs en scène.

Il me souvient que, dans leurs jeux, qu'ils prenaient à part, ces messieurs échangeaient parfois de brèves ripostes, des apostrophes vibrantes qui étonnaient l'entourage. Un coup d'œil d'intelligence, un éclat de rire moqueur, répondaient à notre ahurissement grotesque. C'était vexant au possible. Le mystère nous était révélé à la représentation, alors que le mot, la phrase, l'apostrophe franchissaient soudain la rampe pour nous entrer en coup de fusil dans l'oreille.

Mais cela prenait des proportions homériques lorsqu'il y avait des œuvres comiques à l'étude. Nos acteurs se renvoyaient à la volée des interjections bizarres, des moitiés de phrases exhilarantes, et nous, bêtas, bouche bée, nous riions de les voir rire, sans savoir, par contagion. Et aussi par complaisante adulation, dans l'espoir secrètement nourri d'obtenir, d'une intimité plus grande, d'une amitié plus éprouvée, d'une condescendance plus absolue, quelques confidences sur l'œuvre ou les œuvres qu'ils devaient nous jouer.

« Où ça se passe-t-il, la pièce, dis, un Tel?... »

« Quel rôle fais-tu, toi ? »

« Oh ! tu peux bien me le dire, à moi, je te jure de garder le secret ! »

Cela grillait, cela intriguait, cela minait, cela énervait de ne rien savoir, de ne pouvoir être soi-même assez bien en cour pour être jugé digne de recevoir le dépôt du fameux mystère.

Et puis la jalousie d'être choyé, bien vu de tous, en vedette sur les planches, tous ces sentiments bien enfantins, bien humains, devrais-je dire, jouaient leur rôle dans l'esprit de chaque élève.

Cela n'empêchait pas d'admirer en conscience quand le grand jour était venu. Plus de mesquine jalousie, plus d'envie venimeuse; il n'y avait là que des enfants subjugués, prêts à l'applaudissement sincère et bruyant. Et nous acquittions largement notre dette, en fêtant nos camarades mieux doués, ou plus experts dans l'art difficile de la déclamation.

CHAPITRE XIII

Les derniers jours à Saint-Gabriel. — Les examens. — La soirée des adieux. — Distribution des prix. — Le départ.

Il me reste à vous narrer les derniers jours d'un élève à Saint-Gabriel.

Bientôt ma tâche prendra fin, et, avec les adieux à la maison bénie, ma faible voix s'éteindra dans le concert ému dont retentissent ses murs évocateurs.

Les examens de fin d'année ont vu tour à tour passer sur la sellette tous les forts en thème et les paresseux; ils ont recueilli, les uns et les autres, les fruits, doux ou amers, de leurs travaux plus ou moins bien conduits. L'un après l'autre, les livres classiques ont été retirés des mains des écoliers, pour dormir quelque temps dans les placards de la procure. Les vacances approchent. Tout le dit, tout le proclame...

Les répétitions des pièces se font plus fréquentes, en une hâte fébrile. Celles de la musique sont plus suivies, atteignent une perfectibilité plus grande. Les travaux de la classe de dessin reçoivent les dernières retouches, avant de prendre le chemin de la grande salle d'exposition. Le C. F. O... brosse, à grand renfort d'encre de Chine, les hautes colonnes d'architecture, qui vont servir de coins pour la salle en question, et lui donner comme un faux air d'atrium envahi par les dessinateurs. Les filets grecs entortillés, les lavis compliqués, les écussons rutilants s'achèvent rapidement, sur la planchette du labeur annuel. On procède au classement des œuvres. L'activité a doublé et règne partout.

Dans la grande cour, le théâtre dresse ses assises massives, les décors se déroulent, les portants se clouent, les plafonds se tendent, les rideaux se drapent, les menuisiers scient, posent, se démènent sous les ordres du C. F. H..., dont le rabat en bataille et la soutane poudreuse dénotent la préoccupation dénuée de précautions. C'est le coup de feu, il ne faut pas que rien cloche.

Au milieu de tout le bruit, chacun songe à sa petite affaire. Les acteurs repassent leurs rôles à l'écart, les élèves préparent leur malle, les maîtres établissent scrupuleusement le palmarès. Qui est-ce qui sortira grand vainqueur ? L'élection pour le prix d'excellence est tenue secrète comme toujours ; mais on sait à peu près à quoi s'en tenir.

Les parlottes des cours retentissent des projets d'excursions que l'on forme pour les vacances. Tel, qui ne bougera pas du foyer paternel, se désole à la pensée que son ami le plus fidèle se trouvera, dans huit jours, au bord de la mer, à vingt lieues de là, se plongeant avec délice dans la grande bleue. D'autres se réjouissent, comme d'une partie de plaisir, de faire les battages de la moisson avec leurs parents, dans le mouvement inusité de la ferme grondante et poussiéreuse. Les vignerons songent aux premières vendanges, celles des coteaux ensoleillés qui se cueillent d'abord, et leurs lèvres gourmandes s'humectent déjà, par la pensée, de la chair ambrée ou rose, qui s'écrase en un jus sucré et savoureux, lorsqu'on becquette une grappe au passage de la vigne. Les intimes promettent de s'écrire. Promesse deux fois tenue, plus souvent pas, et qui cependant est bien sincère à l'instant où on la fait !...

Ceux qui savent que c'est la dernière fois sont plus émus, plus mélancoliques ; ils sentent que quelque chose va se briser, qu'ils voudraient bien garder encore. On se promène de plus en plus, pour occuper les loisirs devenus plus nombreux. Aux champs de boule, à Bégrolles, vers les bois de la Barbinière, si frais et si verts, sur les bords de la Sèvre alors au maximum de leur beauté.

Un vent de désordre joyeux a passé sur les têtes, qui attendent, anxieuses, l'arrivée du grand jour, celui qui ramènera les familles individuelles, et dispersera la grande famille scolaire aux quatre vents de l'horizon...

L'énorme tente qui couvre toute la grande cour se dresse et clapote au bout de ses cordages, en haut de ses mâts, tendue comme la grande voile d'un paquebot qui s'apprête à partir, au-dessus du pont encombré de chaises, de caisses, d'échelles, d'objets disparates. Cela semble bien le départ d'une grande nef sur la mer du monde. Malheureusement, si l'équipage reste fidèle et solide au poste, les passagers fuient à toutes les escales, remplacés d'ailleurs par d'autres aussi nombreux. Et c'est bien là l'image de la vie, ce flot changeant, qui jamais ne demeure semblable à lui-même, et toujours se renouvelle, vient, s'en va, revient, s'enfuit au milieu du bruit, du tapage, du mouvement, qui est le propre de la fourmilière humaine...

C'est la veille de la distribution des prix.

L'heure est solennelle, chacun sent que le moment est grave. Il ne reste plus qu'une nuit à passer à Saint-Gabriel. Demain, dans le brouhaha, on n'aura même plus le temps de penser à rien, on ne s'appartiendra plus, on sera devenu une des gouttes d'eau de cette mer en ébullition que sera Saint-Gabriel, et il faudra suivre les torrents qui se précipiteront dans cette mer. Cette dernière soirée calme est donc remplie de songeries profondes.

Les bons frères ont institué, pour cette soirée, la grande cérémonie des adieux à Marie. Cérémonie vraiment grande, belle et poétique. Source de bienfaisantes pensées, de douces et durables émotions, qui laissent des traces ineffaçables dans les cœurs pieux et bien nés. Par elle-même, cette fête est déjà grandiose ; mais combien ne l'est-elle pas plus encore par les sentiments qui l'ont inspirée, et qu'elle fait naître chez tous ceux qui ont le bonheur d'y assister, d'en être les acteurs !...

L'occident empourpré enveloppe de ses feux atténués et mourants la silhouette blanche de la Vierge qui, souriante, attend ses enfants. La splendeur du décor se joint à la grandeur de l'acte accompli, pour développer au centuple les multiples sensations de ces enfants qui viennent, qui montent vers le tertre béni.

Dans le crépuscule qui tombe, voyez cette théorie d'enfants déroulant ses méandres au cours des allées montueuses de l'enclos, sous les grands arbres qui se causent dans l'ombre, tels des ancêtres attentifs et bavards. Procession lente, pieuse, recueillie. Ces petits vont dire adieu à leur Mère du ciel. Ils vont prier leur Reine, pour que sa main puissante et douce les marque au front du signe des forts ; pour que la Maîtresse des flots apaise, sur leur passage dans la vie, les ouragans terribles et les orages meurtriers ; pour que la Patronne Auguste surveille leurs pas et guide leurs cœurs ; pour que la Mère les berce dans ses bras, et calme leurs douleurs, en leur versant le dictame divin dont Dieu lui confia le secret. Revêtus de la grâce qu'elle leur donnera, ils s'élanceront demain au sein du monde, volant de leurs propres ailes à peine poussées.

Mais quelle est cette lueur ?... Quelle splendeur éclatante enveloppe le tertre verdoyant ?... Ce sont les mille lumières, tremblotantes au vent comme des âmes d'enfant craintives, qui brillent parmi les arbustes et les fleurs, superbes éclosions mouvantes des gazons et des buissons, formant une couronne d'étoiles scintillantes à la statue qui resplendit.

Cette floraison soudaine et fidèle des clartés blanches et pures monte, monte jusqu'aux pieds de la Madone toujours souriante et douce. Tout à coup, l'air retentit sous les accents d'un chœur énorme, puissant, grandiose. Ce sont les quatre cents voix des petits qui chantent la gloire, la beauté, la grandeur, l'amour de leur Mère. Et ces voix s'élèvent, superbes, s'envolent au vent du soir, éveillant les échos surpris de l'agreste vallée, frappant les rochers nus, courant sur la rivière, qui murmure, étonnée, sa basse chantante accompagnatrice du cantique suave et doux.

L'hymne grandit de plus en plus, prenant encore plus d'éclat, plus d'accent, plus d'envolée, pour monter jusqu'au trône de la Reine.

Et que disent-ils, ces petits agenouillés dans l'herbe?...

> O Vierge, notre mère, étends sur nous ton bras!
> Mère, mère, nous partons, adieu!
> Mère, mère, conduis-nous vers Dieu!
> Vierge, notre espérance, protège tes enfants!

C'est la foi, c'est l'amour, c'est l'espoir, c'est le regret du départ, l'angoisse de l'absence prochaine. C'est l'appréhension du voyageur quittant une terre connue et bénie, à la veille d'un long et périlleux voyage. C'est le sanglot de l'âme craintive et éplorée qui se souvient, espère et prie.

Les litanies de la sainte Vierge succèdent au chœur puissant.

Une frêle voix seulette, aux pieds de la statue ruisselante de clarté dans le noir, dit les versets de la sainte prière, et le chœur que l'on ne voit plus, houle humaine échouée au pied de la falaise, perdue dans les sombres frondaisons qui s'agitent frissonnantes sous le vent du soir, le chœur invisible répond, formidable et pieusement murmurant: « Priez pour nous!... Priez pour nous!... » Toute la terre, à cent mètres à l'entour, semble supplier en cette grande voix qui jaillit de l'ombre. Et c'est toujours la prière, toujours la plainte, toujours le regret, toujours la ferveur anxieuse, toujours l'espoir!...

Les vieux maîtres endormis pour l'éternité, au pied de la colline, tressaillent, au fond de leur retraite dernière, à cet appel continu et réitéré. Les âmes de ces fidèles serviteurs de Marie se joignent à la prière de ces petits qu'ils aimaient tant; et ce sont elles, leurs ombres pieuses, qui palpitent dans les grands sapins noirs dont les aiguilles s'entrechoquent, pour ajouter leurs voix à celles des petits. Et le chœur devenu plus sombre, plus puissant, moins terrestre, bourdonne plus profondément à chaque verset qui tombe de là-haut : « Priez pour nous!... Priez pour nous!...»

Un dernier cantique, plus poignant encore, enflamme à nouveau tous les cœurs. On distingue des sanglots dans les voix enfantines, on verrait des larmes dans les yeux si la nuit ne couvrait ces intimes douleurs de ses grands voiles :

> Mère, mère, garde-nous toujours !...
> Bonne mère ! Bonne mère ! Adieu ! Adieu !

Et l'écho du vallon répond longtemps après : « Adieu ! »...

La procession revient songeuse, l'enclos se vide, le calme, le grand calme se fait, les lumières s'éteignent une à une, comme à regret, tout s'endort.

Et sous la lueur pâlie de la lune frileuse, reflet figé de l'envers du ciel éclatant, sous la clarté bleuâtre, clignotée par les paupières des chastes étoiles, sur le tertre désert, paisible et solitaire, au-dessus des grands arbres que balance en chantant la brise douce des nuits, la statue de la Mère, l'image de la Vierge sainte semble grandie soudain comme une blanche apparition.

Elle plane, elle sourit aux deux petits agenouillés en une perpétuelle extase à ses pieds divins. Ces deux enfants sont les sentinelles laissées par les autres aux pieds de la Reine des Anges. Elle incline vers eux son grand front chargé du diadème souverain, elle les regarde avec douceur, elle leur sourit avec la tendresse et la bonté d'une mère. Ils continuent la prière terminée, ils chantent de leurs lèvres de bronze l'hymne que clamaient tout à l'heure nos quatre cents poitrines. Et la Vierge sereine les bénit, nous bénit tous, pendant que, murmurante et berceuse, monte et plane toujours la gazouillante chanson de la Sèvre, la muette prière des grands blocs agenouillés sous le ciel profond, devant l'Éternel...

La dernière nuit sous le toit de Saint-Gabriel a terminé sa lente évolution... Chacun se lève le cœur joyeux, mais vaguement empreint d'un ennui bizarre. On est content, on est heureux, et cependant quelque chose manque à cette manifestation du bonheur. Un je ne sais quoi, un sentiment indéfinissable, fait de mélancolie, de regret, d'appréhension du lendemain dans la vie, de quiétude rompue, vous laisse tout drôle en présence de la malle remplie à nouveau de tout le trousseau scolaire. En la fermant, on éprouve comme l'impression que l'on cadenasse l'insoucieuse gaîté, le rire frais et clair, la tranquillité radieuse des bons jours, les gambades sous bois, les bonnes parties d'échasses, les courses affolées sous le ratatoire, les baignades en Sèvre, et toutes les chères choses qui vous tiennent au cœur.

On tourne la clef sur l'image des bons camarades, sur celle plus présente encore, des chers maîtres... Et cela gonfle d'un gros soupir la poitrine du voyageur. On donne un dernier regard à tous les objets qui furent des compagnons pendant si longtemps : cette couchette où l'on dormait si bien au retour des promenades fatigantes, à l'abri de tous les orages, dans  l'atmosphère de douceur et de piété que l'on respire en cette chère maison ; cette planchette sur laquelle, chaque matin, le nécessaire de toilette reprenait place après sa quotidienne besogne ; ces rideaux blancs qui bornèrent pendant dix mois les horizons de nos soirs de rêve. On s'en va tristement dans les couloirs, sans savoir ce qu'on fera jusqu'à l'arrivée des parents, en un désœuvrement qui ajoute encore une note à l'ennui. Car la classe a déjà reçu le dernier regard ; et celui-là, pour certains gaillards, était dénué de toute espèce de tristesse !...

Enfin, la dernière messe est dite et entendue avec toute la ferveur possible. Point ne retrouverez, enfants, ce calme pieux et doux, puissant évocateur des pensées candides et fidèles vers Dieu et sa Mère !...

Mais les familles arrivent !...

Le gigantesque tohu-bohu de l'arrivée recommence. Ce sont des courses hâtives, enfiévrées, parmi les couloirs, les dortoirs, les cours, les classes. Chacun oriente son monde. On se hâte, on se bouscule, on s'interpelle, dans l'effarement et la préoccupation de ne rien oublier. On charge la malle, les échasses, les couvertures. C'est le suprême déménagement, c'est la dernière fois...

Puis l'heure vient de la distribution des Prix.

Sous la vaste tente ont pris place, Dieu sait comment, et au prix de quelles luttes, les familles, les prêtres des environs, les amis et les invités de Saint-Gabriel, les anciens barbus et grands messieurs, qui viennent applaudir leurs cadets, sur ces bancs où ils grandirent. Il y a là cinq mille personnes au moins.

Le drame déroule ses péripéties au milieu de l'attention générale. La musique charme l'auditoire par ses flonflons les plus mélodieux. Le président, généralement Mgr l'évêque, prononce un discours, que les voisins seuls entendent, et que tous applaudissent de confiance. Un professeur donne lecture du palmarès. Les couronnes pleuvent sur les fronts glorieux des travailleurs. Les forts en thème reviennent chargés, ployant sous le faix. Les parents rayonnent et applaudissent leurs enfants. La musique joue un dernier morceau. Et tout le monde reprend la course affolée dans les cours et les couloirs. On voudrait tout faire et tout voir, tout dire et tout parcourir à la fois. Au milieu de la débandade, on se dit au revoir. On serre les mains des amis qui s'en vont. On embrasse ses maîtres. On se fait des promesses de s'écrire. On s'embrasse encore en pleurant. On part... on est parti !...

Le froid de la solitude et de l'abandon plane sur l'asile d'où se sont envolés les petits !...

Le vent du soir les retrouve épars sur les routes, endormis de fatigue sur les coussins des voitures, et leur apporte sur son aile comme un dernier baiser, une dernière caresse de leurs maîtres qu'ils ont laissés tout seuls. Dans la brise, qui les enveloppe et berce leur sommeil pénible, flotte encore le dernier adieu proféré aux pieds de la Vierge, qui sourit et bénit toujours les deux petits de bronze restés fidèles à leur pieuse faction, humbles représentants de tous ceux qui s'en vont, ballottés sur les chemins du monde !...

CONCLUSION

Et maintenant, que nous avons parcouru la route que nous nous étions tracée, maintenant que les tableaux enchanteurs de cette belle vie de jeunesse ont achevé leur mystérieux voyage, et se sont classés pour toujours au musée précieux du souvenir, nous ne pouvons clore ces pages sans demander au lecteur, s'il a rencontré jamais sur son chemin une maison aussi remarquable jusqu'en ses plus petites institutions, et autant aimée, par ses enfants, d'une affection qui ne fait que grandir avec les années. Car, au contraire de ce qu'on observe généralement, plus on s'éloigne de ces heures bénies, et plus le souvenir se fait intense et puissamment attachant. Parce que c'est par le cœur que les bons frères nous ont tous pris, et que le cœur se souvient toujours.

D'autre part, la raison acquiert avec l'âge plus de force, elle se développe et éclaire d'une flamme éclatante les mobiles paternels mis en œuvre à Saint-Gabriel. Et si, plus tard, l'ancien élève des frères se voit obligé par les circonstances de placer ses enfants dans des établissements où les sentiments ne jouent plus le même rôle, un rapprochement s'opère immédiatement dans son esprit. Et du parallèle jaillit en lui un nouvel élan d'affection et de reconnaissance pour ses anciens maîtres.

Un philosophe a dit que les peuples heureux n'ont pas d'histoire. Je viens de vous raconter celle d'un gabriéliste. A vous de proclamer si cette heureuse histoire méritait d'être écrite, et de dire si le narrateur a toujours été à la hauteur de la tâche entreprise. Ce dont je suis absolument certain, c'est que ma propre histoire fut tirée, à un nombre considérable d'exemplaires, dans le cœur d'innombrables anciens élèves, et que tous pourront me rendre témoignage de la réalité de mes récits, et de la vérité des tableaux dévoilés.

Lorsque je quittai Saint-Laurent, j'emplis mon regard de toutes les splendeurs qui m'entouraient. En disant adieu à mes chers bons maîtres, qui me prodiguaient les conseils pour l'avenir, je promenai longuement mes yeux émus sur tous les êtres et sur toutes les choses. J'aurais voulu en emporter quelqu'une pour la garder précieusement et jalousement, afin de lui parler plus tard des absents et des beaux jours passés.

Adieu, nos chères chapelles. Adieu, le beau jardin aux plates-bandes fleuries ; les charmilles ombreuses et fraîches où mon rêve prenait son libre essor ; le grand verger, vivace malgré les amputations de nos sécateurs novices. Adieu, le champ des morts ; ce triste carré nu, hérissé de petites croix blanches, à peine onduleux sous les vagues du trépas. Adieu, la Salette, où j'ai prié avec tant de ferveur. Adieu, l'agreste tonnelle des fraîches après-midi si douces, dans le charme éthéré du rêve, bercé par les chants d'oiseaux.

Je franchis la porte avec un soupir de regret, me retournant plusieurs fois, pour graver en mon âme l'image de la chère maison.

En passant le vieux pont de pierre en dos d'âne, je caressai du regard les ondes bleues de la rivière, les arbres penchés qui lui font une verte ceinture, les vastes pâturages où paissent les belles vaches des sœurs de la Sagesse.

Du haut de la Trique, je dis adieu à toutes mes chères cloches, à mes beaux clochers ajourés, aux choses aimées si puissamment empreintes en mon âme. Je dis adieu à tout cela !...

Quelque temps encore, je retrouvai mon souvenir en traversant les sites connus : le Puy-Saint-Bonnet, la Tessoualle, l'Ouin, la Moine.

Puis... plus rien !...

J'étais rentré dans ma famille, dont une partie, m'entourant de tendresse, bien partagée d'ailleurs, m'emmenait en bavardant gaîment, pressant, de questions sans fin, le gabriéliste tout surpris du changement brusque survenu dans sa vie. Je répondais avec une joie fébrile à toutes ces demandes, à tous ces « pourquoi ». C'était encore parler de la retraite quittée ; c'était avec un réel bonheur que je racontais complaisamment les faits et gestes de l'écolier.

Et ces sentiments que je sais avoir eus, que je possède encore si vifs, si chaleureux, des milliers d'autres enfants de Saint-Gabriel les ont eus, les possèdent aussi comme moi. C'est à croire que le bon Ange, protecteur de cette maison, sema dans notre âme à tous la petite fleur d'azur au cœur d'or, si bien nommée : « Ne m'oubliez pas » ; cette exquise fleur, composée d'un atome bleu ravi par l'ange aux splendeurs éthérées, et d'un rayon fulgurant jailli de son regard de feu si doux et si pur.

Dans la vie, j'eus maintes fois l'occasion de parler de leurs années d'enfance, avec de nombreux amis élevés dans des institutions différentes, et comme système pédagogique, et comme plan d'éducation. J'affirme hautement n'avoir jamais rencontré chez aucun de mes confidents, tous sincères et vraiment bons juges, cette flamme d'affection, cet attachement vivace qui soudent pour ainsi dire Saint-Gabriel à ses enfants.

Chaque fois qu'il me fut donné de rencontrer des anciens camarades, ou même simplement d'anciens élèves, occasions trop rares pour ma fièvre de causer et de savoir ce qui se passait là-bas, pas un qui, au souvenir évoqué, n'ait souri d'un air profondément heureux en s'écriant : « Ah ! le bon temps !... Ah ! la chère maison !... Étions-nous heureux !... Comme ils étaient bons et affectueux nos maîtres !... »

Et les conversations de s'engager, interminables, joyeuses, vives, reprenant l'allure gamine des ans passés.

« Et le frère Un tel, sais-tu ce qu'il est devenu ?

— Non !

— Il ne riait pas tous les dimanches, sais-tu !...

— Oh ! c'était un bon type tout de même ! »
Et celui-ci, et celui-là ?...

Cela court, cela vole, cela est gai, cela est jeune. C'est comme un printemps qui descend en nos cœurs. Une splendeur azurée, qu'éclaire l'image entrevue dans le rêve de la grande Vierge en prière, et de l'Ange qui lui apporte les décrets d'en haut, vous pénètre et vous embrase, en vous inondant d'effluves presque divines, et vous transporte, par la pensée, en ce milieu doucement pieux, où s'écoulèrent tranquilles, des heures véritablement bénies.

C'est pourquoi je répète à l'envi, à tous ceux qui eurent le bonheur de goûter les charmes de cet Eden, à tous ceux qu'impressionna la poésie âpre et sauvage de ces sites choyés du Ciel, à toutes les âmes qui s'ouvrirent aux sublimes enseignements des bons frères, à tous les cœurs qui palpitèrent, émus, sous la bénédiction céleste, en ces murs consacrés : Joignez-vous à moi pour remercier Dieu de vous avoir conduits en ce séjour de joie, de bonheur, de prospérité, et priez tous avec moi pour que de nombreuses générations connaissent les mêmes joies, sous la main de ces mêmes chers et bons maîtres, ou de ceux qu'ils élèvent avec tant d'amour pour continuer et perpétuer leur œuvre magnifique.

30 mai 1896.

ÉPILOGUE

VINGT ANS APRÈS !

Un voyage en 1896. — Première communion. — Réminiscences. — Étonnements. — Joies précieuses et intimes. — Le nouveau Saint-Gabriel. — Une promenade à Treize-Vents et Mallièvre. — Le château de la Boulaye. — Les ruines. — Une séance de petite guerre. — Milvin, la Salette et leurs Vierges. — Promenade intra-muros. — La séparation.

Pour être absolument complète, et posséder toute son ampleur, cette étude sur le pensionnat de Saint-Gabriel réclamait un appendice qu'il sera bien facile de justifier.

Il pouvait sembler utile, sinon nécessaire, après avoir dit de Saint-Gabriel ce qu'il était il y a vingt ans, de décrire, en quelques pages, sa physionomie actuelle.

La comparaison entre le tableau rétrospectif, et l'actualité si vivante, ne pouvait être que fructueuse à plus d'un titre ; et, dans tous les cas, remplie d'intérêt.

Un voyage à Saint-Laurent-sur-Sèvre, et à Saint-Gabriel, fut donc décidé.

L'auteur de ces lignes, répondant à la très-gracieuse et cordiale invitation du C. F. directeur, ainsi qu'au vœu le plus cher de son cœur, vraiment rempli de l'image bien-aimée, partit un beau matin d'été, afin de revoir la chère maison dans le silence du grand vallon agreste et feuillu.

Depuis vingt ans, chaque année lui avait apporté, fidèle, la lettre d'invitation à la distribution des prix. Et, chaque fois, son cœur avait soupiré un regret immense de ne pouvoir aller vers ses maîtres.

Aussi, ce matin-là, s'éveilla-t-il avant l'aube, dans l'impatience fébrile qui émeut le voyageur, et ne fut-il vraiment tranquille qu'après avoir pris son ticket à la gare, escaladé les marches d'un wagon, entendu siffler et souffler le monstre d'airain, tête vivante de l'inerte serpent noir qui se hâte, énorme et grondant, sur nos voies ferrées.

Le voyage fut banal, malgré la fraîcheur de la nature en fête, à l'aube d'un beau jour. Des compagnons, maussades et terre à terre, enlevaient à son rêve tout le calme et la tranquillité en laquelle il cherchait à se blottir. C'est pourquoi, lorsqu'il prit place, à la gare de Cholet, dans l'omnibus qui devait le conduire à Saint-Laurent, il résolut de s'isoler, par un effort de volonté, de l'ambiance ennuyeuse, pour s'absorber en sa contemplation intime, au milieu des mille pensers brûlants et confus qui hantaient son cerveau.

Il allait effectuer comme un pèlerinage, dont chaque arrêt, chaque station, seraient marqués d'un souvenir ou d'une prière, et le cœur lui battait, en une émotion douce comme celle que vous laisse une suave et chère vision à l'heure du réveil.

Comment retrouverait-il son cher Saint-Gabriel ?

Le tableau avait-il changé ?... Quels acteurs l'animaient aujourd'hui ?...

Et puis, comment verrait-il, à l'âge d'homme, toutes ces choses dont la photographie était restée sur la rétine de l'enfant poétiquement rêveur ?...

La date choisie était délicieusement évocatrice et pieusement suggestive. C'était la première communion au pensionnat. Une des plus rayonnantes journées, une des plus belles fêtes, en cette maison de l'enfance, comme d'ailleurs dans toute l'Eglise.

En effet, rien de plus grandement beau que ce mystère

auguste: Jésus se donnant corps et âme à l'enfant pieux et recueilli, sous l'apparence de cette hostie sainte, blanc pétale ravi par la main du prêtre au Lys céleste et royal qui resplendit, emplissant les cieux de sa gloire éternelle.

C'était donc avec une joie double, que le voyageur se dirigeait vers Saint-Laurent, pressant de ses vœux impatients la lenteur des chevaux qui gravissaient au pas les côtes raides de la banlieue choletaise : coteaux séparant les vallons de la Moine et de l'Ouin de la plus profonde vallée de la Sèvre, but tant désiré du voyage.

Je revis d'abord la crête de la Tessoualle, avec la chapelle de granit qui semble une sentinelle pieuse faisant faction pour les glorieux morts de la grande bataille vendéenne, et priant pour eux sous l'azur en face de l'immense horizon.

Puis, ce fut le Puy-Saint-Bonnet, jaillissant tout à coup parmi les hautes futaies qui l'entourent.

Aussitôt gravie la côte, mon regard anxieux et avide fouilla, hâtif, l'horizon bleuâtre devant lui, et découvrit deux sommets perdus dans l'éther, et émergeant des grands arbres.

L'un, bien connu, était la fine aiguille grise de la chapelle des sœurs de la Sagesse, dentelle ajourée qui avait perdu sa blancheur nacrée pour revêtir la robe grisâtre, semblable à celle des saintes femmes qui se groupent à ses pieds et prient sous ses arceaux gothiques. L'autre sommet, que mon regard étonné contemplait pour la première fois, resplendissait, tout neuf, enveloppé d'une clarté opaline, caractérisée par les paillettes étincelantes du granit nouvellement taillé, et présentait à mes yeux surpris une haute tour carrée, massive bien qu'élancée, solide, couronnée d'un dôme roman formant campanile du plus gracieux effet.

Une simple question à mes compagnons de voyage m'apprit que j'avais devant moi la basilique du Bienheureux Père de Montfort, église paroissiale, en même temps que temple consacré à la mémoire du saint missionnaire vendéen.

Mais nous redescendions en un vallon, celui de l'Ouin.

La route, bordée de ces hautes haies profondes et parsemées de chênes nains, d'ormeaux, de frênes qui sont la note distinctive du Bocage, déroulait son ruban gris entre un double tapis vert et deux fossés ponctués de marguerites; blanches floraisons dont l'œil d'or au nimbe immaculé nous saluait d'un sourire candide et pur.

Une dernière côte nous conduisait sur la hauteur de la Trique, et mes yeux éblouis, charmés, humides, dévoraient tout l'espace largement ouvert à mes pieds, tout le cirque saint-laurentais, dont les confins se perdaient là-bas avec les courbes sinueuses de la Sèvre du côté de Mallièvre.

Voici mon cher Saint-Gabriel, avec sa grise chapelle, les vastes bâtiments coiffés d'ardoise, formant le carré comme un régiment en bataille, autour de la Croix dressée pour le bon combat. La basilique neuve me détaillait ses ornements sobres, élégants, ses fenêtres hautes, étroites, nombreuses, élancées. Je m'émerveillais, en face de cette œuvre magnifique, qui bravera les siècles, en ses assises énormes, et qui porte si haut la gloire de Montfort et de ses enfants, groupés dans son ombre.

Voici les multiples maisons basses et noires de la bourgade, toujours la même.

Voici la Sagesse, avec ses cloîtres, sa chapelle superbe, son enclos immense. A droite, voici le clocheton des Pères du Saint-Esprit, perdu dans la verdure sombre des ifs et des sycomores.

Enfin, plus à droite, et dominant de haut ce grand ensemble ravissant et pieusement attentif, le grand calvaire de granit avec sa triple enceinte, sa chapelle, ses statues saintes dont les regards, douloureusement, se tournent vers le ciel, en même temps qu'ils implorent le Dieu crucifié qui les bénit.

Puis... plus rien !... J'étais au fond du val, et je franchissais la belle Sèvre chantante, sur un vilain pont en fer tout neuf, remplaçant mon vieux pont bossu; lequel, dans son fruste délabrement, était bien plus dans la note, et manquait à mon paysage.

En un instant, j'eus parcouru la rue en lacets, qui, à travers les maisons basses et laides, conduit à Saint-Gabriel.

J'eus une courte désillusion en face de l'entrée. Ce qui avait paru immense, énorme, à mes regards enfantins, me paraissait aujourd'hui réellement réduit, et moins imposant que mon souvenir.

Cependant, c'était pourtant toujours mon grand portail blanchâtre, la porte basse à gauche, et dans sa niche, au-dessus, l'ange gardien si accueillant, avec son geste qui monte.

J'entrai.... Tout revivait à mes yeux.

L'ordre général était le même. Mais combien de transformations intelligentes avaient modifié les contours. Et d'abord, les parloirs avaient pris des dimensions quadruples au moins, une ampleur aisée et coquette, avec leur vérandah vitrée, et leur trottoir en bitume, comme une gare terminus en miniature. Cela riait, cela était méticuleusement propre, plein d'air et de jour éclatant. Les tableaux d'honneur, resplendissants de peintures vives, avec leurs ors voilés de gaze verte, et leurs petites cartes blanches rayant d'une rapide clarté le fond brun, occupaient toujours le grand panneau du milieu. Mais, ce n'était plus mes tableaux d'honneur. Combien plus beaux, ceux-ci!...

Et les vastes salles des parloirs... Quelle simplicité, jointe à la plus aimable et charmante réunion d'œuvres artistiques, dues au talent de mes successeurs. Le progrès a marché. Ces messieurs sont bien plus habiles que nous n'étions. Toute une flotte de cuirassés évolue sur les murs. De nombreuses photographies, admirablement réussies, montrent aux visiteurs les gais visages, les mines prospères et éveillées des heureux pensionnaires des bons frères, groupés en de véritables tableaux, tous plus intéressants les uns que les autres. Puis, ce sont des vues superbes de la vallée, du pensionnat, des sites saint-laurentais, qui témoignent d'une habileté professionnelle, d'un savoir méticuleux et d'un goût charmant, chez leur artistique révélateur.

Tout cela vu, découvert, parcouru, admiré en un clin d'œil, à la hâte, en une minute, au milieu des nombreux parents, groupes intimes et souriants, que la grande solennité avait attirés à Saint-Gabriel. Dans tous les coins des scènes touchantes, des gens heureux, se causant à l'écart, en un besoin de confidences et d'embrassades émues, véritablement réconfortantes, même pour l'inconnu visiteur qu'aucun enfant n'attend, et que personne n'interpelle.

— « Le cher frère directeur, je vous prie ? » —

Ma question s'adressait à un bon frère inconnu, dont la douce figure, étonnée de mes allures un peu libres d'ancien élève à l'aise, s'inclina en un sourire bienveillant, bien qu'interrogateur, pendant que son geste et sa voix m'indiquaient les couloirs de l'infirmerie, au premier étage, en face.

Je m'y rendis aussitôt.

Mon impatience m'eut vite fait gravir le même escalier qu'autrefois, avec ses mêmes statuettes bénies que l'on salue en passant ; et je ne fus pas peu étonné de reconnaître, en un frère aux cheveux poivre et sel qui causait dans l'embrasure d'une fenêtre du couloir, le bon cher frère J..., mon ancien professeur de seconde, mon ancien chef de la grande cour.

Mon cœur battait à se rompre. Tout le passé renaissait à la vue de cette bonne figure, que l'absence des lunettes noires rendait plus affable, plus souriante, douce comme toute cette maison.

Le bon frère ne me reconnut pas. Pensez donc ! Comment retrouver, sous un homme fait, déjà presque ventripotent, hélas ! le gamin fluet à qui il avait tant de fois fait les gros yeux, et distribué des pensums ! Il me reconnut d'autant moins que l'âge, et une maladie des yeux, ont douloureusement voilé ses paupières....

Je me nommai en lui serrant les mains.

Et ce fut une explosion émue, une effusion chaleureuse, au milieu desquelles je sentais mes larmes se faire jour. Mon cœur était serré comme dans un étau ; j'étais heureux, heureux à en pleurer !... Le cher frère directeur survint. Ma présentation fut faite. Combien aimable, gracieux, affable fut l'accueil !...

Mais je craindrais d'alarmer l'humilité du cher bon frère

en grossissant le concert de louanges que les échos m'ont répété à son sujet. Je me bornerai donc à le remercier ici publiquement, et du fond du cœur, de sa réception si courtoise, affectueuse, amicale, empreinte d'une cordialité inexprimable et inestimable.

Il m'a fallu réellement revenir à Saint-Gabriel, pour connaître les trésors de franche bonté et d'accueillante sympathie, réservés par des amis à un ami. Ce sont de ces choses que le cœur seul comprend et goûte délicieusement ; tout en gardant, égoïste, le parfum pénétrant de cette fleur d'amitié si pure et si précieuse, les mots n'ayant plus ni force ni valeur pour l'exprimer et la faire comprendre. Ceux qui sont revenus, comme moi, au bercail, et ont été l'objet des mille attentions affectueuses des bons frères, me porteront témoignage de cet accueil extraordinairement amical et paternel, où le cœur garde la plus grande part.

Les questions fourmillaient sur mes lèvres. On y satisfit autant que possible. Puis ce fut une revue rapide, un appel dans les rangs des grognards, et parmi les anciens maîtres.

« Un tel ? — Mort ! — Un tel ?... — Inconnu ! — Un tel ? — Notaire. — Un tel ? — Avocat. — Un tel ? — Agriculteur. — Un tel ? — Manufacturier. — Un tel ? — Médecin. — Et le frère tel ? — A Lille. — Et le bon frère X...? — Décédé ! » etc., etc. La grande et sinistre faucheuse, impitoyable toujours, avait éclairci les rangs et tranché bien des têtes, hélas !...

La voilà, la vie !... Une plainte, un soupir, une prière, quelques larmes, l'oubli !...

La mélancolie embrumait nos yeux, nous songions !...

La cloche guillerette et toujours jeune de la chapelle tinta la messe de première communion. Nous descendîmes sur les cours.

Toujours les mêmes au point de vue général. Seuls, les hangars bas et étroits, où nous nous abritions naguère en cas de mauvais temps, ont fait place à de larges préaux, surélevés sur des colonnes légères.

Mon regard curieux cherchait toujours. Il fut frappé par

les apprêts, sous le préau des grands, d'un véritable repas de gala.

Mon aimable cicerone m'apprit qu'une innovation était tentée le jour même. Le repas de midi se prendrait là, en plein air, par tout le monde ; avec, au centre, une estrade où trôneraient les premiers communiants, seuls, puisqu'ils étaient les héros, les élus de Dieu, en cette belle journée. Je trouvai et déclarai l'idée charmante et vraiment délicate. On ne grandit jamais trop semblable fête dans l'esprit des enfants. Il convient d'en graver la date en traits fulgurants en leur petit cerveau. Tout doit donc concourir à faire réellement de cette journée, une étape inoubliable et resplendissante de grands souvenirs.

Alors s'expliquèrent pour moi les ornements dont s'adornait le préau. Grand portique à trois baies, portant à son sommet i image peinte de notre Jeanne d'Arc, laquelle tenait en sa droite l'étendard fleurdelysé flottant au vent, et dominait, avec sa haute prestance de chevalier de Jésus et Marie, l'écusson national et la croix. Ses yeux, levés au ciel, semblaient y porter la prière ardente de la Chrétienne et de la Française. A droite et à gauche de notre douce et sublime héroïne, Charlemagne et saint Louis, ces deux vaillants « constructeurs » de notre France catholique, présentant l'épée à la plus haute personnification de la Patrie.

Ce symbole, gracieusement rendu, et vigoureusement peint, en une sincérité d'allure, et une vérité d'attitudes remarquables, fait grand honneur à l'artiste modeste qui a su le rendre tangible et saisissant.

Les colonnes du préau étaient dissimulées par des

draperies rouges, bordées de guipure blanche formant tentures et portières d'un effet charmant. Le plafond du hangar disparaissait sous une profusion de guirlandes, de fanions multicolores, qui flottaient au vent, et éblouissaient les regards sous leur mouvant kaléidoscope.

Mais la cloche terminait son appel... La procession se formait, il fallait nous hâter pour ne rien perdre de la belle cérémonie. Je revis en passant le vieux bâtiment des classes ; avec, au-dessous, la grande salle des exercices. Une statue de saint Antoine de Padoue, ce grand saint si populaire et si aimé, assiste aux ébats des grands, du haut d'une niche nouvellement creusée dans le mur de la grande salle. Quelques tableaux, inconnus de mon temps, ornent le grand panneau du fond et l'égayent de leurs vives couleurs.

Passons, nous serions en retard.

Le clergé sort de la chapelle au fond du jardin.

Approchons-nous, découvrons-nous pieusement et ne causons plus. La cérémonie commence, splendide, sereine et douce en sa pénétrante poésie, comme une évocation séraphique.

Voici d'abord, en grande tenue de fête, rangés sur deux rangs, comme des soldats qui forment la haie sur le passage d'un souverain, tous les grands ; tous ceux qui, ayant goûté précédemment les enivrantes émotions du banquet eucharistique, seront les témoins du grand acte que vont accomplir leurs jeunes condisciples. Ils sont sur deux rangs, depuis la porte de la grande chapelle, jusqu'à l'oratoire de la congrégation des Enfants de Marie, chapelle intime et tout de blanc vêtue, où les petits communiants prient, tels des chevaliers pendant la veillée des armes, sous l'œil de la Vierge souriante qui leur tend ses bras maternels.

Les familles, plus tendrement attentives en leurs sentiments plus poignants et plus chers, sont éparpillées dans le jardin, et s'apprêtent à suivre de leurs yeux mouillés et anxieux les jeunes convives de la table sainte.

Mais voici le clergé nombreux, qui sort de la chapelle largement ouverte, et ruisselante de lumières en l'éloignement du sanctuaire, et s'avance pompeux et recueilli pour aller chercher processionnellement les enfants en prière.

Le R. P. prédicateur de la retraite, les aumôniers, le vénérable doyen de Saint-Laurent, plusieurs prêtres étrangers qui ont des neveux ou des pupilles parmi les héros de la fête, un Père du Saint-Esprit, tout jeune, que l'on m'annonce ancien élève du pensionnat, enfin un digne prêtre en surplis que mon cœur et mes yeux ravis reconnaissent aussitôt ; puisque ma poitrine se gonfle, et que mes paupières battent sous un flot soudain monté de l'âme. C'est mon ancien aumônier, mon ancien directeur spirituel, un des plus anciens élèves de Saint-Gabriel. C'est M. l'abbé Mabille. Le saint prêtre que tant de générations d'enfants ont connu, et par conséquent aimé comme un père...

Et mon émotion grandissante fait trembler mes lèvres en une douce prière pour que ce bon père soit conservé longtemps à ses enfants chéris et reconnaissants...

Le temps est splendide, le ciel s'est mis de la fête, et prodigue ses rayons les plus purs, qui enflamment mille paillettes d'or aux ornements sacerdotaux de l'officiant, aux grands chandeliers d'argent des porte-flambeaux, aux encensoirs des thuriféraires, au crucifix d'argent, qui précède les dix enfants de chœur, vêtus de violet et de pourpre, comme les membres d'un conclave.

Le chant pieux des hymnes monte vers l'azur où Dieu se penche, souriant, pour bénir ces petits qui s'avancent modestes, recueillis, les yeux baissés, en une religieuse et grave attitude, pleinement convaincus qu'ils vont accomplir le plus grand acte de leur vie, et admirablement préparés à l'effectuer dignement. Gantés de blanc, le chapelet d'une main, le cierge de l'autre, brassardés de soie blanche frangée d'or, ils vont lentement vers l'autel où Jésus repose et les attend.

Mon très-aimable cicerone me désigna, en tête de la jeune phalange, les deux fils de J. B., mon cher ancien condisciple. L'un d'eux me rappela son père, à qui il ressemble étrangement, et je souris à ce bon souvenir. Combien toutes ces évocations me faisaient plaisir au cœur !...

Je me revoyais bambin en ce cadre enchanteur et prestigieux qui, lui, n'avait pas changé ! Si bien que les pensées d'antan me semblaient actuelles, et que mon œil cherchait mes anciens camarades, au détour de chaque allée !... Car les deux dates éblouissantes, 76-96, se reliaient par ces anneaux précieux, les enfants, qui passaient innocents et candides, éveillant, sous le suaire du passé, les fantômes aimés de mes jeunes années... Et mes yeux obscurcis se remplissaient de rêve...

Mon interlocuteur m'avait présenté aussi, toujours à distance, un autre petit-fils et neveu de deux autres élèves de mon temps; il m'avait raconté rapidement, à voix basse, son histoire et celle de ses deux frères. Et cette histoire, sombre comme un drame, et douloureusement saisissante, accentuait et soulignait d'un trait noir endeuillé le gracieux tableau qui se déroulait devant nous.

Pendant le récit rapide et poignant de mon voisin, la procession avait gagné la chapelle ; et nous allions, moi du moins, prendre place à la suite des grands, comme si je n'avais pas quitté la grande famille gabriéliste.

Je pénétrai, le cœur tremblant, dans la nef, après un signe de croix bien lent, dont j'avais puisé l'eau lustrale dans le même bénitier qu'autrefois. Je m'avançais comme avec crainte, les yeux bien ouverts et fébriles, pour recevoir et concentrer toutes à la fois les images paisibles et doucement sereines, et les comparer au tribunal de mon souvenir. Et chaque pas nouveau marquait un battement plus vif de mon cœur. Et je me disais avec toujours plus d'émotion et plus de force : « Oui, oui, c'est bien cela. Tout cela est, tout cela vit en moi. C'est bien ma chapelle de jadis. Mais combien plus belle, combien plus ornée, combien plus fleurie et plus impressionnante, en son langage muet qui me raconte les mille fêtes si belles du rêve passé !...»

Les mêmes bancs en chêne sculpté, les mêmes signaux au claquoir, par le même frère J..., dont la chaire a changé de place. Les harmoniums aussi, d'ailleurs. Mais, aux murs, s'accrochaient vingt guirlandes frissonnantes et rutilantes de claires couleurs, tombant gracieusement des voûtes ogivales. Aux murs, en tapisserie, brillaient cent écussons croisés, fleurdelysés, armoriés, avec des fanions de mille couleurs.

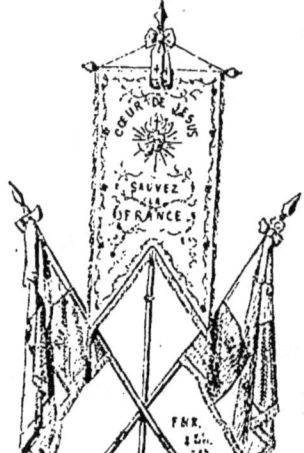

Un souffle aérien faisait flotter tout cela, et communiquait une sorte de vie à ces ornements délicatement distribués. C'était nouveau pour moi, ce charmant décor.

Aussi nouveau, l'autel qui se détachait en clair sur un baldaquin de pourpre, manteau royal enveloppant le tabernacle en ses plis lourds et somptueux.

L'orgue jouait une marche triomphale, tout comme autrefois.

Tout cela était beau, grand, superbe. Et mon cœur, de plus en plus gonflé, éclata en un agenouillement éperdu, en face de cette réminiscence trop forte. Je me mis à prier en fermant les yeux...

Que vous dirais-je de la messe de première communion que vous ne sachiez déjà ?...

La musique de Saint-Gabriel nous joua de superbes morceaux. Un petit orchestre à corde exécuta également de son mieux un morceau difficile, sous la conduite de l'habile professeur de violon, M. M..., directeur de la chorale de Cholet. Deux élèves, doués de voix fraîches et suaves, chantèrent les couplets de divers cantiques, que toute l'assistance reprenait au refrain. Avec quel âme nous chantions tous!... Le *Sanctus* fut chanté par M. M..., le professeur, accompagné par J. B..., l'ancien élève dont j'ai parlé déjà. C'était splendide et vraiment artistique, en même temps que profondément émotionnant. Ce fut, en un mot, le cérémonial habituel à cette belle fête de l'Eucharistie et de l'enfance. Et combien touchant l'appel du Père prédicateur à ces petits qui commençaient leur vie !...

Moi, je ne vivais plus, je rêvais, je priais, j'étais ému, et je versais de bien douces larmes. C'est ce qui fait que cette heure ineffable passa comme un songe trop court, emplie d'harmonies célestes, de ruissellements de pourpre, d'azur et d'or, de visions angéliques s'acheminant, parmi les étoiles des cierges, vers la table sainte, pour prendre part au banquet de l'Agneau.

Les jeunes communiants furent reconduits à l'oratoire de la congrégration avec la même pompe qu'au début de la messe. Et les épanchements si doux des parents qui, pour la plupart, avaient accompagné leurs enfants à l'autel, purent se donner libre carrière. Et le spectacle de ces groupes animés, dont les figures resplendissaient sous les éclats de la sainte joie intime, de ces caressants colloques où les mères couvaient des yeux leurs chers enfants, encore plus chers en cette unique journée, mettait à l'âme une flamme ardente et pure comme celle du soleil, qui fêtait aussi lui le céleste bonheur de ces petits.

Mais j'avais avisé une figure connue dans le groupe des parents. Mon vieux camarade J. B... aperçut enfin mes signaux de télégraphe en détresse, et vint me serrer affectueusement les mains. Son empressement amical, en la reconnaissance immédiate, son joyeux tutoiement, après une séparation de vingt années, au cours de laquelle nous avions bien changé tous deux, son accueil soudainement si sympathique et si fraternel, tout cela, et le passé qui me remontait toujours à l'âme, me saisit et me laissa comme stupide et sans parole, tant l'émotion m'étreignait fort. Je ne voulus point abuser de ses instants si précieux en cette belle fête, où ses deux petits venaient de communier sous nos yeux ; et je convins avec lui d'une entrevue ultérieure, où j'aurais sans doute repris mon sang-froid, et répondrais avec plus d'assurance au chaleureux entraînement de mon cœur, et à ses multiples questions.

Je commençais d'ailleurs à me familiariser avec les nouvelles figures. J'en retrouvais aussi quelques-unes. Le C. F. B..., actuellement professeur de musique, et, de mon temps, organiste du noviciat ; le C. F. H..., toujours chef de la cour des petits, et pas changé du tout, malgré les années de professorat et de surveillance ; le C. F. O..., mon ancien maître de dessin, de passage à Saint-Gabriel, avec lequel j'évoquai les souvenirs d'antan, parmi les cris de surprise et les éclats d'une joie réelle et partagée.

En attendant les apprêts suprêmes du dîner sous le grand préau, j'eus également l'honneur d'être présenté à M. l'aumônier actuel du pensionnat. Combien gracieux, affable, amène fut son accueil !... La tradition, qui veut que les aumôniers soient des pères et des amis, se trouve dignement et noblement continuée de nos jours. J'étais à l'aise, j'étais heureux, je connaissais tout le monde depuis dix années !...

Et tout cela était le résultat de l'amabilité, de la courtoisie exquise, de sourires affectueux et vraiment fraternels.

Combien loin nous étions des réunions gourmées et cérémonieuses du monde, avec leurs sourires perfides ou contraints, avec leurs regards enfiellés, cherchant le défaut pour en rire, ou la faute pour s'en faire une arme empoisonnée contre celui à qui l'on serre la main !... Ici, de la franchise, de la loyauté, de l'amitié, des sentiments identiques et profonds, des aspirations semblables, un noble but à atteindre. Là, le mensonge, l'envie, la perfidie, l'horrible calomnie, l'odieuse médisance, la contrainte au milieu d'un salon semé de chausse-trapes et de dangers de toutes les plus vilaines sortes... Quel contraste !...

La cloche du dîner vint interrompre mes agréables entretiens avec les professeurs actuels dont je ne connaissais plus aucun, sauf ceux cités plus haut, c'est-à-dire l'extrême minorité.

Donc, sous le grand préau, tout le peuple écolier prit place. Sur l'estrade, au centre, s'assirent les nouveaux chevaliers de Jésus et de la Croix. Auprès d'eux, sur la même estrade, s'étendait une longue table, réservée aux dignitaires de la Congrégation de Saint-Gabriel, aux nombreux prêtres présents à la messe, au R. P. prédicateur de la retraite, à quelques Pères du Saint-Esprit, dont un ancien élève de la maison, retour d'Amérique, au cher frère directeur du pensionnat, et aux quelques invités des bons frères, parmi lesquels j'eus la joie et l'honneur d'être.

Le Bien Cher Frère F..., premier assistant général, remplaçant le Très Cher Frère H..., supérieur général, en voyage au Canada, présidait ces agapes fraternelles et courtoises.

J'eus l'extrême faveur de lui être présenté. Il m'accueillit avec une gracieuseté charmante, et voulut bien m'adresser d'affectueuses paroles. J'étais tout confus d'un semblable honneur. Et cette bienveillance souriante me restera comme un souvenir encore plus cher, parmi les si précieux souvenirs de ce beau voyage.

Les musiciens, toujours sur la brèche, jouèrent plusieurs morceaux des mieux réussis pendant ce diner de gala ; et les applaudissements nourris qui les saluèrent prouvaient le vif plaisir goûté par le nombreux auditoire à leur agréable concert.

La touchante cérémonie de la rénovation des vœux du baptême, et la consécration solennelle à la sainte Vierge, nous rappelèrent à la chapelle. Un vibrant appel à la ferveur et à la fermeté, pour conserver intacts les fruits célestes de cette fête splendide, et les enseignements précieux reçus des bons maîtres, fut prononcé par le R. P. directeur de la retraite. Puis, suivant l'antique et pieux usage, la procession déroula ses méandres harmonieux à travers l'enclos ensoleillé. Je vis passer successivement le brancard drapé de soierie blanche, où la même Vierge qui me souriait jadis me sourit encore aujourd'hui, la bannière de Notre-Dame, avec ses flottantes banderoles blanches et bleues, tenues religieusement par un essaim de jeunes enfants. Puis, portée par un grand, un homme presque, la bannière du Sacré-Cœur de Jésus, dans le mois duquel nous étions alors. J'appris que cette bannière, vraiment superbe et digne du Très-Saint Cœur, avait été offerte par les élèves, en une pieuse souscription. Cela est bien, cela est beau. Et je félicite chaleureusement les promoteurs de cette grande idée.

Mais voici que s'avancent de chaque côté du Sacré-Cœur

deux drapeaux soyeux, deux étendards brodés, dont les plis lourds d'arabesques et d'armoiries d'or fin m'empêchent de déchiffrer les inscriptions. Ces deux drapeaux portés par deux grands élèves, au visage grave, à la fière contenance, sont, me dit-on, les étendards des « Lys » et des « Croix » de la grande cour. Ce sont eux qui président aux batailles de « la Petite Guerre », dont ils sont le suprême enjeu, et ceux qui les portent sont les généraux vaillants de ces modernes-combats. Et mon cœur battait d'une ardeur toute nouvelle, un torrent de joie m'inondait. J'étais fier de voir mes successeurs rendre de tels honneurs au Sacré-Cœur de Jésus ; et j'étais jaloux noblement de leur voir occuper cette place enviée, jaloux de ne pouvoir monter, comme eux, la sainte garde aux côtés de la superbe bannière.

La musique précédait le clergé, et la foule des parents suivait la chape d'or de l'officiant, pendant que, de toutes ses voix, la double haie des élèves chantait l'*Ave Maris Stella.*

Et nous allions tous, en cette promenade lente, tenant le pas des grands seigneurs accompagnant un roi. Nous traversions comme autrefois les cours muettes et nues; nous montions à la Salette, vers cette douce Vierge qui bénit depuis si longtemps les petits qui défilent à ses pieds ; nous redescendions la colline sous les ombrages sombres des pins, par les allées rapides; nous passions, inclinés par un saint respect, par une émotion recueillie, devant le cimetière de la Congrégation, dernier carré où les preux tombés sous le poids du labeur écrasant, et ceux qui se sont endormis vieillards dans la paix du Seigneur, montent l'éternelle garde autour de la Croix de pierre.

Mais la procession, après maints détours bien connus de tous ceux qui vécurent ici, après le chant des psaumes, des hymnes, et les marches de la musique, rentrait, toujours suivie de la foule des parents et amis, à la chapelle pour la bénédiction solennelle du Saint-Sacrement. L'autel, ruisselant de lumières, resplendissait, sous le grand velum de pourpre, tendu comme un dais pour les grands jours tout au fond du chœur. Le salut, comme on dit en Anjou et en Vendée, fut donné avec diacre et sous-diacre, et tous les fronts se courbèrent sous le grand geste bénisseur du prêtre portant le lourd ostensoir d'or. Jésus, content de ses enfants, en cette belle et splendide journée, accordait, bienveillante et douce, sa suprême bénédiction.

Pendant que la grande majorité prenait le chemin des champs, pour une promenade au cours de laquelle les langues purent se dégourdir à l'aise du silence imposé par la cérémonie religieuse, les privilégiés, qui avaient eu la joie d'être visités par leurs parents, eurent la liberté entière de la soirée, et se livrèrent à ces doux entretiens de la famille qui apportent un si grand charme à ces heures brèves.

J'en profitai moi-même pour m'échapper, laissant à regret le C. F. directeur, qui s'était constitué mon complaisant compagnon, à ses multiples devoirs, pour courir un peu partout à la découverte.

J'eus la chance inespérée, pendant mes vagabondages curieux, de rencontrer plusieurs de mes chers anciens maîtres. Je dis au revoir au C. F. O... qui repartait le soir pour les Deux-Sèvres, où il dirige un établissement. L'instant d'après, je tombais dans les bras des C. F. C... et A..., momentanément en vacances, pour raisons de santé, à la communauté. De quelles chaleureuses et cordiales pressions ne serrai-je pas leurs mains larges et douces !... De quels discours échevelés et à bâtons rompus ne fûmes-nous pas les interlocuteurs !... Pour mon compte, tant de pensées bouillaient en ma cervelle, tant de charmante émotion m'étreignait le cœur, une telle joie me portait, tant de questions se pressaient sur mes lèvres, à moi, le bavard invétéré, j'avais un tel flot de choses à dire, que j'ai bien peur de leur avoir semblé légèrement saugrenu, ou tout au moins un peu en l'air, comme quelqu'un qui se ressent encore d'un antérieur coup de marteau... Vous comprenez bien ce que je veux dire ?... Eh bien ! oui, c'était tout à fait cela !... Ils n'avaient pas changé pour ainsi dire, mes bons maîtres, et il me semblait être encore le bambin souvent rebelle à leurs précieuses leçons. C'était à ce point que, lorsqu'il m'arrivait d'émettre une réflexion un peu mûre, ainsi qu'il sied à un homme parvenu à la plénitude de son évolution, je me demandais mentalement, l'espace d'un éclair, si je n'allais pas paraître osé, à mes deux chers compagnons, comme un jeune homme qui veut prendre une importance supérieure à son âge, et se donner des airs entendus. L'illusion tombait vite en présence de la réalité, qui n'en était pas moins douce, et nous repartions gaiment à la chasse de nos bons souvenirs.

J'eus aussi le bonheur de retrouver, au détour d'une allée, mon ancien aumônier, M. l'abbé Mabille. Il me dit qu'il avait gardé souvenance de l'enfant, et reconnu l'homme. Et ce fut avec une respectueuse joie, un indicible plaisir que j'écoutai sa voix douce et maternelle, cette voix de tous les âges qui imprégna tant d'âmes de ses suaves et divines maximes, avec une gratitude infinie que je pressai dans les miennes les mains sanctifiées de ce saint prêtre, sous lesquelles je courbai tant de fois mon front repentant, pour recevoir le grand signe du pardon qui efface et vivifie. Quels pensers brûlants n'éveillait-il pas en moi, cet aumônier bienveillant qui pénétra les ultimes secrets de mon petit cœur, qui voulut bien recevoir mes promesses, mes serments de congréganiste, qui toujours avait une bonne parole pour l'imparfait que j'étais !... Je passai là un trop court moment, mais combien précieux et cher !... On l'appelait. Nous dûmes interrompre cette exquise causerie...

Alors la soif de voir me reprit : je parcourus, en compagnie des C. F. B... et J... de la C... qui voulurent bien se faire mes guides aimables, les grandes allées de l'enclos. Nous allâmes visiter Milvin, que je ne connaissais pas.

Quel est l'artiste, le poète, le penseur, le rêveur, le chrétien inspiré, le paysagiste admirable qui aménagea ce site superbement sauvage et grandiose au bord de la lente Sèvre qui chante ?...

Quel qu'il soit ce grand inconnu, qu'il reçoive ici l'expression enthousiaste de ma chaleureuse et débordante admiration, jointe à mon humble reconnaissance, pour les sensations de réelle beauté que je ressentis en présence de ce coin ravissant de rustique nature, pieusement aménagé en une restitution charmante de la grotte miraculeuse de Lourdes.

Vous tous que vos pas heureux conduiront à Saint-Gabriel, demandez comme une faveur d'aller prier à Milvin. Et, après avoir béni le Seigneur d'avoir créé un site aussi vraiment beau, aussi puissamment évocateur, après avoir prié la Vierge sainte dont la statue souriante, en sa pose angélique, toute entière supplie, vous remercierez l'anonyme architecte, l'artiste qui a conçu ce large projet, et l'a exécuté avec une aussi parfaite compréhension de la vraie beauté : celle qui réside dans les splendeurs de la nature telle que Dieu la créa ; et où il plaça par surcroît l'idée d'adoration et de vénération, en permettant à la Vierge de les illuminer de sa grâce divine et de sa gloire immortelle.

Mais n'anticipons pas, et, avant de décrire Milvin et ses délicieux rochers, effectuons d'abord la jolie promenade qui nous y conduit. Après avoir traversé les jardins entre la double haie profonde d'aubépine au sombre feuillage, nous entrons dans la vaste prairie dont les foins murs embaument, et attendent le faucheur en ondulant sous la brise ; et nous arrivons au bord de la murmurante rivière, sur ces bords ombragés par les aulnes penchés, tels ces musiciens qui font l'accompagnement, et s'inclinent pour mieux suivre le thème du soliste.

Nous traversons sur un pont de bois, et nous avons en face de nous le moulin des frères. Ce petit coin-là est charmant. Un barrage construit pour alimenter le moulin laisse passer la nappe argentée du trop plein bouillonnant, en un murmure berceur qui incite au repos dans une fraîche rêverie, dont les secondes seraient martelées, à l'horloge du Temps, par le bavard tic-tac de la meunerie voisine.

Suivons la rive droite en descendant le cours d'eau, et nous arrivons bientôt, en suivant les sinuosités, par une large et ombreuse allée qui longe le coteau à pic, à ce délicieux site de Milvin que la plume ne peut espérer dépeindre... Essayons cependant de décrire ce que nous avons sous les yeux.

La colline rive droite, abrupte et rapide, jusque-là parsemée de gros rocs à fleur de terre, semble s'être hérissée en une colère titanique, pour précipiter vers la rivière un amoncellement de rochers, dont les moindres mesurent trois ou quatre mètres cubes, et dont certains atteignent vingt ou trente mètres. Cela s'élève en une muraille perpendiculaire, jaillissant du coteau en arc de cercle pour entrer dans la rivière comme un cap, un bec de granit, une falaise de quinze mètres de hauteur, gigantesque coin gris qui force la Sèvre à faire un coude brusque. Au delà le vallon s'ouvre à nouveau, laissant respirer la pauvre Sèvre étranglée. Mais, à partir de cet endroit, son lit est encombré de ces rochers, si sauvages en leur brutal désordre et leur énormité, dont j'ai si souvent parlé déjà.

L'observation, les déductions, l'étude géologique de ce ravin, permettent d'affirmer qu'autrefois, dans la nuit des temps préhistoriques, la vallée se trouvait close sur ce point, puisque la rive gauche avance également sa falaise, un peu moins rocheuse cependant, pour embrasser la muraille cyclopéenne de Milvin. Tout le cirque saint-laurentais devait donc former un lac de trois kilomètres de long sur un ou deux de large. L'usure et la désagrégation des roches, que l'on peut remarquer à mi-hauteur de la falaise, à cinq ou six mètres au-dessus du niveau ordinaire des eaux, permettent d'admettre cette hypothèse comme un fait certain. Tel qu'il est aujourd'hui, ce site est vraiment magique, et je comprends l'enthousiasme de celui qui le découvrit, et noblement s'en inspira, pour édifier, avec un art très grand, et une réalité presque absolue, une pieuse restitution de la grotte de Lourdes.

Les anfractuosités naturelles, aidées de quelques coups de mine, de quelques adjonctions intelligentes à peine visibles, eurent tôt fait de montrer, aux yeux émerveillés, la grotte basse en arc, d'où jaillit la source bénie, en laquelle tant de malades retrouvèrent la santé. Une niche naturelle se creusait un peu au-dessus à droite. Vite, plaçons-y une statue de la Vierge qui ensoleilla les Pyrénées par ses apparitions

Milvin (Notre-Dame-de-Lourdes).

fulgurantes. Le décor fut parfait par une grille, et le paysage miraculeux et évocateur se trouva reconstitué à Saint-Gabriel.

La nature se mit en frais pour vêtir de lierres brillants, de floraisons échevelées, de plantes alpestres, de lianes enlaçantes, la muraille abrupte qui se dressait alentour et au-dessus des grottes ; l'artiste paysagiste sema, de ci, de là, des pins, des houx, des arbustes verdissants et robustes, qui poussèrent vigoureux dans l'arable rare, mais vierge, que les creux et les fentes des rochers avaient gardé depuis des siècles. Là où croissaient, en un désordre sauvage, l'ajonc piquant, le genêt souple et la bruyère vivace, la main de l'homme a tracé des sentiers tortueux, des escaliers frustes qui escaladent des belvédères rocheux. Le coteau inculte et pierreux est devenu un coin délicieux et charmant d'imprévu; tel un parc anglais en rocaille, mais combien superbe, parce que plus nature ! Et l'ensemble le plus ravissant, le plus gracieux, le plus agréable, et le plus grandiose, résulte de cette superbe transformation.

Il semble, quand on est là, au bord de la douce rivière, devant cette statue sereine, que la prière murmurée monte plus directement aux cieux, portée qu'elle est par les mains jointes de la Vierge dont le geste et les yeux s'élèvent en une ascension divine.

Allez à Milvin !... Enfants, pour y prier et chanter les louanges de la Mère; poètes, pour y rêver d'envolées célestes et suaves ; artistes, pour admirer et vous abandonner aux charmes les plus doux; prêtres, pour y dire votre bréviaire ; religieux, pour y lire vos psaumes et égrener votre rosaire ; musiciens, pour emplir la vallée sonore de vos harmonies et de vos chants pieux; penseurs, pour y songer à tous les grands problèmes humains ou célestes que le regard de Marie, la présence de la Croix, et la splendeur du site admirable, en ouvrant votre esprit aux grandes idées, vous permettront d'élucider dans la paix de la nature et le calme du cœur.

Et tous, tous, agenouillez-vous, et priez avec moi !...

Pour la France, la « doulce France », comme disait notre Jeanne, pour Saint-Gabriel, pour les malheureux qui souf-

frent, et pour ceux qui ne prient point, pour tous ceux qui se dévouent aux grandes et nobles causes, aux œuvres de régénération sociale et catholique, pour les bons frères, pour nos maîtres, pour nos familles et pour nos enfants.

Mais il faut s'arracher à la contemplation si douce de ces merveilles suggestives, et rentrer à Saint-Gabriel.

C'est l'heure du souper ; et le sommeil va bientôt, en fermant les paupières fatiguées, rétablir les forces pour la journée du lendemain, laquelle s'annonce gaie, sereine et fertile en surprises agréables.

On m'a parlé d'une promenade extraordinaire, avec goûter sur l'herbe ; et je me réjouis à l'avance, car on a bien voulu m'inviter à cette fête champêtre dont on me promet monts et merveilles.

Cependant, après la prière du soir, tous les enfants ont pris le chemin des dortoirs, et je me trouve encore très éveillé, mes habitudes n'étant pas celles des poules qui se couchent et se lèvent avec le soleil, ce qui leur donne une très grande supériorité sur moi.... Comment faire !...

« Une promenade à la Salette, par cette admirable nuit qui commence, vous ferait-elle plaisir ?...» C'était voler au-devant de mes intimes pensées... Et nous voilà partis, à deux, causant de tout et de tous. De la splendide fête qui venait de finir, de la piété des enfants, des anciens maîtres, des anciens élèves...

Parler des anciens élèves nous amena tout naturellement à nous entretenir de la grande et superbe manifestation du 25 mai 1896, où deux cents anciens fondèrent et assirent sur des bases solides l'Association des anciens élèves de Saint-Gabriel. J'avais dû, à mon amer regret, renoncer au projet, caressé depuis longtemps, de me rendre à cette fête inaugurale du 25 mai. Des obligations professionnelles m'avaient retenu loin de la maison bénie qui, ce jour-là, avait réuni en ses murs une pléiade de ses enfants venus un peu de partout. Mais j'avais pour interlocuteur, en cette belle soirée, mieux qu'un témoin de la belle fête, je tenais sous mon bras le fondateur de l'association, la cheville ouvrière de l'œuvre, l'initiateur, le propagateur chaleureux, zélé, dévoué, tenace et triomphant de l'idée. Et je ne le lâchai pas qu'il ne m'eût narré les détails de cette journée superbe. Cependant, je le soupçonne de m'avoir caché certaines particularités intéressantes, dont j'ai ouï parler par ailleurs, incidents parfois très importants, qu'il me scella sous le fallacieux et inacceptable prétexte qu'il en était le héros. L'humilité est certainement une belle vertu, mais, poussée à ce point, elle altère la vérité, ce qui est une chose grave, puisqu'elle laisse volontairement dans l'ombre des points qui, mis en lumière, modifieraient du tout au tout la physionomie de l'ensemble.

Heureusement que le carillon de plusieurs anciens me fit entendre ultérieurement un son complétif et accompagnateur de la cloche du C. F. H...; et, dans ce concert, l'accompagnement avait parfois l'air de faire la première partie !...

Bref, la journée du 25 mai 1896 marquera dans les fastes de Saint-Gabriel, car une belle et grande œuvre fut créée ce jour-là. Tout l'honneur et tout le succès en revient aux organisateurs, et surtout à leur chef de file, le C. F. H..., directeur du pensionnat, mon très-aimable amphitryon et mon compagnon de promenade.

Sans nous en apercevoir, après maintes stations courtes et insoupçonnées que l'on fait malgré soi dans la chaleur du récit, nous sommes arrivés à la Salette. Nous montons jusqu'au premier plateau, immédiatement au-dessous de la Vierge... Alors, regardant autour de nous, je me rappelle la soirée de mes adieux à Marie, la foule des enfants battant de ses flots le tertre illuminé ; le petit dont la voix cristalline nous lisait les saintes prières, les chants de pieux regret, d'espoir en Dieu, jaillis de nos lèvres ardentes, tout le poignant tableau si plein de grandeur et de beauté ! Le cadre, aujourd'hui, est le même, les arbres, les fleurs sont toujours là, murmurant dans la brise du soir ; la grande Vierge est là, avec ses deux petits en prière; seuls les autres acteurs manquent.

Où sont-ils ?...

Dispersés aux quatre coins de l'horizon !...

Plusieurs de nos maîtres d'alors dorment là tout près, ils sont encore présents, et leurs âmes doivent venir souvent aux pieds de la Mère, de la grande Consolatrice !...

Prions donc pour eux, pour tous ceux qui sont venus là, et que l'océan perfide du monde ballotté en ce moment sur la crête de toutes ses vagues !...

Et les mêmes astres errants, qui m'ont vu enfant, perdu dans la foule agenouillée, me retrouvent encore à vingt ans de distance, prosterné devant leur Reine, toujours immuable et souriante, et lui demandant tout haut de me donner la ferveur qui m'animait alors, en cette prière que je lui adresse du même cœur...

Puis, nous redescendons, par les sentiers rapides, la colline sainte...

Nos devis ont changé. Nous parlons du théâtre, de la prochaine distribution de prix, des acteurs, des auteurs, du R. P. de Laporte, créateur d'un drame inspiré : *Tolbiac*, actuellement en répétition à Saint-Gabriel. Notre causerie devient littéraire et précieusement captivante. Mon cher interlocuteur m'émerveille par les récits qu'il me fait des œuvres du Père de Laporte, dont il est un fervent admirateur. Précisément, il en possède deux volumes : *Récits et Légendes*, frappés au coin de la science littéraire la plus pure, et puisés aux sources les plus cristallines et vivifiantes. C'est un vrai régal, paraît-il...

Aussi, enthousiasmé par lui, et comme lui, nous attablons-nous dans son cabinet de travail, véritable chambre de bénédictin, et dévorons-nous ces poésies fines, savoureuses, délicates, élevées, hautement pensées, magistralement écrites, et qui ne le cèdent en rien aux plus belles pages contemporaines, par l'ampleur et la noblesse du style, la beauté de la langue, la richesse des images, la prestigieuse qualité des ciselures. Avec, en plus, la pureté, la splendeur des sujets, la piété du récit.

Mais les forces physiques ont des bornes. J'étais levé depuis trois heures du matin, j'avais voyagé dans des conditions déplorables, sous le rapport du confort, si appréciable en cette occurrence. Malgré le désir de lire encore, je dus, avec un soupir de regret, prendre congé de mon hôte si aimable, souffler ma bougie, et m'endormir...

Je rêvai que j'étais encore pensionnaire, en l'étroite couchette nimbée de blanc qui me berçait comme jadis ; que j'avais une grande composition française à faire, laquelle devait être épluchée par le R. P. de Laporte, et j'avais une peur bleue du jugement d'un pareil maître. Mais la silhouette aimable du C. F. H... s'interposait entre mon critique et mon œuvre, je voyais un clair et doux sourire gagner les traits du Révérend Père, et je sortais indemne de l'épreuve terrible à laquelle on m'avait soumis. Le réveil fut donc enchanteur...

Et, voyez l'effet du rêve. Je me persuadai si bien que j'étais élève, que le matin, dès cinq heures, je ne dormais plus. Le réveil ayant été reculé pour cause de fête, je fus pris d'une impatience fébrile, et dus lire pour tuer le temps, en attendant l'heure du lever de tout le monde. Je ne me reconnaissais plus, et me morigénais pour bien me rendre compte de cet événement extraordinaire : être éveillé et levé si longtemps avant l'heure habituelle !... Décidément, la maison opérait sur son hôte...

La messe d'actions de grâce sonnait au beffroi, lorsque je descendis prendre ma place de la veille, à la chapelle toujours ornée.

Cette messe fut pour moi l'occasion de douces réminiscences, avec ses chants pieux de cantiques, pourtant nouveaux pour moi, les accents de l'harmonium, si bien tenu par le frère B..., l'allocution dernière, toute objurgante, du R. P. Sansier.

Dans le cours de cette matinée, je me rendis visiter la basilique encore incomplète, que la paroisse de Saint-Laurent a édifiée tout récemment sur l'emplacement de l'ancienne église paroissiale, qui tombait en ruines, autour du tombeau vénéré du Bienheureux Père de Montfort.

Le monument construit ainsi, sur un plan très neuf, et en un style tout moderne, où les anciens modes s'entrecroisent.

La basilique du Bienheureux Père de Montfort.

et se complètent les uns les autres, pour produire un superbe ensemble, est réellement remarquable, et fait le plus grand honneur à son architecte, un Nantais de renom. Au lieu de suivre les anciens errements, de copier servilement les chefs-d'œuvre des siècles écoulés, comme le font la plupart de ses confrères, sous le prétexte spécieux que personne n'a dépassé jusqu'à ce jour les créateurs géniaux du roman, du pur treizième et de la renaissance, l'habile maître, à qui fut confiée la mission d'élever un temple à Montfort, fit œuvre nouvelle.

Je crois pouvoir affirmer qu'il a pleinement réussi, et artistement accompli la tâche qu'il s'était proposée. D'ensemble grandiose, pleine d'ampleur aisée, la basilique offre des lignes très pures, très élevées, aériennes, et d'un goût remarquable. Les sveltes colonnes du transept, seule partie du vaisseau complètement achevée, qui reçoivent les retombées des voûtes, donnent un air de grandeur hautaine qui sied bien à la noblesse de la conception générale. Les chapelles sont largement accueillantes et semblent appeler le flux des pèlerins à venir battre leurs puissantes assises. La tour carrée, très élancée, et coiffée d'un gracieux campanile en dôme, est superbe d'allure, en sa masse puissante. Elle offre au regard du connaisseur, à sa soudure avec le transept, des voussures, des arcs et des cintres rompus, d'une audace réelle et d'une coupe vraiment nouvelle. Les hautes fenêtres étroites de ce superbe beffroi lui donnent une légèreté, une élégance réelle. Des contre-forts nombreux côtoient de leurs nervures en granit, larges et hautes, les courbes des chapelles et les dehors de l'abside. Une crypte a été ménagée, sous le chevet de la basilique, par une intelligente utilisation de la pente du coteau vers la Sèvre; ce qui donne une différence de niveau d'un étage surélevé entre la porte de l'église et le pavé de ses chapelles. Ce temple souterrain reproduit exactement la grande chapelle de l'église, et présente des cloîtres vastes et clairs d'une belle impression.

Si j'osais avancer une opinion personnelle, je prononcerais le mot « chef-d'œuvre »; mais ma frêle compétence ne me permet pas d'être aussi affirmatif. Et je le regrette, car c'est bien l'effet que ce monument m'a produit.

Toute construite en granit du pays, cette basilique défie les temps, et fera sensation dans quelque cinq cents ans d'ici ; car elle offrira un spécimen de l'architecture religieuse du vingtième siècle. Elle est d'autant plus intéressante, qu'elle marque une transition, qui ne peut que s'accentuer, vers une nouvelle ère architecturale. La stagnation artistique, qui dure depuis trois siècles, fut à peine troublée par les timides et lourds essais de résurrection grecque, qui caractérisent le style dit empire, lequel transporta, dans nos régions impropres à les comprendre, les colonnades corinthiennes et les frises écrasantes du Parthénon. Ce style produisit le Panthéon, la Madeleine, et autres temples d'allure païenne, où la grande fleur de feu du catholicisme et de l'Évangile étouffe dans un quadrilatère sans air et sans envolée. Nous assistons aujourd'hui à des tentatives, encore hésitantes, mais de plus en plus osées, vers un style qui s'inspire des plus belles pages architecturales des grands siècles de foi, les fusionne, les modifie, leur donne un caractère plus français et finira, je l'espère, par s'affirmer en une œuvre définitive, qui marquera dans l'histoire des arts. Le Sacré-Cœur de Montmartre en grand, Saint-Martin de Tours, la Basilique saint-laurentaise en petit, sont des témoignages magnifiques de cette recherche du nouveau vers le mieux. Il faut en louer nos artistes et les encourager en cette voie remplie d'avenir.

Donc, cette église est une œuvre qui restera, et méritera toujours l'admiration et l'étude attentive des connaisseurs, tout en émerveillant les foules ignorantes, ce qui est bien le maximum espéré par le maître, et constitue le véritable succès dû au véritable talent.

Notre ancien au pensionnat, M. J.-B. Rabjeau, entrepreneur à Angers, fut l'habile constructeur choisi pour l'édification du monument. On ne pouvait mieux s'adresser qu'à lui pour ce travail important. Et une bonne part de nos félicitations vont à ce travailleur, que les bons frères sont fiers d'avoir élevé, et qui a su conquérir dans toute la région, avec toutes les sympathies, la notoriété qui s'attache au savoir et à la valeur personnelle.

Le tombeau du Bienheureux de Montfort occupe la place d'honneur à l'entrée du transept à gauche. Son ancienne place, s'il me souvient bien. Simple, comme celui dont il renferme les précieuses reliques, avec sa grande dalle de granit, gravée de l'inscription funéraire, la belle toile, don de notre Saint-Père le Pape, représentant Montfort instituant ses trois œuvres, il offre un aspect de paix sereine en sa grandiose nudité.

C'est bien la tombe qui convient à cet homme, ce prêtre, ce saint, qui passa dans ce monde en faisant le bien aux petits, au peuple ; dont toute la vie fut consacrée à l'apostolat des pauvres et des déshérités ; qui ne connut aucune gloire terrestre, aucun honneur humain ; et qui mourut, après une existence toute d'humilité, de privations, d'exemple, de prière et de travail spirituel, en ce coin perdu de la Vendée, parmi les pauvres, et donnant le meilleur de son cœur, ses œuvres pieuses, aux pauvres.

Dans les travaux de la basilique ont disparu plusieurs endroits intéressants, notamment cette chapelle du Rosaire et des Vierges, avec sa cour d'entrée portant sur les murs les énormes grains de chapelet, et les stations du chemin de la croix dont je vous ai parlé. Disparus les ex-voto, cœurs de vermeil ou de cuivre doré, qui tapissaient cette chapelle adossée jadis au chevet de la vieille église paroissiale. Tout cet emplacement est englobé dans la superbe basilique dont le granit scintille tout neuf. Mais je regrette ce coin paisible et suggestif, qui datait de Montfort, avec son originalité simple, et le grand calme pieux qui y régnait.

Cependant l'heure s'approche du départ pour la grande promenade extraordinaire.

Je rallie le pensionnat. Non sans dire un bonjour amical, et faire une grande causette avec le cher camarade J. B., devant la porte de qui je passe.

Ce que nous en avons évoqué de souvenirs !...

Les amis, les camarades, les maîtres, notre passé, notre

présent, nos projets d'avenir, pour nous et pour nos enfants, tout y passa, en un dialogue à bâtons rompus, rempli de coq-à-l'âne, amusant et prime-sautier, tout entier alimenté par des pensées cordiales, franches, et de joyeux « T'en souviens-tu? » comme une vieille ronde enfantine que l'on chante toujours avec un plaisir nouveau.

C'est à lui que je suis redevable de quantité de détails et d'aperçus touchant la construction de la nouvelle basilique, œuvre dont il fut l'un des protagonistes les plus ardents et les plus entendus, en sa qualité de membre de la fabrique.

J'arrive au pensionnat pour assister aux préparatifs de départ. Sitôt après le repas de midi, une animation insolite se manifeste de toute part. Ce sont des charrettes que l'on charge de victuailles, de vin, de pain, de vaisselle en fer-blanc, pour le goûter-souper que l'on prendra sous bois. Un autre véhicule reçoit d'immenses caisses, domicile provisoire des instruments de musique, que leurs propriétaires enveloppent, avec mille précautions, dans des fourreaux et chemises d'épaisse flanelle ; car il est reconnu que rien n'est sensible aux intempéries comme les bronches d'un cornet à piston, ou les poumons d'un saxophone, fût-il basse! Deux grands breaks, dont l'un me rappelle les tapissières de course qui sillonnent les boulevards de Paris, vers Longchamps, le dimanche, sont disposés pour recevoir les éclopés et les tout petits, qu'il ne faut pas priver d'une aussi belle partie de campagne. L'autre recevra messieurs les aumôniers, le R. P. Sansier, qui a prêché la retraite, et mérite bien cette reposante promenade, le C. F. directeur, et votre serviteur, dont les jambes ne sont malheureusement pas faites pour arpenter les kilomètres.

Les premiers communiants de la veille seront conduits dans une voiture spéciale, appartenant au trésorier de l'association des anciens élèves, M. V. D., notable saint-laurentais, qui a son fils parmi les élèves. Le bon papa a demandé, et obtenu sans peine, la faveur de guider lui-même sa voiture et ses chevaux, deux belles bêtes qui font honneur à leur propriétaire.

Les élèves emportent avec eux divers instruments de jeu, pour charmer les loisirs de la grande halte. Ce sont principalement des cibles en carton peint et verni, accompagnées de pistolets spéciaux à air comprimé, dénommés : « Eurêka ». Ces armes, absolument inoffensives, sont très prisées des enfants, qui se défient en des cartels, dont les enjeux sont certaines douceurs, telles que pipes en sucre, cigares en chocolat, bouteilles de limonade, etc. Ah ! ils sont mieux partagés que nous, nos jeunes camarades !...

Tout ce remue-ménage est très intéressant, bien qu'un peu long ; comme tous les déménagements d'ailleurs. Enfin, tout est prêt. Les voyageurs joyeux partent du pied gauche, et défilent devant nous, pendant que nous grimpons dans notre véhicule.

Nous allons à Mallièvre, chez M. Fonteneau, vice-président de l'Association des anciens élèves, un des industriels les plus considérables de la région. Son fils est au nombre des communiants, et c'est ce qui nous vaut ce déplacement extraordinairement agréable. Il a bien voulu offrir l'hospitalité au pensionnat ; et il faut vraiment ne pas avoir peur, pour réclamer une pareille assistance sur ses terres.

Nous devons passer par Treize-Vents, commune coquette, qui a choisi un pli du coteau descendant vers la Sèvre, pour s'y nicher frileusement, comme une ruche en plein midi. Entre Treize-Vents et Mallièvre, nous ferons halte, grande halte même, dans les bois de Mme la marquise de Cintré, à la Boulaye. On me recommande ce parc et ces bois à tous les points de vue, et je me promets de ne rien perdre de cette délicieuse excursion.

Nos deux carrossiers, deux spécimens magnifiques de la belle race vendéenne, dont l'élevage fournit tant de chevaux à notre cavalerie, nous emportent en un trot allongé devant lequel les kilomètres n'ont qu'à bien se tenir.

Nous traversons Saint-Laurent, nous grimpons, à travers bois, la côte qui conduit à droite sur la route de Châtillon. Cette route suit la crête des coteaux qui séparent le vallon de l'Ouin de celui de la Sèvre. C'est dire de quel splendide panorama nous jouissons tout le long du chemin. La température est à souhait, ni trop chaude, ni froide, ni humide; c'est absolument délicieux.

Nous devisons gaîment dans notre voiture, cherchant à calmer les frayeurs intenses de M. l'aumônier S., qui, ayant eu toute sorte de déboires, lors d'antérieurs voyages en voiture, fait des grimaces fort réjouissantes chaque fois que Vigilante caracole et fait mine de descendre dans un fossé.

Notre automédon, un frère énergique au poignet d'acier,

Cimetière de Treize-Vents.

qui connaît bien ses chevaux, a cependant répondu de la casse, et promis de nous conduire à bon port, ce dont nous ne doutons nullement, en voyant la maestria avec laquelle il dirige son attelage. Mais M. l'abbé est très nerveux, ne veut rien entendre, et parle à chaque instant de descendre pour continuer la promenade *cum pedibus et jambis!*...

Bref, malgré ses velléités de fuite, il cède à nos objurgations et demeure avec nous. C'eût été une véritable peine pour nous de nous séparer d'un aussi aimable compagnon de route.

Tout est donc pour le mieux. Nous laissons à gauche la Chapelle-Largeau, dont le clocher blanc se défile menu à travers les grands arbres, et nous dévalons grand train vers Treize-Vents, Mallièvre et la Sèvre enfouis dans la verdure. Nous passons devant le petit cimetière de Treize-Vents, dont le portail en pierre, surmonté de quatre urnes funéraires encapuchonnées de linceuls blancs, semble servir de perchoir à quatre gros oiseaux bizarres, posés là pour l'éternité, telles des cigognes blanches sur un toit d'Alsace.

Nous retrouvons bientôt la promenade, qui nous salue au passage de cent clameurs joyeuses. Les enfants ont mis bas leurs paletots et vont, bien à l'aise, sur la route blanche dont les lacets se perdent sous l'ombrage.

Mais voici les taillis du grand parc de la Boulaye. Ouvrons tout grands nos yeux, et ne perdons pas un mot des détails captivants que notre aimable cicerone, le cher frère H..., veut bien nous donner sur le castel historique, que nous apercevons parmi les éclaircies des futaies, là-haut, sur la croupe d'une colline.

La Boulaye fut le lieu de réunion désigné pour le premier conseil de guerre, qui décida l'ouverture des hostilités au début de la grande guerre de Vendée. Les soulèvements du Bas-Anjou et de la Bretagne avaient déjà mis le peuple en éveil; mais l'action n'était pas devenue générale, n'ayant pas la cohésion, qui seule permet d'élaborer et de suivre un plan de campagne mûrement réfléchi et dirigé par des gens du métier. Il ne s'agissait plus de coups de main disséminés, d'émeutes communales, de protestations éclatantes, suivies d'un flambant et court feu de paille, plutôt compromettant qu'utile. Il allait falloir se battre. Et tous les nobles du pays, se sentant menacés eux-mêmes, poussés par le mouvement populaire, qui les venait chercher au fond de leurs châteaux, comme seuls capables de commander, et comme défenseurs naturels et nés de la royauté déjà morte, pour en faire les chefs de l'insurrection, se réunirent à la Boulaye pour établir un plan de guerre. Tous les géants de cette grandiose épopée répondirent à l'appel.

Les La Rochejaquelein, les Cathelineau, les de Lescure, les Stofflet, les Charrette, et autres illustres tenants des Lys et de la Croix, s'empressèrent en ce coin du Bocage. Le comte de Provence, régent du royaume, pendant la minorité de Louis XVII alors au Temple, envoya d'Angleterre le marquis de Tinténiac, le grand Breton, qui apportait, avec les nouvelles de l'Ouest et de la Bretagne, les instructions du représentant du Roi.

Et j'étais ému, et profondément intéressé, en m'avançant vers cet endroit où dormaient de si nobles et si grands souvenirs. Un sentiment très complexe m'envahissait, composé d'éléments dissemblables. C'était un respect profond pour tous ces hommes, si beaux en leur lutte pour l'Idée contre la soi-disant Raison. C'était une douleur sourde, provenant des regrets que tant de héros, tant d'hommes vaillants aient ainsi prodigué, sans réussir dans leur entreprise, et leurs efforts gigantesques et leur sang si précieux. C'était une colère aussi contre les perfides Anglais qui trahirent ces hommes, et contre les tigres à face humaine, les monstres d'ignominie qui les firent se lever, pour châtier leurs crimes, de la paix obscure et douce des champs, où ils ne demandaient qu'à vivre, et saisir ce drapeau, que d'autres traînaient dans la fange et le sang. C'était, enfin, une avide et amère curiosité, un besoin de voir, maintenant que je savais, un désir aigu de marcher en ces lieux hantés, de toucher, de sonder, d'interroger ces murs, qui avaient contemplé ces hommes, de vivre un peu par l'esprit, en ce vieux château, qui en avait tant vu et tant entendu.

Hélas ! une poignante désillusion m'attendait ; corrigée pourtant par un cri d'admiration que je faillis laisser échapper de mes lèvres.

Il ne reste rien du vieux castel moyen-âgeux, témoin de l'acte décisif de 1793. Le canon, la mitraille, l'incendie, toutes les Furies vengeresses qui hurlent et volent en trombe dans les cieux noircis de poudre, et le Temps, ce vieillard éternel, qui désagrège, sous ses doigts osseux, les plus solides monuments humains, ont fait de l'ancien la Boulaye une ruine pantelante et décrépite, un monceau de décombres gris et mornes, un squelette démoli et grimaçant de lézardes, qui dresse encore un pignon délabré, tel un crâne fendu par la foudre, vers le ciel immuable et bleu, sous les verts marronniers centenaires.

Et je fus subitement attiré vers cette ruine splendide, pittoresque, puissante, évocatrice !... L'ardente poésie des vieilles choses mortes est si grande !...

Envahie par d'immenses ronciers, qui ont accroché leurs griffes à tous les recoins, à tous les angles, par les branches chevelues des végétations parasites, qui l'enveloppent comme un manteau loqueteux d'hidalgo malheureux ; avec ses brèches écroulées, ses trous béants, stigmates laissés par les boulets et la mitraille ; avec ses crevasses obliques et zigzagantes, lèvres par où la flamme de l'incendie passa ses mille langues pourpres ; avec ses fenêtres ébréchées et vides, orbites sans yeux qui semblent encore vomir l'horreur du désastre et les cris des combattants, cette ruine est grande et belle. Oui, vraiment grande, et vraiment belle. Et par ce qu'elle est, dans la paix actuelle de la nature maternelle, dont les bras l'enlacent amoureusement pour couvrir de vie intense ses pauvres membres morts ; et par ce qu'elle fut, par ce que nous y voyons, avec les yeux de l'âme, gravé en caractères de sang et de feu sur ces murs blafards, délavés par les pluies séculaires, au milieu de ce morne abandon.

Passé, le temps où, dans la grande allée ombreuse de châtaigniers sauvages, les vieux carrosses, suspendus avec des courroies de cuir fauve, apportaient, en grinçant sur leurs essieux, les aimables marquises, pendant que chevauchaient à la portière les grands seigneurs musqués en habit bleu, jabot de dentelle, lampion Louis XV et talon rouge. Passé, le temps des chasses fastueuses où, la trompe aux lèvres, on suivait sous bois l'ardente et hurlante poursuite des griffons vendéens, sur la piste d'un dix-cors ou d'un vieux ragot débuché des grands bois.

Passé aussi, le temps où rampaient dans la brousse, ces autres chasseurs à l'affût, les chouans vaillants et farouches au combat. Plus d'éclair, jaillissant dans l'ombre, d'un fusil dont la balle tue, plus de prières, chapeau bas, l'arme au poing, devant les madones des coins de route ; plus de clameurs de mort et de lueurs d'incendie ; plus de canons grondants et de soldats sanglants.

La paix, la grande paix, le sommeil réparateur de la nature renaissante, planaient sur ce castel, qui n'est plus qu'un cadavre énorme, dormant pour toujours au milieu des bois sonores.

Arrachons-nous cependant à la contemplation rêveuse de cette ruine hautaine et suggestive, pour assister à l'aubade donnée à l'aimable et charmante châtelaine de céans, Mme la marquise de Cintré. La grande dame en cheveux blancs, avec cette accueillante sympathie qui fait la grâce et le charme des vieillards, reçoit de nos directeurs, sur son balcon de chêne verni, où ses jambes trop frêles la retiennent, les hommages dus à son grand âge et à sa haute personnalité, ainsi que les remerciements chaleureux, pour l'hospitalité si gracieusement offerte, en son parc ombreux, pour les apprêts de notre goûter.

Droite et bien conservée, malgré ses quatre-vingts ans bien sonnés, elle me sembla une apparition du passé, égarée en nos temps prosaïques, avec son diadème de cheveux blancs qui me rappelèrent involontairement, sur son visage rayonnant et encore très jeune, les perruques neigeuses de Watteau et de Boucher.

Tous les élèves se sont groupés sur la pelouse, devant la maison modeste qu'elle habite, ancienne annexe du vieux château aménagée en logis bourgeois. La musique, dont les cuivres ne se sont pas enrhumés en voyage, fait entendre une valse légère et harmonieuse ; et j'en esquisse le pas sur place, en compagnie d'un nouvel ami, M. Victor Durand, déjà nommé, tant le rythme en est observé, et l'allure sautillante. Les accents de nos artistes attirent autour de nous les gardeuses d'oies nu-pieds et les petits bergers qui enjambent les échaliers et accourent de tous côtés. Cela nous constitue rapidement un auditoire supplémentaire, dénué de toutes les élégances mondaines, il est vrai, mais possédant en revanche les plus exquis caractères de pittoresque campagnard et d'inattendu champêtre. Ils sont d'ailleurs supérieurement heureux de ce concert improvisé, et leurs figures roses, brunies par le hâle, reflètent un contentement non dissimulé du plus réjouissant effet. Quel succès pour notre musique !...

Aubade à Mme la marquise de Cintré.

La souriante marquise bat la mesure de sa main blanche et potelée, qu'ennuage un flot de frêles dentelles. Puis, elle donne elle-même le signal des applaudissements, lesquels sont immédiatement suivis d'un vigoureux cri de : « Vive Madame la marquise ! » que toutes nos voix répètent chaleureusement, et que se renvoient, étonnés, les échos des grands bois.

Nous faisons, le C. F. J. de la C... et moi, une promenade délicieuse dans le parc, qui est superbe avec ses grandes allées de noyers et de platanes plusieurs fois séculaires, sa belle pièce d'eau, son val gracieux, remplaçant les anciens fossés des fortifications, ses pelouses fraîches et ses ombrages moussus, sous lesquels nous prenons un instant de repos, en attendant le goûter que l'on installe autour de nous. Il y a dans ce parc, aux abords des ruines, des coins d'une originalité et d'une beauté saisissantes, des aperçus, des sous-bois à ravir un peintre. Surtout lors du plein soleil, dont les flèches d'or traversent avec peine la voûte sombre, et font, par leurs rayons éclatants, des oppositions magnifiques, allumant des flambées aux couleurs chaudes et rares d'une délicatesse infinie.

Nous nous attablons, — ce qui est une manière de parler, car nos tables, nos sièges, nos nappes sont constitués par le seul et unique tapis de mousse verte, épais comme une tenture de haute lisse et moelleux comme un sopha. Mais peu nous chaut, en présence d'appétissantes assiettes remplies d'un lait crémeux et jaune, d'une provenance évidemment authentique, et scrupuleusement étrangère aux sophistications parisiennes, et même urbaines généralement. Nous émiettons un pain savoureux et serré dans le blanc breuvage, et nous mangeons ainsi une soupe au lait froid d'un arôme délicieux, apéritive en diable. Au lieu d'éteindre notre fringale, elle ne fait que l'exaspérer ; ce qui est une drôle de façon de satisfaire ses convives, pour une fois, savez-vous, mes bons frères, ainsi qu'on dit en Flandre.

Mais les miches succèdent aux miches, les terrines de lait sont inépuisables, et nous attaquons, pour changer, le menu champêtre, apporté de Saint-Gabriel par nos dévoués pourvoyeurs.

Cependant, le ciel se fait gris. Le temps se gâte décidément, et, de boudeur qu'il était l'instant d'avant, se fait tout à fait maussade. La journée, commencée si belle, menace de se terminer par une averse orageuse. Chacun se hâte d'expédier son dîner ; mais pas assez encore pour éviter l'ondée. Les douches célestes laissent choir d'abord de larges gouttes espacées, qui se resserrent bientôt ; et, dans notre splendide salle à manger, c'est une débandade folle. Tout le monde se sauve en emportant les reliefs du festin champêtre d'une si belle ordonnance tout à l'heure ; et si gai, si vivant. Fort

heureusement, les gros et paternels noyers étendent leurs grands bras feuillus sur la foule des fuyards. Les petits trouvent un asile sûr dans les granges de la Boulaye ; d'autres se groupent sous les arbres et continuent tant bien que mal le repas si malencontreusement interrompu avant le dessert. Comme ce sont des cerises qui le constituent, chacun enfouit « *sa part* » dans les profondeurs de la blouse, ou dans ses poches, et déchire crânement de ses dents blanches la tartine accompagnatrice.

Le C. F. B..., qui a bien voulu se démunir à mon profit (on n'est pas plus régence !) de son vaste, très vaste « Robinson » de surveillant des cours, véritable riflard d'escouade, où l'on peut tenir sept ou huit à l'abri, en se serrant un peu, circule en camp volant, la soutane retroussée, pour faire rentrer les obstinés mais rares dîneurs que l'averse n'a pas fait sourciller. Je bénis mentalement l'esprit de sage prévoyance du frère B..., et son flair...aquatique, qui me vaut un domicile portatif et à l'épreuve des gouttes, et je recueille avec joie quelques enfants déjà mouillés. Je ressemble assez à une grosse mère Gigogne, ou à une forte poule accueillant ses poussins, sous ma bleuâtre tente circulaire.

Pendant que tous rient un peu de la mauvaise aventure, de

ma pittoresque silhouette, et cherchent au loin les indices vagues d'une éclaircie future, nous assistons à un incident comique tout à fait inattendu. La charrette aux provisions gît, mélancolique, au milieu du chemin, enracinée par ses chambrières et les lourds cercles de ses roues. Quatre déter-

minés soupeurs, mécontents de n'avoir pu terminer paisiblement leur repas, se concertent tout à coup, saisissent sans rien dire à personne une caisse vide, se glissent « à croupeton » sous la charrette, improvisent avec la caisse une table, avec quatre pierres quatre sièges, et se remettent gravement à manger sans aucun souci des lazzi et de l'éclat de rire général qui saluent leur campement drolatique.

« Si ces quatre là ne font pas quatre zouaves plus tard, murmure à mon oreille un professeur, c'est que le conseil de revision n'y verra que du feu en fait d'initiative personnelle, qui se lit si bien dans le regard des jeunes gaillards. »

« En voilà qui ne sont pas empruntés! Quels débrouillards! » remarque un autre de mes voisins.

J'approuve absolument leurs réflexions sensées. J'opine du bonnet, qui, en la circonstance, est un chapeau de paille grelottant sous la pluie.

Tout cela, cependant, ne nous fait pas moins désirer l'embellie qui tarde à venir. Bientôt, nous devons nous-mêmes abandonner les arbres, qui ne suffisent plus à retenir les gouttes, et les pleurent abondamment sur nos pauvres crânes, lesquels sentent grimper, du sol humide, les microbes du coryza. Notre petit campement s'évade à son tour, et fuit vers la Boulaye. J'avise l'un des breaks qui nous véhiculèrent tantôt, et j'y grimpe en compagnie de trois ou quatre frères et d'une dizaine d'enfants. Bonne idée : nous sommes à l'abri définitivement, nous avons les pieds secs, nous sommes absolument sûrs de rentrer à Saint-Gabriel par les voies les plus rapides, et dans des conditions de confort inconnues aux autres promeneurs. Cela est peut-être un peu égoïste, mais j'eus un frisson de satisfaction en énumérant les avantages de notre situation.

Pendant que nous campons dans la tapissière, les élèves, profitant d'une courte éclaircie, filent sur Mallièvre, où doit se donner en grande pompe la bénédiction du Saint-Sacrement.

Avec cet entêtement des Vendéens, qui le disputent aux Bretons en ténacité, le programme suit son cours, malgré l'ondée. Une demi-heure après, nous entendons, de notre abri à quatre roues, les flons-flons de la musique. Le pensionnat a donc tout entier rallié l'église de Mallièvre et la maison de M. Fonteneau, où dînaient les communiants et nos directeurs. C'est nous maintenant qui sommes en détresse. Nous déplorons vivement notre abstention forcée. Mais qu'y faire !... Un bon frère, l'énergique conducteur de tantôt, vient bientôt nous tirer d'embarras. Il attèle ses deux carrossiers à notre logis provisoire, et nous roulons bon train vers le fond de la vallée, sous la pluie plus fine et moins serrée. Nous traversons Mallièvre au grand trot, et c'est dommage, car cette petite localité, à cheval sur la rivière, mérite plus que le coup d'œil donné, furtif, entre les rideaux de cuir, à ses ruines imposantes et à sa manufacture. Le site a l'air gracieux et intéressant.

Nous cueillons au passage, parmi les rangs qui se hâtent pour regagner Saint-Gabriel, plusieurs petits fatigués ; notre voiture est bientôt pleine. Nous traversons rapidement Saint-Malo-du-Bois, à qui nous avons à peine le temps de dire bonsoir, et la nuit tombante nous trouve dans la cour d'entrée du pensionnat.

Ainsi se termina cette promenade, commencée sous les meilleurs auspices, et si heureusement dirigée, mais que la pluie maussade vint troubler vers la fin. Tout le monde est joyeux et rempli d'entrain, personne ne se plaint ; c'est en chantant à pleins poumons que les musiciens, l'arrière-garde, font leur entrée avec armes et bagages au bercail, qui rapidement reprend son calme de tous les soirs. Les enfants changés en arrivant, bien secs, sont allés ingurgiter chacun un bol de vin chaud bien sucré, ont dit la prière, et sont montés aux dortoirs, que j'en suis encore à raconter mon odyssée du riflard et de la voiture au frère N..., l'infirmier, auditeur bénévole, que mon aventure amuse beaucoup.

Nous prolongeons la veillée à deux ou trois, en lisant encore, car on ne s'en lasse jamais, les œuvres du R. P. de Laporte, jusqu'à l'heure réglementaire de l'extinction générale des feux. Cette heure vient trop vite à mon gré, la causerie et la lecture étant délicieuses ainsi, dans le profond silence qui s'étend souverain sur la ruche endormie.

Alors, nous aussi, nous gagnons la chapelle blanche !...

Mon cœur de vieux gabriéliste, et l'amitié réelle, la sympathie profonde qui avaient grandi rapidement en mon âme, auprès de mes chers hôtes, m'incitait doucement et étrangement à céder à l'aimable insistance du C. F. directeur qui voulait me garder, et s'ingéniait pour charmer mon trop court séjour en ces lieux aimés. Mais les dures exigences de la situation, d'autres devoirs tendrement supérieurs, ceux de la famille, me conviaient également vers d'autres horizons.

La journée du lendemain vit donc avec peine sonner l'heure du départ.

Ainsi que les autres, cette journée fut bien remplie.

Le matin nous trouve à la chapelle, pour la messe, que nous entendons une dernière fois, et avec une douce émotion. C'est la messe des élèves, la messe basse de tous les matins, l'ordinaire de la semaine. Et cela est de l'extraordinaire pour moi, qui revis ainsi, les unes après les autres, toutes les phases de ma vie d'écolier. Aussi, avec quelle âme je priai Dieu ce matin-là !...

Après le déjeuner, je manifestai le désir de faire une promenade dernière dans l'enclos. Nous partîmes à trois, M. l'aumônier, le C. F. directeur et moi.

Quelle heure charmante !...

Je revis successivement la chapelle nimbée de blanc de la congrégation de la sainte Vierge, la Salette si pieusement évocatrice pour moi, le petit cimetière des vieux et chers maîtres, la Sèvre chantante et son moulin bruyant, la distillerie où s'élabore, dans le secret des alambics, l'exquise liqueur hygiénique de saint Hubert, patron du T. C. F. Supérieur général et de tous les chasseurs français, industrie calquée sur celles de la Chartreuse et de la Bénédictine. Puis vint Milvin, si grandiose en son site unique.

Le temps était splendide pour cette dernière promenade, si courte et si agréable, entre deux semblables cicerones. La nature semblait vouloir se faire plus coquette et plus charmante, rafraîchie qu'elle était par la pluie de la veille ; les ramures s'étendaient larges et vigoureuses, et bruissaient doucement sous le léger courant d'air produit par la rivière. Quelques frères pêchaient à la ligne, sans grand succès d'ailleurs, la lourde chaleur de midi s'approchant à grands pas.

Et tout ce tableau paisible et champêtre ne semblait s'offrir à mes yeux éblouis, avec une telle intensité radieuse, en ce grand calme reposant, que pour me faire regretter encore davantage les délices de cette nouvelle vallée de Tempé.

Je contemplai tout d'un regard avide, comme pour concentrer en moi, et garder jalousement la vision aimée des êtres et des choses que j'allais quitter. J'aurais voulu rester là, ou bien tout emporter avec moi, en mon égoïste joie du renouveau, trop grande pour être goûtée hâtivement, au hasard de la promenade, si lente fût-elle.

Et c'est pourquoi j'aime tant à en parler, à narrer, à décrire tout ce que j'ai vu ; éprouvant un plaisir très doux encore à dire mon bonheur aux autres, à essayer de le leur faire comprendre, à le leur faire pleinement partager. Mais j'ai bien soin de n'en donner qu'un reflet, gardant pour moi, et combien précieusement! la resplendissante image chérie.

Nous revînmes ayant encore beaucoup de choses à voir. Ce furent les collections minéralogique, zoologique et d'histoire naturelle, les échantillons rares et curieux réunis intelligemment pour les travaux et recherches scolaires, le cabinet de physique et le laboratoire du préparateur, le frère J..., un praticien habile et sagace, à qui tout est facile. Le cabinet de physique de Saint-Gabriel peut soutenir toutes les comparaisons. J'ai admiré les travaux photographiques du frère J..., ils atteignent un degré de perfection remarquable, dont les meilleurs praticiens seraient justement fiers. J'ai tenu entre mes mains telles photographies d'enfants, de groupes, de paysage immense, qui sont des merveilles de mise au point. Amateurs photographes, allez prendre des leçons du frère J...; mais ayez soin, au préalable, d'apprendre le langage des sourds-muets, car l'excellent frère ne vous entendrait même pas entrer sur son territoire scientifique, et ne pourrait vous répondre, affligé qu'il est par cette malheureuse surdité.

Le C. F. directeur ne pouvait pas me laisser partir sans me donner le régal d'une grande joute enfantine. Ayant narré de mon mieux les anciens jeux, ceux de mon temps, j'étais un peu obligé d'admirer les nouveautés du jour. D'ailleurs, je dois reconnaître en toute sincérité que, dans cette partie de la vie écolière, comme en toutes les autres, il y a réellement progrès. Et pour convaincre les anciens, jaloux de leur supériorité et de l'attrait des vieilles institutions qui firent nos délices, je vais décrire la superbe séance à laquelle j'eus l'ardent plaisir d'assister.

Il s'agit de la « Petite Guerre ». Jeu intéressant, nouveau, symbolique même ; et rempli d'imprévu, de luttes intelligentes.

Je ne pus, à mon grand regret, assister à une bataille complète, mais ce que j'en vis suffit pour m'enthousiasmer.

Les bons frères sont décidément aussi ardents patriotes que fervents chrétiens ; et tout, chez eux, concourt à former des hommes, des soldats, pour notre chère France. En tout, ils cherchent à donner place à l'idée, à mettre en action les facultés intellectuelles et l'initiative personnelle qui élèvent les cœurs et exaltent les courages. Chez eux, c'est un *sursum corda* perpétuellement proclamé et mis en œuvre.

Et voilà comment nous assistons à la lutte des « Lys » et des « Croix ». Tels sont les noms des deux armées que nous allons voir en présence. Ce jeu, ingénieusement compris, malgré son apparente complication, est pratiqué, par nos jeunes conscrits, avec une virtuosité guerrière absolument remarquable.

La partie se joue sur la grande cour divisée en deux camps. Les approches des camps sont gardées par des obstacles simulés,  tracés sur le sol, et les combattants sont tenus de passer entre ces obstacles. Ce sont donc des défilés et des couloirs à investir ou à défendre. Nos guerriers sont armés. L'offensive consiste en une pluie de balles tendant à dégarnir un point sur lequel on marchera; tout comme à la grande guerre. Les balles, absolument inoffensives, en tant que projectiles frappants, sont de la grosseur d'une forte noix verte, et en cuir. Les deux partis en sont amplement approvisionnés, soit par la réserve que chaque tireur porte dans sa giberne devant lui, soit par les soins des fourriers qui recueillent les projectiles tombés derrière le front de bataille, et regarnissent ainsi à l'infini les gibernes vidées. La défensive réside tout entière dans l'opposition, par un bombardement, à l'attaque de vive force, mais surtout en un bouclier de tôle peinte, que chaque soldat manœuvre avec une adresse prodigieuse, pour se couvrir des décharges de l'adversaire. Lorsqu'un combattant est touché, il doit loyalement abandonner la lutte, sans fraude, sans esprit du retour.

Une infraction à cette règle, toute de loyauté et de franchise, entraîne des pénalités redoutables, telles que la comparution en conseil de guerre, la déchéance, la dégradation, la peine de mort. Le code est formel.

On n'a eu, m'a-t-on dit, que de très rares exemples de

fraudes, suivis d'exécution capitale. La fusillade d'un félon ne fut pratiquée qu'une fois envers un indompté, non seulement sur la cour, mais partout. Eh bien ! tel fut l'effet moral produit sur cet enfant au cerveau rebelle, que la leçon porta ; il vint à résipiscence, et devint moins indiscipliné, plus malléable. Ce châtiment l'avait maté. Nouvelle preuve, chers lecteurs, que tout est motif à éducation chez les bons frères ; et que j'ai bien raison d'affirmer que les moindres choses concourent au but général : rendre les enfants meilleurs.

Donc : « Garde-toi, je me garde » est le mot d'ordre, de même que : « Tout homme touché est mort et se retire » est la règle de ce jeu guerrier. Le but est celui-ci : parvenir à travers les obstacles, après avoir tué le plus grand nombre d'adversaires, à s'emparer du drapeau de l'ennemi. Drapeau défendu et protégé, jusqu'au bout, par la garde du corps, la réserve, les officiers, le général, etc.

Et maintenant, attention ! voici la bataille qui s'apprête ; car, aux accents d'une marche militaire, crânement claironnée par quatre gaillards qui sonnent fort bien, les deux armées défilent au pas, bien alignées, compagnie par compagnie, drapeaux flottants, bouclier au bras gauche, et se déploient, en bon ordre, sous nos yeux.

C'est superbe, et j'applaudis, tout à fait subjugué par l'ivresse belliqueuse qui envahit le champ de bataille.

Pas un mot dans les rangs. Rien que le bruit des pas martelant la terre sèche, et les commandements brefs et sonores, presque graves, des officiers chefs de compagnie. Et toute cette troupe fait des conversions, des « par le flanc », comme de vrais soldats, avec les officiers en serre-file.

C'est magnifique, c'est beau.

Les chefs ont des boucliers armoriés plus grands que les autres, et plus ornés suivant le grade. Le général porte un véritable écu, comme un chevalier du moyen âge.

Nos armées ont pris leur place de combat, derrière les fortifications. En avant, s'échelonnent, en tirailleurs, les tireurs émérites, les habiles, les vigoureux. Derrière, la réserve. Plus en arrière, le drapeau avec sa garde d'honneur, les officiers, le général en chef.

Les deux camps sont ainsi déployés, l'un en face de l'autre, séparés par un espace libre de dix mètres de largeur environ. Le coup d'œil est féerique.

Mais le clairon lance un strident appel. Aussitôt, les drapeaux viennent se placer au centre du champ, chacun faisant face à ses défenseurs. Ils s'inclinent, pendant que saluent tous ces enfants, la droite au front, respectueux, pendant que les quatre clairons sonnent le salut au drapeau réglementaire.

L'émotion m'étrangle. Je sens ma gorge qui se serre. Ma respiration se fait haletante. Je suis profondément et noblement ému. Ces enfants sont tout bonnement superbes en cette attitude mâle et respectueuse. Je n'applaudis plus. Un « ho ! » d'admiration s'échappe de mes lèvres. Oh ! les braves petits troupiers cela fera !...

Cependant la sonnerie du salut s'achève en notes lentes, profondes, pieuses, comme l'hommage rendu à l'emblème.

Les deux armées se découvrent soudain d'un seul geste. Que vont-ils faire, nos braves petits soldats ?...

Voici : l'Auguste Signe de la Rédemption traverse par deux fois leurs poitrines, comme pour les couvrir d'un bouclier plus grand, d'un rempart divin, contre les périls de la bataille. Et, debout, ils prient tous, comme leurs grands aïeux aux champs meurtriers de Vendée. Ils prient !... Et les clairons jouent la grave « Procession », la pompeuse sonnerie composée en l'honneur du Très-Haut, du Dieu des batailles.

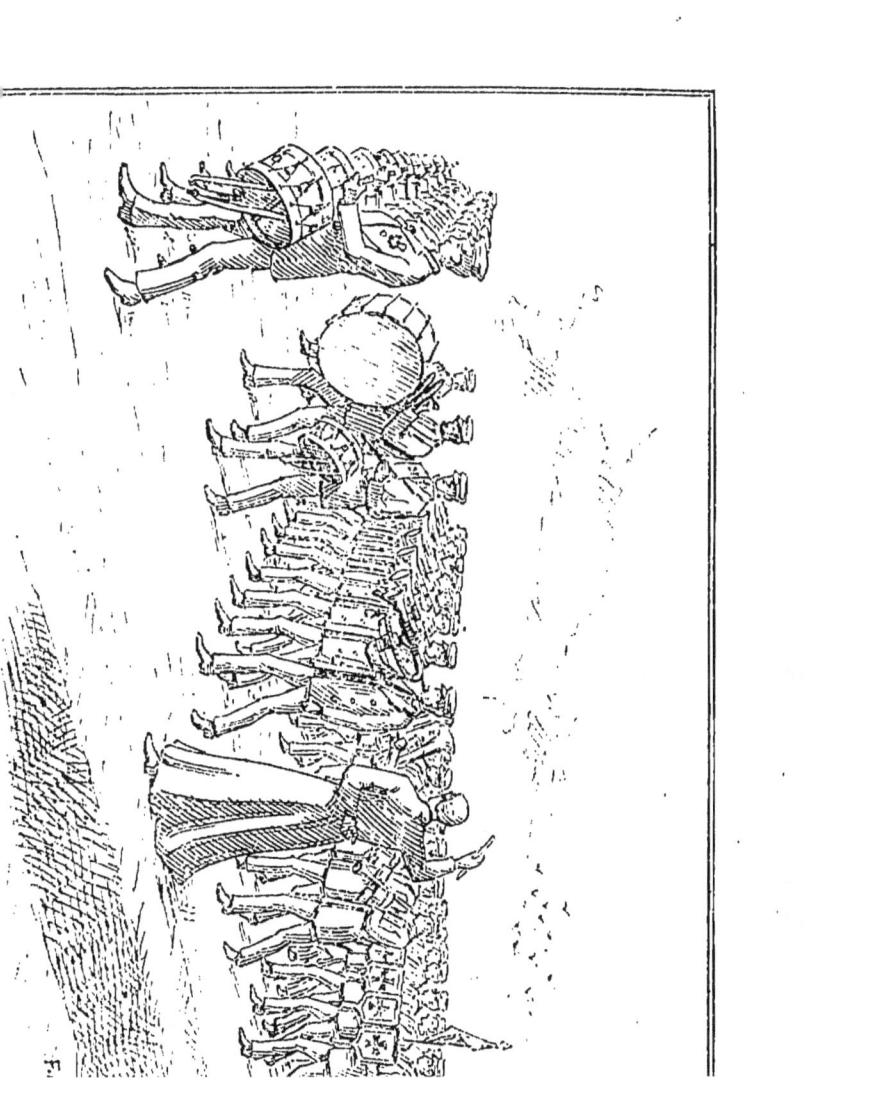

Et mon cœur se gonfle à nouveau, saisi d'un pieux attendrissement, à la vue de tous ces petits qui prient avant le combat.

Ce sont bien de vrais soldats : Ils prient !...

Le drapeau a repris sa place dans les rangs de sa garde. Le clairon sonne : « Garde à vous ! » Les commandements se croisent. « En avant ! » crie le général des Lys. « En avant ! » répond celui des Croix. La lutte commence acharnée, vigoureuse. Les balles pleuvent de tous côtés. Les fourriers se hâtent en leur moisson de projectiles. On dirait qu'ils ramassent des pommes. On entend : Bing, bing, bing !!... Ce sont les boucliers qui résonnent sous la pluie des balles.

Les chefs vont, viennent, s'empressent, conseillant leurs hommes, tirant eux aussi pour donner l'exemple et éclaircir les rangs ennemis. Ils se concertent, en un rapide conseil de guerre, avec le général. Puis, se servant à eux-mêmes d'aides-de-camp, vont porter les ordres aux troupes engagées.

C'est le combat, c'est la bataille, avec ses ruses, ses cris, ses blessés, ses morts, ses commandements, ses stratégies, ses diversions, ses attaques simulées sur un point, pour en investir un autre. « En avant ! » répète un général, qui veut franchir un défilé défendu avec acharnement. Et les balles de redoubler leur besogne meurtrière, leur bombardement mortel. Et, toujours, ce bruit sonore : Bing, bing, bing !! De tous côtés, partout, sur tout le front du combat...

C'est beau, c'est splendidement beau !... J'applaudis à tour de bras...

Mais l'heure, l'heure implacable sonne, impitoyablement, avant la fin de la bataille !... Quel dommage !... Il faut quitter tout cela !... Les clairons sonnent : « Cessez le feu !... »

Je n'ai pas vu l'enlèvement d'une redoute, la défense acharnée, la prise du drapeau. Je n'ai pu jouir du spectacle émouvant d'une fin de lutte ; alors que tout l'effort, concentré sur un point, nécessite l'emploi de toutes les ruses, de toutes les audaces, de toutes les valeurs, de tous les virils instincts

La petite guerre (La bataille).

si puissamment mis en relief en ce jeu qui ressemble si grandement à la réalité terrible !...

Les deux armées regagnent leurs campements dans le même ordre, avec le même cérémonial que tout à l'heure. Puis, Lys et Croix vont continuer, dans les classes, avec d'autres matériaux, la lutte individuelle dont ils viennent de nous donner un si magique tableau, un si magnifique aperçu sur la cour...

Le calme alors profond se fait. Je songe, et j'admire encore !...

Maintenant, il s'agit pour moi de rendre mes visites d'adieu.

J'ai revu plusieurs de mes bons maîtres, à qui j'ai serré encore la main, le cœur tout gros de les quitter ainsi. J'ai pu encore présenter mes très respectueux hommages au Bien Cher Frère F..., premier assistant général, à qui j'ai témoigné encore toute ma reconnaissance, pour l'accueil si grandement cordial reçu par moi en cette chère maison. M. l'aumônier a bien voulu me convier, pour l'année prochaine, à de nouvelles promenades en son aimable compagnie.

Il me reste à voir l'ami B..., avec qui j'ai rendez-vous pour une courte excursion au grand Calvaire qui domine Saint-Laurent. Nous partons, après une visite à sa charmante famille, et nous prenons le chemin des champs, comme aux jours passés de nos sorties dominicales. Et nous bavardons, et nous causons... Rappelant, à perte de vue, nos bonnes parties, et nos camarades de vingt ans. Quelle excellente heure j'ai encore passée là !...

Mais, nous voici au Calvaire.

Toujours le même, ce grand et splendide monument de la foi vivace des Vendéens !... Mais plus orné, mieux entretenu, fleuri de tout un jardin magnifique, où les plus belles espèces de plantes choisies s'unissent en gracieuses corbeilles, pour réjouir les yeux et embaumer l'atmosphère. Une grille entoure maintenant tout le vaste espace et la triple enceinte. Un hospice a été construit derrière, et l'ancienne chapelle est devenue celle dudit hospice. Des sœurs grises de la Sagesse passent en glissant dans le sanctuaire ; et Montfort, du haut des cieux, doit sourire en voyant combien ses désirs ont été réalisés, combien ses enfants fidèles sont restés attachés aux grandes Œuvres par lui fondées.

C'est de ce Calvaire, me dit B..., qu'en 1887, Mgr Freppel donna la bénédiction pontificale à cent mille pèlerins venus pour les fêtes de la béatification du saint Missionnaire. Cette foule énorme, éparse sur toutes les pentes de la colline, chanta les cantiques de Montfort et de la Croix, en un grandiose élan qui dut ravir les Cieux.

Nous revenons en causant de ces choses, et de mille autres encore, car les minutes se font brèves, et l'heure approche de mon départ.

Je dis au revoir à mon bon ami, en me promettant bien de revenir le plus souvent possible le déranger de ses graves occupations ; et je vais retrouver le C. F. directeur, à qui je dois mes derniers instants.

Je serre la main aux C. F. B... et J. de la C..., celui-ci un doux religieux, ancien élève de Saint-Gabriel, un compatriote, un Angevin, dont la compagnie me fut si agréable pendant maintes heures de mon séjour.

Après une longue et combien charmante causerie, le C. F. directeur vient me conduire jusqu'à la voiture qui doit m'emmener. Nous faisons encore des projets d'avenir. Je me félicite d'avoir rencontré un nouvel ami, sûr, dévoué, solide, dont les sentiments ne se sont point offerts à la légère, mais sont venus spontanément à l'appel de mon âme.

Enfin, dans l'émotion qui m'étreint en cette minute de détachement si pénible à mon cœur, qui voudrait bien rester encore, je donne une accolade dernière à mon cher hôte, et je lui dis au revoir !...

Le retour, dans la banale voiture publique, avec, pour voisines, trois braves paysannes jargonnant un patois qui fleurait son terroir d'une lieue, fut d'un prosaïque inénarrable.

J'en fus vite consolé ; car il me permit de songer, de rêver à toutes ces nouvelles choses vues, à ces bonnes figures si accueillantes, si bienveillantes, si fraternelles, parmi lesquelles j'avais vécu. Je repassais une à une les paroles dites, l'accent sincère des effusions qui m'avaient reçu, et je me sentais profondément heureux.

Certes, l'enfant qui, après un long et périlleux voyage, rentre au logis paternel, et voit de tous côtés se tendre des bras amis, des sourires radieux, entend des voix caressantes et chères, ne goûte pas un plus complet bonheur que celui qu'il me fut donné de savourer en ces trois journées qui passèrent comme un délicieux rêve.

J'avais tant désiré revoir mon cher Saint-Gabriel ! Mon vœu était donc satisfait ! Et combien plus belle, encore, était la réalité de la réception que les songes les plus enthousiastes !...

Les preuves les plus touchantes d'une amitié cordiale et vraie m'avaient été prodiguées. Et mon regret de ce nouvel exil s'en exaspérait encore, comme une cuisante plaie qu'un ardent feu ravive.

Aussi, pour exprimer mes sentiments, pour chercher à rendre tangible la grandeur de ma reconnaissance et de mon affection, ai-je voulu écrire ce nouveau chapitre de mon histoire à Saint-Gabriel.

Puissent mes chers maîtres et amis, laissés en cette maison aimée, comprendre combien je garde leur souvenir en mon cœur, de quel culte j'honore leur mémoire, de quelle inaltérable affection j'entoure leur image !

Voilà quelles pensées hantaient mon cerveau pendant que, lourdement, s'acheminait la voiture vers Cholet.

Devant mes regards avaient fui successivement les sites connus et tant aimés. Et, pour les revoir, je n'avais qu'à fermer les yeux. Je les retrouvais présents toujours.

Je revoyais Milvin, la Salette, la grande chapelle, celle de la Congrégation, avec leurs quatre Vierges blanches et souriantes, toutes si humainement belles, et si célestement Mères. Et, auprès d'elles, la douce et sereine figure de mon cher aumônier, le bon Père Mabille, les traits souriants de mes anciens professeurs, et la figure avenante, spirituelle et si affectueuse du C. F. H..., l'anneau, le lien vivant qui, pour moi, rattachait le nouveau Saint-Gabriel à l'ancien, tous deux si grandement aimés.

Et ce fut encore avec ces visions touchantes que s'effectua mon voyage, et que le soir je m'endormis, en priant Dieu et sa sainte Mère de couvrir de leurs bénédictions Saint-Gabriel, ses hôtes si chers, et tous ceux qui les aiment.

FIN

TABLE DES MATIÈRES

DÉDICACE. 3

PRÉFACE 9

INTRODUCTION. — Histoire abrégée de la Congrégation et du pensionnat. — Origines. — Le Père de Montfort. — La Révolution. — Le Père Deshayes. — Fondation de Saint-Gabriel. — L'œuvre grandit. — Le système pédagogique. — La grande famille gabriéliste. — Économie de l'institution. — Paternité des Frères. — Leur méthode et leurs moyens d'éducation et d'instruction. — Leur dévouement. — Les sourds-muets de Poitiers. — Anecdote personnelle. — Affection des élèves pour la maison. 11

CHAPITRE I. — Description des sites de Saint-Laurent et du pensionnat. — Arrivée à Saint-Gabriel. — Le C. F. directeur. — Sensations d'un nouveau. — Le dortoir. — Le réfectoire. — La lingerie. — La chapelle. — L'enclos. — Le T. C. F. Siméon. — La Salette. — Le départ de la famille. — Seul ! — Les condisciples. — La prière du soir. — La première nuit 25

CHAPITRE II. — Le réveil. — Une rentrée à Saint-Gabriel. — Les familles. — Les nouveaux. — Les anciens. — La sélection des élèves. — Les chefs de cour. — Le C. F. J... — Ses lunettes et son oignon. — La chambre aux chaussures. — Le cirage, et mes déboires à ce sujet. — Le cordonnier. — Le coiffeur. — Sa légende. — L'économat. — Le livre de caisse. — Une histoire de sabots. — L'emploi du temps. 49

CHAPITRE III. — Les programmes d'études. — Autrefois et aujourd'hui. — Les moyens d'émulation. — Les moyens de coercition. — Les notes. — Les billets d'honneur. — Quelques portraits de professeurs. 55

CHAPITRE IV. — Les jeux. — Les billes. — Le biscaïen. — Les trous aux tours. — Les échasses. — Le catatoire. — Les boules. — Les filets. Bégrolles. — La Vierge. — Les jeux à Bégrolles. — La thèque ou longue paume. — Les chefs de jeux. — Quelques portraits de camarades. . . . 70

Chapitre V. — Les promenades. — La Chapelle Sainte-Anne. — Haute-Grange. — La Barbinière. — Le Frère S... — Chasses à l'écureuil et au furet. — Saint-Hilaire. — Mortagne. — Le Puy-Saint-Bonnet. — La Tessoualle. — Le ravin de la Sèvre. — Le moulin des Frères. — Le grand Calvaire. — La Verrie. — L'Étang-Blanc. — Le Moulin d'Enfer. — La Chapelle-Largeau. — Mallièvre. — Treize-Vents. — Les pierres druidiques 86

Chapitre VI. — Les fêtes religieuses. — Les aumôniers. — M. l'abbé Mabille. — Saint Félicissime. — Le Frère G... — La confession et la communion générales. — Les retraites. — La Noël. — La crèche de Bethléem et les Mages. — La semaine sainte. — Pâques. — La Fête-Dieu. — A la Sagesse. — Les cloches saint-laurentaises. — Les professions religieuses. — Les Pères du Saint-Esprit. — Les hauts visiteurs de Saint-Gabriel. — La confirmation 110

Chapitre VII. — L'hygiène. — Les soins. — Le Frère N... — La grippe et la scarlatine. — Histoire de deux enfants et de quelques pastilles. — Déboires successifs. — La blanchisserie. — Les laveuses. — Les soins dentaires. — Les bains. — Les goûters sur l'herbe 129

Chapitre VIII. — La congrégation des Enfants de Marie. — La sélection des congréganistes. — M. Mabille. — Le catéchisme de persévérance. — La médaille et le manuel du congréganiste 144

Chapitre IX. — Les fêtes profanes. — Le carnaval. — Les pièces. — La tombola. — La fête du Supérieur général. — Le T. C. F. Eugène. — Les grandes promenades. — Le réveil en fanfare. — Les apprêts. — Le départ. — La maison de M. Bourgeois. — Le château de M. de Suyrot. — Le vieux castel. — Le mica. — Le château de Colbert-Maulévrier. — Grande fête. — Mgr Freppel 151

Chapitre X. — Les cours spéciaux. — L'astronomie. — Taille des arbres. — Arpentage. — Nivelage. — Travaux d'exposition. — Le dessin. — La musique. — L'accordeur de pianos. — La physique et la chimie 174

Chapitre XI. — Plaisirs intimes. — La visite des parents. — Promenades en famille dans l'enclos et dans le bourg. — Les lectures au réfectoire. — Le lecteur. — Les douceurs du réfectoire. — Les livres. — Jean Grange. — Crétineau-Joly. — La Vendée militaire 196

Chapitre XII. — Le théâtre au pensionnat. — Les ouvrages. — Les auteurs. — Les acteurs. — Quelques souvenirs dramatiques 209

Chapitre XIII. — Les derniers jours à Saint-Gabriel. — Les examens. — La soirée des adieux. — La distribution des prix. — Le départ 219

TABLE DES MATIÈRES

CONCLUSION 227

ÉPILOGUE : VINGT ANS APRÈS. — Un voyage en 1896. — Première communion. — Réminiscences. — Évènements. — Joies précieuses et intimes. — Le nouveau Saint-Gabriel. — Une promenade à Tréize-Vents et Mallièvre. — Le château de la Boulaye. — Les ruines. — Une séance de Petite Guerre. — Mlwin, la Salette et leurs Vierges. — Promenade infra-muros. — La séparation. 231

www.ingramcontent.com/pod-product-compliance
Lightning Source LLC
Chambersburg PA
CBHW070821170426

4320OCB00007B/858